广东省中小学『百千万人才培养工程』系列丛书

指向立德树人的议题式教学研究

李辉云　著

SPM 南方传媒｜广东人民出版社
·广　州·

图书在版编目（CIP）数据

指向立德树人的议题式教学研究 / 李辉云著. —广州 ：广东人民出版社，2023. 6
(广东省中小学“百千万人才培养工程”系列丛书)
ISBN 978-7-218-16552-3

Ⅰ. ①指…　Ⅱ. ①李…　Ⅲ. ①政治课—教学研究—中小学　Ⅳ. ①G633. 202

中国国家版本馆 CIP 数据核字（2023）第 077942 号

ZHIXIANG LIDE SHUREN DE YITISHI JIAOXUE YANJIU
指向立德树人的议题式教学研究

李辉云　著

出 版 人：肖风华

责任编辑：王庆芳　范先鋆
责任技编：吴彦斌　周星奎

出版发行：广东人民出版社
地　　址：广州市越秀区大沙头四马路 10 号（邮政编码：510199）
电　　话：(020) 85716809（总编室）
传　　真：(020) 83289585
网　　址：http://www.gdpph.com
印　　刷：广州小明数码印刷有限公司
开　　本：787 mm×1092 mm　1/16
印　　张：16. 75　　　**字　　数**：246 千
版　　次：2023 年 6 月第 1 版
印　　次：2023 年 6 月第 1 次印刷
定　　价：58. 00 元

如发现印装质量问题，影响阅读，请与出版社（020-85716849）**联系调换。**
售书热线：(020) 85716863

本书系2021年广东省中小学“百千万人才培养工程”专项科研项目课题《基于核心素养的议题式主题班会课研究》（批准号：BQW2021MBG018）和2020年广东省教育科学“十三五”规划中小学教师教育科研能力提升计划项目课题《基于学科核心素养的思想政治课议题式教学研究》（批准号：2020YQJK001）研究成果，2021年广东省中小学中职学校思政课优质建设课程负责人、广州市中小学幼儿园名班主任工作室主持人和广州市中小学名教师工作室主持人成果。

广东省中小学“百千万人才培养工程”系列丛书

编委会

■ 总　序

求实笃行，守正创新
做扎根岭南大地的时代大先生

教师是教育改革发展的第一资源，教师强则教育强。近年来，党和国家对教师队伍建设的重视达到前所未有的历史高度，党的二十大更是把加快建设教育强国、科技强国、人才强国，作为全面建设社会主义现代化国家的基础性、战略性支撑。作为置身改革开放前沿的教育大省，广东省始终积极响应国家的教育发展战略，把教师队伍建设、教育人才建设摆在极其重要的位置，以培育一批教育家型教师、卓越教师和骨干教师为目标引领，2010 年至今已先后实施三批广东省中小学“百千万人才培养工程”，通过提炼教育改革典型经验与创新理念，打造具有鲜明岭南风格与广泛影响力的教育特色品牌，致力于为推进中国式教育现代化事业贡献智慧。

作为人才强教、人才强省的一项重要改革举措，广东省中小学“百千万人才培养工程”的深入实施，就是要持之以恒地通过教育人才培养机制的创新，探索名优教师成长规律，优化教师专业发展的环境，激发教师竞相成才的活力，真正形成让教育家型教师不断涌现的良好教育生态。

十多年来，中小学“百千万人才培养工程”通过不断完善培养机制，形成了较为科学的“顶层设计”，建立了省、市、县三级分工负责、相互衔接的中小学教师人才培养体系，坚持“系统设计、高端培养、创新模式、整体推进”的工作理念，遵循“师德为先、竞争择优、分类指导、均衡发展、公平公正”的工作原则，统筹安排好集中脱产研修、岗位实践行动、异地考察交流、示范引领帮扶、课题合作研究等“五阶段”，并注重理论研修与行动研修相结合、导师引领与个人研修相结合、脱产学习与岗位研修相结合、国外学习与海外研修相结合、研修提升与辐射示范相结合的“五结合”，从而有效解决了传统教师培训存在的问题与矛盾，让“百千万人才培养工程”成为助力教师队伍整体素质提升、助推全省教育现代化的“标杆工程”。

教育现代化首先是“人”的现代化，推进中国式教育现代化建设呼唤数以千计、数以万计教育家型教师的示范与引领。什么是教育家型教师？2021 年 4 月，习近平总书记在清华大学考察时强调，“教师要成为大先生，做学生为学、为事、为人的示范，促进学生成长为全面发展的人”。这实际上是为广大教师提出了职业发展的高标准，一个教育家型教师一定要胸怀“国之大者”，关心学生的精神成长、着眼于学生的全面发展和终身发展，立德树人，笃志于学，努力做新时代的大先生。

开辟新学，明德新民，岭南大地是一片有着优良文化传统的教育改革热土，生逢中华民族走向伟大复兴的新时代，今天的教育人更应该赓续初心，勇于担当，借助于“百千万人才培养工程”的制度赋能，立足于充满希望的教育实践原野，努力书写“立德、立功、立言”的精彩教育人生。

第一，要求实笃行，做勤学善研的育人者。

岭南大地向来有着求真务实、勤勉笃行的文化传统，正是凭着这样的实干精神，创造了经济社会发展的一项又一项奇迹。浸润在岭南文化精神中，广大校长教师始终笃守着为师的道义，躬身教育实践，用心用情地教书育人，并不断地思考、凝练和升华，同样创造出富有岭南教育文化特色的改革实践与教育理念。透视这些实践与理念，其中蕴含着真学习、真研究、真实践的教育价值导向。

深入研究学生，是育人之根。所有的校长教师，都应以学生为本来推进教育教学实践改革，关注学生的个体差异，包括智力、性格、情感、行为等方面的差异，了解他们的发展特点和需求，以便为他们提供个性化的教育；注重学生的生活体验和情感需求，帮助他们解决心理问题，调整情绪状态，创造良好的学习和生活环境，培养健康的心理素质和人格品质；关心学生的综合素质和发展潜力，引导学生参加各种活动，以培养其领导能力、创新能力、团队协作能力等非学科能力，提升其全面素质和可持续发展能力。我们坚信，一个育人之师必须要研究学生，为学生健康而全面成长服务。

深入研究课堂，是立身之本。课堂是育人的主阵地，也是师生共同成长的主要空间。校长和教师一定要沉潜在课堂一线，关注师生的课堂生活质量。从学生的学习兴趣和需求出发，引导学生主动参与课堂教学，激发学生的学习热情，使其在学习中得到满足和成长；要不断创新教学方法和策略，灵活运用不同的教学策略和技巧，提升学生的学习能力和思维品质，促进知识的内化与能力的输出；同时还要对课堂教学的内容、形式、效果等方面进行全面的评估和反思，不断提高课堂教学质量和效果。优秀的校长和教师的生命力在课堂中，脱离了课堂教学，任何教育创新都是“无本之木”。

深入研究管理，是兴教之源。教育管理，事关一所学校的“天地人和”，能够让每个人各展所长、各种资源得到适当调配，让人财物完美契合。这就要求校长教师要注重教育的发展战略和规划，善于构建教育愿景，以此来制订教育教学计划，为学生提供更优质的教育服务；注重管理机制和制度的建设，从招生到课程安排，从班级管理到教学管理等，无不体现规范与科学；此外还要注重自身与队伍的终身发展，不断提升团队建设水平，优化组织文化，在协商共治中走向教育治理，用良好的组织文化引导人、凝聚人、发展人。

第二，要守正创新，做知行合一的自强者。

教育是一项继往开来的事业，既需要继承传统，循道而行；又需要开创未来，大胆创造。一个优秀的校长或教师要掌握并尊重教育的基本规律，包括党和国家关于教育的方针政策、发展方向以及制度规定等，唯有如此，才能行稳致远，保障教育高质量发展。同时面对教育中不断出现的新情况、新问题和新挑战，要有改革思维与问题意识，发挥好主动性和创造性，在不断破解问题中实现教育的新发展。

一方面，要做好教育传承，弘扬教育文化自信。党的二十大报告提出，坚持和发展马克思主义，必须同中华优秀传统文化相结合。这启示我们，办好教育必须珍视既有的文化传统，植根于本民族、本区域历史文化沃土。岭南是传统文化蕴藉深厚之地，有着丰富的地域文化可作为教育的资源，也经一代代教育人的探索形成了许多宝贵的教育经验与理念。这些都是帮助我们办好今天教育的精神财富，作为校长和教师一定要通过学习，研修了解岭南教育的传统，做好教育资源的调查研究，用本土化、特色化的教育实践彰显教育文化自信，做有根的教育。

另一方面，要推进教育改革，以新理论指导新实践。教育要培养面向未来的一代新人，因此必须常做常新，满怀热忱地拥抱新生事物，要在不断学习中适应新情况、创造新经验。勇立潮头、敢为人先也是岭南的文化精神之一。广大校长和教师要敢于迎难而上，主动作为，面对教育工作中的问题或困难不抱怨、不懈怠、不推诿，充分激发成长的内驱力；要认识到所谓的问题恰恰是改变的契机，我们的教育智慧、我们的教育事业都是在不断破除困难、解决难题中得以发展；要不惮于说前人没有说过的话、做前人没有做过的事，不断拓展认识深度和广度，力争创造出更多教育改革的“广东经验”“广东智慧”，这才是教育家型教师应有的胸怀胆识。

第三，要海纳百川，做担当使命的引领者。

优秀的校长、教师与班主任，在一定程度上都是先进教育文化的代表，这就意味着我们在“百千万人才培养工程”这个项目平台上，必然要承担更大责任，履行更大使命，有更高的精神追求。除了在高水平研训活动中完善自我、提升自我之外，还要胸怀天下、海纳百川，凝练自己的教育教学实践成果，升华对教育教学的思想认知，形成具有示范性、影响力的教育特色品牌，带动更多的学校和教师共同成长，一起不断地提升教育品质，推动教育高质量发展。

凝练教育特色品牌，从经验积累走向理论思考。一位优秀的教育者必然要做到知其然并知其所以然，不断增进对所从事教育工作的规律认知和价值思考。我们的名校长、名师和名班主任要立足自己丰富的实践经验，不断学习、不断反思，在专家指引和同行启示下，结合教育学、心理学、社会学等学科理论，将个人的实践经验凝练和表征为富有内涵的概念与符号，确立起具有鲜明个性特点与自我风格的教育教学品牌性成果，从行动自觉走向理论自觉，并用自我建构的理论或工具去指导实践、印证实践、优化实践，从“名师”走向“明师”。

用好教育特色品牌，从个体实践走向群体发展。实践经验范型一旦表征化为符号、概念，就立刻具有凝聚力、解释力与普适性，这就有助于引领、启发和影响更多的教师，结成教育发展的共同体，共同优化教育教学实践。各位名校长、名师和名班主任要发挥教育特色品牌的示范性，依托工作室平台，不断地吸收新生教师力量，不断地影响更多教育同行。正所谓独行速，众行远。以品牌建设为纽带，让每一位名师都发挥“磁场效应”，真正达到造就一位名师，受益和成长起来一批优秀教师的局面。让这些在岭南大地上星罗棋布的名师交相辉映、发光发热，照亮广东教育的美好未来。

升华教育特色品牌，从著书立说走向文化传播。近代以来，无论是岭南文化还是岭南教育，始终开一代风气之先，形成了许多影响全国的好经验、好理念和好的发展模式，同时也在教育文化的交流传播中更好地促进我们自身的发展。今天的校长和教师是岭南教育文化新的代表，也要有一种开放的胸怀和眼光，在教育全球化、信息化的背景下海纳百川、兼收并蓄，同时也要积极传播自身教育的优秀成果，在更大的教育发展平台上与名师名家、教育同行、社会各界交流对话，发出教育的声音，讲好教育的故事，扩大教育的传播力与影响力，增进不同教育文化的理解与互鉴。

正因此，看到又有一批“百千万人才培养工程”的优秀教育成果即将付梓面世，作为这项工作的管理者、参与者和见证者，由衷感到骄傲和自豪。古人云，“言而不文，行之不远”。希望我们广东的优秀校长和教师更加重视教育教学成果的凝练升华，这本身就是一件创造性的工作，也是更好地激发自身教育潜能、唤醒更多教育人生命活力的有效途径。愿这样的优秀教育成果能够发挥更大品牌效应，引领更多教育人不忘初心，潜心育人，参与到中国式教育现代化的伟大事业中，为中华民族的伟大复兴做出教育人应有的贡献。

是为序。

2023 年 5 月

序 一

小论思与议：思政课堂教学的创新路向

我自己不是研究思政课程的专家，但不知为何，对思政这门独特的课程却一直满怀好奇。我好奇的是，这样一门举国上下都十分重视的课程，为何总是难以走入青少年的内心深处。我把这个问题抛给若干位思政老师，他们中有人跟我说："这是因为思政课太抽象了！"也有人说："这是因为思政课太应试了！"还有人说："思政课离孩子们的生活太遥远了！"是啊，思政课难以走入青少年内心深处的原因有很多很多。然而，我想，作为思政教师，当下最应该思考的问题不应仅限于找原因，更应该是找策略和方法。正在我为这些问题所困扰的时候，一位可爱的思政老师——李辉云老师，出现在我面前。

第一次见李老师，真的可以用"朴实无华"四个字来形容。那是我第一次去他所在学校讲学，只见他走进我的课堂，戴着一副黑边眼镜，十分憨厚。他认真听讲，专心做笔记，给人的感觉就是很"思政"。没想到，缘分让我们很快再次相见，他顺利地入选广东省中小学"百千万人才培养工程"高中名班主任项目，而我也就成为他的班主任。在深入接触后，发现李老师原来不仅外表很"思政"，骨子里也相当"思政"。因为他爱"思政"，时刻想着怎么把思政课上好，所以就有了今天这本书的诞生。我捧着李老师这本用心血浇铸而成的思政教学佳作，心中不由感慨：倘若有更多的像李老师这样爱思政、爱思政教学的老师，思政课堂深入青少年内心，指日可待矣！

一、以议启思：破解议题式教学之门

追溯思想政治教育的缘起，不难发现它离不开人类活动的开展与支撑。无论是原始社会的行为规范，还是现代社会的国家制度发展，思想政治教育始终与人们的理性生活是不能分割的。而理性作为人类的最高幸福，它必然寓居于人们的思辨与议论之中。据此，思政课程理应回归本真，聚焦于人类的生活。新课标中将议题定义为“待议之题”，也就是能够引发学生思考的可议之题，若议题能够有一定的争议性、辨析性则更佳。

然而，具体而言，议题有什么特点？到底应该有哪些议题？如何围绕议题开展教学？这些问题都有待继续深化和探讨。针对这些问题，本书专门提出了“实证性议题”与“争议性议题”两种类型，并在选择和设计议题的过程中，倡导“真实性与可议性统一”“知识性与价值性统一”“新颖性与思辨性统一”“序列性与逻辑性统一”的四项原则。作为议题式教学的灵魂，一个好的议题必定能激活学生参与思辨研讨的热情，从而爱上思政课堂。

二、思议结合：推进议题式教学之道

有了好的议题，如何在一线的课堂中有效推进？这又是摆在无数思政教师面前的课题。以议启思，思议结合，方能更深入地推进议题式教学。依托大量的课堂教学实践，李老师及其团队提出了议题式教学的构成要素和操作原则，并从议题式新授课教学、综合探究课教学、复习课教学、主题班会课教学等课型结合具体教学案例进行分析，总结出议题式教学常态课架构，并提出了真议题、真情境、真活动、真解决的议题式“四真”课堂教学模式。

在推进思议结合的议题式教学中，“真”字诀始终贯穿其中。没有真实的议题，很难激发起学生释疑探究的欲望；没有真实的情境，也难以引发学生真正的情感体验，投入学习之中；没有真实的活动开展，所谓的体验式学习便成为一种虚设；而倘若最终没有推进真实问题的解决，课堂教学的有效性也难以检验。总之，以“真”为核心理念，全面贯穿议题式教学中的“四真”元素，有效地实现了思政议题式教学。

三、素养导向：落实议题式教学之根

思议结合的议题式教学，改变了思政课堂教学的风貌，获得了学生们的一致好评。但其实，这一教学创新所具有的价值不仅限于此，更令人兴奋的是它唤醒了无数思政人，告诉我们，思政教学的根到底在哪里？要知道，教学方法、教学形式的变革仅仅只是改变思政教学的形骸而已，目标与理念的变革才是本质。为此，李老师所开发和践行的议题式教学始终坚持“素养导向”，围绕思政课四大核心素养的目标来展开深度探索和建构。

本书针对如何培育政治认同、科学精神、法治意识、公共参与四大学科核心素养，提出了任务线、知识线、情景线三维设计法，同时书中提供了各种教学案例予以阐释和说明，给一线教师提供了十分容易操作实施的范本。当然，无论是指向哪一种核心素养的教学，最终都回归立德树人为本的终极价值追求。

翻阅此书，不难发现，字里行间都跳动着“思维”之火花。我始终相信，思政课程要想获得青少年的青睐，教师就不得不想办法去激活和顺应他们的天性。“爱思考”就是孩子们与生俱来的天性。我想，李辉云老师正是基于这样的考虑，历经多年的探索与实践，以“议”启思，又将“思”融入“议”之中，进而实现了思政课堂教学的创新转型。愿此书能激活一代又一代思政教师的教学创新热情，引领思政教育朝着更加美好的明天前行！

是为序！

左　璜

（教授，教育学博士，华南师范大学教师教育学部德育与教师发展系主任，教育部中国学生发展核心素养课题组成员，教育部考试中心高考评价体系课题组成员）

撰于　华南师范大学

2023 年 3 月 6 日

序 二

议题式教学是《普通高中思想政治课程标准（2017 年版）》所规定的新时期高中思想政治课的重要教学方式，出台迄今已经有五年多的时间了。在这五年多的时间里，关于议题式教学的研究出了不少成果，也有很多名师涌现，但在一线教学中，议题式教学究竟是什么，以及如何使用议题式教学上好思想政治课，依然是教师们所普遍困惑的。常常出现的误区有以下三类：

一是把“议题”当作“麻烦”。传统的课堂教学，特别是高中的课堂教学，因为教学时间有限、教学任务繁重，一直以来都是采取教师全程讲授的教学方式，在高考的压力下，也有很多学生认同这种讲授法，认为它更有效率，更容易帮助自己拿高分。但现代教育心理学已经证实，这种“满堂灌”的教学效果并不好，往往是一节课上下来老师们口干舌燥，学生们昏昏沉沉。对于思想政治课所承担的立德树人特殊使命而言，讲授法也只会适得其反，使更多的学生对思想政治课望而生畏、敬而远之。新课标提出尊重学生身心发展规律，改进教学方式，通过议题的引入、引导和讨论，推动教师转变教学方式，是积极应对当前高中思想政治课程教育教学现实问题的重要创新。对于思想政治课教师而言，议题式教学意味着课堂主体从教师转移为学生，教学设计、教学思路由此发生了颠覆式的变化，这让很多老师难以适应，因而产生抗拒心理。把议题式教学当作“麻烦”“折腾”，是当前高中思想政治理论课教师（尤其是富有教学经验的教师）多多少少存在的认知。

二是“问题”当作“议题”。对于乐于接受新课标的教师而言，在使用议题式教学的过程中同样面临着很多现实问题，一个首要的问题是，何为“议题”？很多教师在教学实践中，选择了“问题”而非“议题”来作为议题式教学的首个环节，导致了后续教学情境、教学活动和教学任务难以形成闭环。“问”对应的是“答”，有问题必有答案，如果选择“问题”当作“议题”，那么整个教学设计就像是写好的剧本，学生随教师起舞，整个教学活动中学生的参与感和体验感都将被极大削弱，并不利于学科核心素养的培育与生成。

三是“议论”当作“议题”。以学生为主体、以议题为引导，并不意味着教师要将课堂的主导权拱手让人。学生毕竟还处于学习、探索新知识的阶段，一味地强调学生主体、民主参与，而忘记了教师作为领路人、引导人的身份职责，议题式教学课堂也往往会变成辩论赛或是演讲比赛，导致教学目标的失败。如何在议题式教学课堂中正确发挥教师引导、学生主体，广泛参与、民主开放，知识自悟、价值内化，是一个相当考验教师“手艺”的事情，稍有不慎就会导致更多的负面效果。

以上三类情况是出于我个人的观察，以及与指导的学科教学（思政）硕士研究生参加教育实习回校后的交流，隔靴搔痒，不敢说直指要害，但是想来可以反映当前高中思想政治课议题式教学的一些现象。对于大多数一线教师而言，拒不接受新的教育理念和新的教学方法的毕竟是少数，更常见的情况是心向往之却又不得其门而入。这时，一套可操作性强、可移植、可复制的议题式教学模式，对于提升高中思想政治课教师议题式教学能力、建好高中思想政治课教师议题式教学课堂的帮助是无与伦比的。

在这一思路的指引下，李辉云老师的这部著作，分别从议题式教学的内涵特征、构成要素、操作原则，议题式教学所指向的核心素养培养，以及在不同课型中的应用形态入手，提出了一套行之有效的议题式教学模式，高度贴合一线思想政治课教学实践。书中总结提炼的议题式教学“四真”课堂模式，是对议题式教学富有指引性的“操作手册”，更是对议题式教学的重要理论建构，对于当前高中思想政治课教学研究和议题式教学研究具有创新性意义。作为一名教学管理工作者，同时也是高校思想政治理论课一线教师，我在读完李辉云老师的这本著作后，最大的感受就是高校思想政治理论课同样非常需要融入议题式教学的有益成分，帮助实现教学方式方法的更新。当前高校思政课教师的教育背景和现实环境决定了他们或许是优秀的科研工作者，但对于教研特别是教学法的研究，还有更长的路要走。

李辉云老师是一位具有丰富教学经验同时又善于思考、勤于动笔的思想政治课教师，多年来，在繁忙的一线教学间隙，李老师承担并完成了多项省级课题的研究，坚持以教学促进研究、以研究带动教学，真正做到了教学相长、教研互补。本书是他多年从事议题式教学的教学实践与理论思考的产物，也是一项功力深厚、创见迭出的优秀成果，希望李辉云老师的这部著作，可以让更多从事教育事业的读者受益，也希望李老师再接再厉，不断探索，在今后的教学实践和理论研究中取得更多更好的成就。

左康华

（副教授，哲学博士，广州大学马克思主义学院副院长）

序于广州大学

2023 年 2 月 22 日

序　三

思政课作用不可替代，思政课教师队伍责任重大。如何增强思政课的趣味性、思辨性、吸引力？是每一个思政人都需要思考的问题，《普通高中思想政治课程标准（2017 年版 2020 年修订）》（简称新课标）直接给出了一个答案，那就是开展议题式教学。自新课标颁布以来，议题式教学就成为高中思想政治教育教学的热词，关于议题式教学的文章也如雨后春笋般地出现在各种刊物上，甚至有的地方，只要是公开课，就好像非议题式教学不可。但什么是议题式教学，怎样开展议题式教学？哪些课程适合议题式教学，哪些又不适合议题式教学？作为一名一线城市的高中政治教研员，近年来，我调研了几百节高中思政课堂，和上千名高中政治教师进行了交流，大家普遍认为，对议题式教学的内涵及操作方法感到一知半解，迫切需要一本既有理论又讲实操的专著来指导大家的教学，李辉云老师所著的《指向立德树人的议题式教学研究》的出现正当其时。

思想政治理论课是落实立德树人根本任务的关键课程。2019 年 3 月 18 日，习近平总书记在北京主持召开学校思想政治理论课教师座谈会并发表重要讲话，就如何办好思想政治理论课这一关键课程作出了具体部署和指导。习近平总书记在讲话中强调，“办好思想政治理论课，最根本的是要全面贯彻党的教育方针，解决好培养什么人、怎样培养人、为谁培养人这个根本问题”，“青少年阶段是人生的‘拔节孕穗期’，最需要精心引导和栽培”。习近平总书记的讲话将思想政治理论课教师同中华民族千秋伟业紧密联系在一起，每一位思政课教师都能感受到党的重托和岗位的光荣。具体怎样才能办好思想政治理论课呢？习近平总书记指出，推动思想政治理论课改革创新，要不断增强思政课的思想性、理论性和亲和力、针对性，要坚持“八个相统一”，即：政治性和学理性相统一，价值性和知识性相统一，建设性和批判性相统一，理论性和实践性相统一，统一性和多样性相统一，主导性和主体性相统一，灌输性和启发性相统一，显性教育和隐性教育相统一。这“八个相统一”，深刻总结了思政课建设长期以来形成的规律性认识和成功经验，构成一个紧密联系、有机统一的整体，为推进新时代思政课建设指明了方向。

议题式课堂教学是一种围绕议题，借助情境，进行有逻辑的认知思辨和可选择的活动探究的课堂教学方式，是以“议学”为解决问题主要方式的意义建构过程。李辉云老师对议题式教学的这个概念的界定比较准确地概括出了议题式教学的特征，其在随后对议题式教学的构成要素和操作原则的论述充分体现了习近平总书记提出的“八个相统一”。在本书中，李老师不仅阐述了议题式教学的相关理论，而且附录了自己的经典议题式教学设计；不仅提供了议题式教学范式，而且从学—教—评多角度全方位地进行了解读和示范，可以说，这是一本既可以学理论，又可以直接拿来操作的现实性作品，做到了理论性和实践性的紧密结合。

秦大禹

（广州市教育研究院　政治教研员）

2023 年 2 月 10 日

■ 自 序

习近平总书记于2019年3月18日在学校思想政治理论课教师座谈会上提出，“思想政治理论课是落实立德树人根本任务的关键课程”①，发挥着“为党育人、为国育才”的作用。思想政治理论课教师，要给“拔节孕穗期”的青少年学生心灵埋下真善美的种子，引导学生扣好人生第一粒扣子。办好学校思政课，事关中国特色社会主义事业后继有人，是培育一代又一代社会主义建设者和接班人的重要保障。同时，习近平总书记也要求思想政治理论课教师政治要强，情怀要深。在办好思想政治课的实践中，一线教学中新生了很多更符合教学规律、更具有时代特征的方式方法，其中议题式教学可谓独具魅力。

新课标指出：高中思想政治课是一门综合性、活动型学科课程，并作为一个亮点提出议题式教学是落实这一课程性质的重要抓手。议题式教学成为高中思想政治课学科核心素养落地的重要途径，成为教师转变教学方式和学生改变学习方式的重要变革。

但是，作为新事物，在新课标提出议题式教学的时候，并未给予它一个明确的含义和操作要求。结合教学实践，本人认为议题式教学是精选连通学科主

---

① 习近平：《用新时代中国特色社会主义思想铸魂育人 贯彻党的教育方针落实立德树人根本任务》，《人民日报》2019年3月19日第1版。

干知识，突出教学重点、难点，契合学生疑惑点、情感升华点，坚持正确的价值导向的中心议题；并结合现实情境对总议题进行案例化、层次化、梯度化的分解和细化，激发学生的探究学习兴趣，继而引导学生讨论、合作、探究，发表观点，解决问题，学生在师生、生生互动中，掌握知识，提高能力，培育学科核心素养的教学方式。① 其主要特点有：一是以议题为纽带。围绕议题把碎片化、零散化的知识串联起来，让学到的知识有其内在的结构性和逻辑性。二是以情境为载体。议题情境承载着“议学”活动的开展和学科知识的建构任务，因其生动性和趣味性而成为思想政治课堂的亮丽风景。议题情境是思想政治课程标准所倡导的教学切入口，承载着柔化和活化知识的任务。三是以活动为路径。遵循“议学”“议做”的要求，彰显体验、探究、实践的价值，强调学生是课堂教学的主体，教师是课堂教学的主导。四是以学科核心素养为旨归。议题式教学中，议题的选择、情境的创设、活动的设计、活动表现的评价等，都需要围绕核心素养的培育。

议题式教学引导思想政治课从小课堂走向大课堂、从学习个体走向学习共同体、从知识性架构走向素养化架构，让学习真实发生，推动高阶思维和深度学习，帮助学生从解题走向解决问题、从做题转向做人，培育学科核心素养，落实立德树人根本任务，是一种符合新课程理念、具有明显优势的教学方式。

为了更好地推动议题式教学在思想政治课一线课堂落地生根、开花结果，为一线思想政治课教师提供一种可操作性强、可移植、可复制的议题式教学模式。本人结合省、市课题研究以及省、市、区工作室建设，在大量教学公开课、示范课、研讨课的实践基础上，提出了议题式教学“四真”课堂模式，提出要从议题、情境、活动、任务四个环节，从真议题、真情境、真活动、真

---

① 李辉云：《基于深度学习的思想政治课堂议题式教学实施策略——以〈我国的社会保障〉为例》，《教学考试》2021 年第 25 期。

解决四个角度下功夫构建“四真”课堂，追求真学、真懂、真信、真用的良好状态，引导学生入乎其内、沉乎其中、得乎其里、出乎其外，追求入境真学、融境真懂、悟境真信、出境真用四重境界。

议题式教学求真、崇德、尚美，以培育学科核心素养为抓手，以落实立德树人为根本任务，追求思政教学“真善美”的新境界。“求真”要求议题式课堂提供的是“真”情境，运用的是“真”知识，解决的是“真”问题，开展的是“真”活动，进行的是“真”学习，提升的是“真”素养；不华而不实，不弄虚作假，设计精致精巧、务实有效，是真切、实在的教学方式。“崇德”要求议题式教学设计落实立德树人的根本任务，以培育社会主义核心价值观为目的，帮助学生确立正确的政治方向。议题式教学理想样态应该是在议题讨论的过程中实现“教与育”的合一，充分挖掘德育元素，努力让课堂成为师生生命和灵魂相互交融、相互点亮的幸福家园，于“润泽”中实现德性养成。“尚美”是议题式教学在问题与活动的设计上，追求“教师引发问题”和“学生生成问题”的有机结合、“知识生成过程”和“学生成长过程”的有机融合所凸显的智慧之美、个性之美，还有在比较、鉴别、质疑、辨析中彰显的学生的批判性思维、辩证思维、创新思维等综合思维和高阶思维之美。

由于作者水平和能力有限，本书难免有诸多瑕疵，敬请各位专家、学者批评指正。

李辉云于从化

2022 年 12 月

■缘起：基于思想政治课教学一线的需要

作为一名一线的思想政治课教师，我长期关注教育教学改革。教育部颁布思想政治课教学领域的纲领性文件——新课标后，我意识到普通高中思想政治课教学将发生巨变。于是，我上网了解相关资料，并催促学校图书馆尽快给教师订阅这本新课标。

当我拿到图书管理员给我的新课标，我立刻开始认真学习和研究。首先给我带来震撼的是，高中思想政治课课程性质发生了巨大的变化，高中思想政治课程是落实立德树人根本任务的关键课程，以培育社会主义核心价值观为根本目的，是帮助学生确立正确的政治方向、提高思想政治学科核心素养、增强社会理解和参与能力的综合性、活动型学科课程。其次是提出高中思想政治课要培育政治认同、科学精神、法治意识、公共参与四个学科核心素养。同时，带来的还有一系列的疑问："什么是综合性、活动型学科课程？""这样的课该如何上？""思想政治学科核心素养如何培育？"等等。

好在新课标第2页在第3点"改进教学方式"中，比较明确地提出："要通过议题的引入、引导和讨论，推动教师转变教学方式，使教学在师生互动、开放民主的氛围中进行；要通过问题情境的创设和社会实践活动的参与，促进学生转变学习方式，在合作学习和探究学习的过程中，培养创新精神，提高实践能力。"查找资料得知，这是作为新课标亮点提出的"议题式教学"。但什么是议题式教学呢？新课标并没有给出明确的“官方”概念，就连“什么是议题”都还是学术界在讨论的问题之一。虽然，新课标在“课程内容”部分，针对各个必修模块提供了议题设计提示，在“教学与评价建议”部分给出了具体的议题设计示例；但作为一线思想政治课教师，如何在一线课堂教学中上好议题式教学课，我依然是一头雾水、不知所措。对我而言，议题式教学就好像是蒙了一层神秘的面纱，若隐若现。

慢慢地，政治学科组讨论议题式教学的教师和次数越来越多了。我明白，议题式教学将成为高中思想政治课学科核心素养落地的重要途径，也将成为转变教师教学方式和改变学生学习方式的重大变革，是每个思想政治课教师绕不开和必须研究的重要课题。

为了更好地研究议题式教学，我从网上买来了教育部组织编写、人民教育出版社出版的普通高中思想政治课教科书（简称统编版新教材）在家学习。2019 年 10 月，我主持课题《基于学科核心素养的思想政治课议题式教学研究》，2020 年 4 月成功申报获批广东省教育科学“十三五”规划“强师工程”课题（批准号：2020YQJK001）。因为有一定的前期学习、研究基础，当 2020 年 9 月（秋季）广东省普通高中开始使用统编版新教材，我们课题组积极承担各级和各类公开课、示范课、讲座，积极实践和探索，我也在《中国德育》《教学月刊》《教学与管理》《江苏教育研究》《江苏教育》《教学考试》等刊物上发表了一系列相关的研究文章；同时，我也探索将议题式教学推广到更多的领域，2021 年课题《基于核心素养的议题式主题班会课研究》成功申报获批了广东省中小学“百千万人才培养工程”专项科研项目课题（批准号：BQW2021MBG018）。

随着研究的深入，知道我的人慢慢多了，就有老师问我：李老师，什么样的课才算是一节议题式教学课？你觉得高中思想政治课多久上一次议题式教学合适？第一个问题好理解，其实是议题式教学的操作模式问题，即如何“快速入门”，上出一节合格的议题式教学课的问题。第二个问题我是有些诧异的，一种新课标提出来的，与新课程改革相适应的教学方式，至少是思想政治课堂教学的一种主要和常用教学方式，怎么会有“多久上一次议题式教学合适”的疑问，如果是这样，议题式教学就难以发挥其应有的价值，也会影响新课标理念在一线的贯彻落实。只有议题式教学“飞入寻常百姓家”，成为常态课堂，成为广大教师和学生们的“日常用品”，才能真正实现议题式教学和新课标在一线课堂的落地生根、开花结果，才能为学生的终身发展带来福祉。后仔细一想，这两个问题又有着密切的联系，也表达了教师的“心声”，不是不喜欢、不愿意使用议题式教学，只是暂时不熟悉、不知道如何使用好这一教学方式。这促使我探索和研究可操作性强、可移植、可复制的议题式教学操作模式，在大量课堂实践的基础上，我提出构建议题式教学“四真”课堂教学模式和追求议题式教学“四重”境界。

现在，老师们越来越愿意和我聊议题式教学，问我：李老师，怎样的议题式教学才算是一节好课？等等。由于对议题式教学接触越多，越能体会和感受到这一教学方式的优势，同时也越发感觉有很多角度值得去研究，激发了我的研究兴趣。这时，同行老师们说：“李老师，要不你写一本书，把议题式教学说清楚一点。”从没想过写书的我，竟然心动了。我知道这很难，可作为一线思想政治教师的我，很愿意把这些年对议题式教学的一些思考和体会、实践和探索拿出来与同行们一起分享，请同行们批评、指正。

道阻且长，行则将至。议题式教学还在路上……

目录 CONTENTS

第一章

指向立德树人的议题式教学 1

第一节 立德树人与高中思想政治课的关系 1

第二节 议题式教学的立德树人育人价值旨归 6

第二章

议题式教学生成原因和内涵特征 11

第一节 议题式教学理论依据与现实诉求 11

第二节 议题式教学基本内涵与主要特征 19

第三章

议题式教学构成要素和操作原则 28

第一节 议题的分类与设置原则 28

第二节 情境的分类与甄选原则 33

第三节 活动的分类与组织原则 39

第四节 任务的分类与实现原则 47

第五节 议题式教学四要素统整架构 54

第四章

指向学科核心素养的议题式教学设计 58

第一节　指向政治认同的议题式教学设计　58
第二节　指向科学精神的议题式教学设计　64
第三节　指向法治意识的议题式教学设计　74
第四节　指向公共参与的议题式教学设计　80
第五节　议题式教学素养化架构　86

第五章

议题式教学主要课型 93

第一节　议题式新授课教学　93
第二节　议题式综合探究课教学　106
第三节　议题式复习课教学　115
第四节　议题式主题班会课教学　126
第五节　议题式教学常态课架构　132

第六章

议题式教学评价 140

第一节　议题式教学评价量表　140
第二节　议题式教学评一体化策略　149

第七章

议题式作业设计 155

第一节 议题式高考试题分析 156

第二节 议题式作业设计 162

第八章

议题式教学效果提升策略 169

第一节 以学定议 170

第二节 引导生成 176

第三节 善于提问 182

第四节 指向深度学习 192

第九章

议题式教学模式构建 197

第一节 议题式教学存在问题 197

第二节 议题式“四真”课堂教学模式 200

第三节 议题式教学模式操作方式 206

第四节 议题式教学追求四重境界 217

参考文献 224

作者研究期间发表的相关论文 229

后 记 231

第一章
指向立德树人的议题式教学

2019 年 3 月 18 日，习近平总书记在北京主持召开学校思想政治理论课教师座谈会时发表重要讲话，指出“在大中小学循序渐进、螺旋上升地开设思想政治理论课非常必要，是培养一代又一代社会主义建设者和接班人的重要保障”，“思想政治理论课是落实立德树人根本任务的关键课程”①。青少年正处于人生的“拔节孕穗期”，思想政治课无疑是一门补钙壮骨、固本培元的人生必修课，也是学校德育工作的主渠道和主阵营，是立德树人的关键课程，起着铸魂育人的关键作用。

第一节　立德树人与高中思想政治课的关系

国无德不兴，人无德不立。立德树人作为我国教育思想的重要组成部分，对我们党的教育事业起着极为重要的促进作用。2006 年中共中央政治局第三十四次集体学习时，胡锦涛指出“把立德树人作为教育的根本任务”；2007 年 8 月胡锦涛在全国优秀教师代表座谈会上再次强调：“要坚持育人为本、德育为先，把立德树人作为教育的根本任务。”党的十七大提出“坚持育人为本、德育为先，实施素质教育，提高教育现代化水平”的教育任务，立德树人逐步成为教育领域的热点研究话题。党的十八大明确提出“立德树人”是教育

① 习近平：《用新时代中国特色社会主义思想铸魂育人　贯彻党的教育方针落实立德树人根本任务》，《人民日报》 2019 年 3 月 19 日第 1 版。

的根本任务。习近平总书记在党的十九大报告中指出："全面贯彻党的教育方针，落实立德树人根本任务，发展素质教育，推进教育公平，培养德智体美全面发展的社会主义建设者和接班人。"① 习近平总书记明确了立德树人的新内涵和新任务。习近平总书记在党的二十大报告中指出："办好人民满意的教育……全面贯彻党的教育方针，落实立德树人根本任务，培养德智体美劳全面发展的社会主义建设者和接班人……加快建设高质量教育体系，发展素质教育，促进教育公平。"

一、立德树人思想的内涵

立德树人与党的教育方针和素养教育思想宗旨一脉相承。立德树人是"立德"和"树人"的辩证统一，是"立育人之德"与"树有德之人"的辩证统一，二者相辅相成、不可分割，是一个统一的有机整体。"立德"为了"树人"，"立德"是手段，"树人"是目的。"立德"是指导原则和价值选择，贯穿于"树人"的过程之中。其一，"立德"在于坚持马克思主义的立场、观点、方法，立足我国教育实际情况，探索中国特色的人才培育机制。其二，"立德"在于坚持以人为本，坚持德育为先、德才贯通的原则。其三，"立德"贯穿于"树人"的全过程、全方位，既发挥"德"的灵魂作用，也发挥"以智益德、以体蓄德、以美惠德"的交互作用。其四，"立德"本身也需要相对独立的建设。立德树人具体要求表现为：第一，加强社会主义核心价值观和优秀传统文化教育。第二，形成爱祖国、爱劳动、爱真理的长效机制。第三，增加学生责任意识、创新精神、实践能力，加强体育和美育方面的教育。立德树人对教育、教学发展提出了高远的目标，为制定具体学科核心素养提供了理论

① 习近平：《决胜全面建成小康社会　夺取新时代中国特色社会主义伟大胜利：在中国共产党第十九次全国代表大会上的报告》，人民出版社，2017，第 70 页。

指导，为教育、教学的长期发展指明了方向。

二、高中思想政治理论课是落实立德树人根本任务的关键课程

思想政治理论课是大中小学各个教育阶段的必修课，对思想政治理论知识的传递、社会主义核心价值观的引领、理想信念和道德观念的形成，都起着不可替代的巨大作用。2019 年 3 月 18 日，习近平总书记在北京主持召开学校思想政治理论课教师座谈会时指出“在大中小学循序渐进、螺旋上升地开设思想政治理论课非常必要”，“思想政治理论课是落实立德树人根本任务的关键课程”①。究其缘由，有以下三点：首先，教育的根本任务是立德树人。思想政治理论课作为教育的核心组成部分和课程，自然要承担立德树人根本任务。其次，与其他课程相比，思想政治课承担着立德树人的关键性作用。中学思想政治课是一门兼有智育性和德育性的课程，但德育性是思想政治课的根本属性，是其区别于其他课程的关键性因素。再次，能否办好思想政治课，直接关系到立德树人根本任务的实现。习近平总书记在《思政课是落实立德树人根本任务的关键过程》中强调：办好思政课，最根本的是要全面贯彻党的教育方针，解决好培养什么人、怎么培养人、为谁培养人这个根本问题。能否办好思想政治课，直接关系到立德树人根本任务的实现。

为进一步深化基础教育改革，新课标明确规定了高中思想政治课教育的性质，强调“高中思想政治课程是落实立德树人根本任务的关键课程，以培育社会主义核心价值观为目的，是帮助学生确立正确的政治方向、提高思想政治学科核心素养、增强社会理解和参与能力的综合性、活动型学科课程”②。

---

① 习近平：《用新时代中国特色社会主义思想铸魂育人　贯彻党的教育方针落实立德树人根本任务》，《人民日报》2019 年 3 月 19 日第 1 版。

② 中华人民共和国教育部：《普通高中思想政治课程标准（2017 年版 2020 年修订）》，人民教育出版社，2020，第 1 页。

三、高中思想政治课培育德才兼备的时代新人

为了更好地落实立德树人根本任务，新课标指出了具体路径，就是要培育学生政治认同、科学精神、法治意识、公共参与四个学科核心素养。同时明确指出每个学科核心素养的具体育人价值，“把握每个思想政治学科核心素养要素的独特价值，可依次归结为有信仰、有思想、有尊严、有担当。所谓有信仰，是科学理论支撑的信仰，即基于政治认同的理想信念；所谓有思想，是源于科学理论的思想，即科学精神的集中表现；所谓有尊严，是凝结自由、平等、公正价值取向的尊严，唯有法治意识才能使人切实感受到这样的尊严；所谓有担当，实质上是行使人民当家作主的权利，履行法律规定的义务，唯有公共参与才能真正体现这种责任担当”①。这也就明确给出了高中思想政治课在落实立德树人根本任务角度的具体任务是培育有信仰、有思想、有尊严、有担当的德才兼备的社会主义建设者和时代新人。

（一）培育有信仰的学生

培育有信仰的学生体现的是政治认同素养的育人目标。培育有信仰的学生是指学生在了解中国制度和国情等知识的基础上，结合中国特色社会主义实践，对中国特色社会主义有坚定信念和高度认同，成为一名坚定的社会主义建设者和接班人。信仰不是盲目的感性冲动，是建立在严密的理性思考和科学理论论证的基础上的，是存在于人的内心深处的。从根本上讲，政治认同问题是人的精神根基问题，政治认同为高中生未来的人生道路选择和发展方向提供依据。培育有信仰的学生，要重视政治情感引导。思想政治课教师要关注学生的

---

① 中华人民共和国教育部：《普通高中思想政治课程标准（2017 年版 2020 年修订）》，人民教育出版社，2020，第 42 页。

心理感受和思想情感，有针对性地引导学生形成真挚的政治情感，在情感体验中潜移默化地强化学生政治信念，坚定学生政治意志，培育有信仰的学生。

（二）培育有思想的学生

培育有思想的学生体现的是科学精神素养的育人目标。有思想的学生能够灵活运用马克思主义基本原理去认识世界和改造世界，解决现实生活问题，做出正确的价值判断和选择。科学精神帮助学生科学解释社会现象，做出正确判断和合理选择，以适应社会变化。有思想的学生往往有独立精神和自由思想，这就必然要求有一定的科学知识和理论作为基点，但有思想教育与有科学知识并不能简单等同。培育有思想的学生，要求教师不仅要传授学生理论知识，更要关注思维的过程和情感的培育，引导学生运用所学学科知识、理论和方法去观察和思考问题。因此，思想政治课教学要注意培育学生独立思考能力、自主判断能力等思维方式和能力，这有利于培育有思想的学生。

（三）培育有尊严的学生

培育有尊严的学生体现的是法治意识素养的目标要求。有尊严的学生是既遵纪守法，也自尊自爱。主要表现在：第一，维护法律的尊严。青年学生是祖国的未来，更应该崇尚法律、遵守法律，维护法律尊严和法律地位。第二，捍卫人的尊严。人的尊严最重要的是对生命的尊重，青少年学生要自尊自爱、严于律己，有规则意识，与此同时，也会获得他人的尊重，过上有尊严的生活。培育有尊严的学生对思想政治课有三个层面要求：第一，知识层面，教授学生培育法治意识的必要知识和理性认知储备。第二，情感层面，以学生对法治的价值认同为重要着力点。第三，行为层面，把法治作为最高目标，引导学生在具体的活动中形成法治意识和法治实践能力。

（四）培育有担当的学生

培育有担当的学生是公共参与素养培养目标的体现，表现在有社会责任感和社会参与意识、能力，以使学生尽快地适应社会生活，增强学生在未来社会中的核心竞争力。这就要求教师重视培养学生参与公共素养培育，激发学生学习公共参与知识的积极性和兴趣，也要求教师合理设置公共参与目标，在教学中注意培养学生对公共生活的责任感，引导学生以积极良好的态度服务公共生活，在公共生活中享受自我，获得价值感和成就感。公共参与的行为能力需要在学生的公共参与实践活动中得到锻炼，因此要重视学生的公共参与实践，组织多种活动，在具体的活动中培育有担当的学生。

第二节　议题式教学的立德树人育人价值旨归

以往思想政治课侧重学科知识体系的传授，学生习惯于死记硬背学科知识，忽视学科思维、能力和情感态度价值观的培育，这对落实立德树人根本任务不利，对培育德才兼备的社会主义建设者和接班人不利，这使教育价值本末倒置。因此，新课标在提出四个学科核心素养的同时，也提出改变以往思想政治课教学方式，强调信仰和价值体系的感悟与深化。同时，作为一个亮点，新课标还提出和提倡使用议题式教学，促进教师转变教学方式和学生转变学习方式，更好地培育德才兼备的未来建设者和接班人。

议题式教学以立德树人为指导，以指向立德树人为价值旨归。同时，议题式教学也契合当前要培育学生核心素养的教育价值追求，结合发展中国学生核心素养的教育教学大趋势，努力改变当前思想政治课堂教学中依然存在的学科本位和知识本位的教学陋习，努力改革教师的教学方式和学生的学习方式，精选连通学科主干知识，突出教学重点、难点的中心议题，并结合现实情境对总议题进行案例化、层次化、梯度化的分解和细化，激发学生的探究学习兴趣，继而教师引导学生讨论、合作、探究，发表观点，解决问题，学生在师生、生生互动中，掌握知识，提高能力，培育学科核心素养的教学方式①。这也有利于把知识学习与学生具体实践结合起来，关注知识生成过程，推动思想政治课课堂教学从知识为本走向素养为本，用学科核心素养来统领学科教学。

议题式教学主要包括议题、情境、活动、任务四个要素，推动政治认同、科学精神、法治意识和公共参与学科核心素养在议题式课堂教学中生长，使立德树人根本任务在思想政治课教学中得到有效落实，为社会主义现代化建设培育德才兼备的时代新人。

一、议题（问题）引导培育科学精神

当下的高中思政课课堂教学，主要的教学方式依然是讲授法。作为一种教学基本方法，讲授法有其存在的合理性，但过度的讲授不利于学生思考问题和活跃思维。因此，培育思想政治课学科核心素养需要议题式教学，通过议题（问题）吸引学生积极参与、共同探究，启发学生的思维，提升学生分析解决问题能力和交流合作能力。学生寻找事实证据对议题进行深入探究，对各种假设质疑、论证、反思等，做出正确的价值判断和价值选择，最后付诸实践。由此可见，议题式教学以“议学”的形式，能有效提高学生的辩证、科学思维能力。

运用议题式教学培育科学精神。第一，创设适切的议题（问题）。好的议题（问题）能吸引学生的兴趣，引导学生讨论、思考。在讨论、思考议题（问题）过程中，教师应引导学生摒弃感性冲动，在针锋相对的冲突中进行理

① 李辉云、邓燕燕：《议题式思想政治课生成性策略》，《教学考试》2021 年第 34 期，第 51—53 页。

性分析，实事求是地做出正确的价值判断、选择，培育学生的科学精神素养。第二，鼓励学生自主、合作和深度学习。议题式教学通过议题（问题）引导学生开展自主、合作和探究学习，这有利于锻炼学生的思维，培育学生的问题意识，以及质疑批判能力和深度学习能力，有利于培育学生科学精神学科核心素养。

二、情境培育政治认同

以往的填鸭式教学看似在短时间内完成了很多教学任务，但只是在灌输事实与道理，不利于培育学科核心素养，导致中学生不能真正理解和认同所学思想，造成情感、态度和价值观断裂。议题式教学围绕议题设置情境，引导学生置身于真实情境中，运用学科知识和理性思维去分析、解决真实问题，从而产生真实的政治情感，对所学理论和思想产生政治认同。

政治情感是主体对政治体系、活动等方面的内心体验与感受，是对政治客体的爱憎感、亲疏感，是一种具有持续性、稳定性的高级心理活动。政治认同是理性认同与感性认同的交汇融合和有机结合。政治认同需要理性的政治认知，也需要感性政治情感的感染，发挥情感的熏陶作用。真实情境培育真实情感，真实情境选择素材要真实，情感体验要真实。真实情境素材要符合“三贴近”（贴近学生、贴近生活、贴近实际）原则，为学生的感知、体验提供丰富情境，激发学生的参与热情，促进知识与思维的构建。真体验是要在真实情境和议学活动中，增强学生的民族自信心和自豪感，使其自发认同国家发展道路。在这样的爱国情怀基础上，学生的政治认同感油然而生，政治认同学科核心素养自然生成。

三、案例培育法治意识

传统高中思想政治课教学忽视学生的主体性作用，往往以“教师、教材、课堂”为中心，重视知识灌输，造成学生学习兴趣的减退；而法治意识的培育不只是需要法律知识，更需要培育学生的法治思维和能力，使之自觉成为法治的维护者和建设者。议题式教学提倡用具体真实的案例、故事，为学生提供正面典范或反面例证，激发学生的兴趣，引导学生在讨论交流、互动体验中分析案例，增长法律知识，形成法治思维，培育法治意识学科核心素养，成为有尊严的中国公民。

法治是理性与感性的有机结合。法治意识的培育不仅要有理性的法治认知，还需要感性的法治情感的熏陶，发挥情感的驱动作用。情感的产生需要案例，议题式教学强调在真案例中培育学生的真情实感，真案例是议题式教学的载体。真案例体现在真素材、真体验。真素材要求选择符合“三贴近”原则的社会法治热点案例或事件，为学生的感知、活动、体验提供丰富的学习情境，能激发学习的参与热情，促进知识构建，促进思维提升。真体验要为学生提供合作对话、互动体验场景与机会，让学生产生对法治的真实情感体验，加深对法治知识的理解，产生对法治的深刻认同与信任，产生对法治的欣赏和敬畏，进而产生对法治的信仰。在这样的法治情感基础上，学生的法治意识才会油然而生，法治意识学科核心素养才能自然生成。

四、活动培育公共参与

传统的思想政治课教学主要是传授理论知识，学生几无活动机会，造成知行脱节；而理论是灰色的，实践之树长青。学理论的目的是用于实践，理论的生命力在于实践。思想政治课不仅要提升学生内在理论修养，更应该指导规范学生的外在行为表现，学以致用，知行合一，使学生成为言行一致、内外兼修的合格公民。议题式教学鼓励学生以社会成员身份去参与和体验社会事务，并在“议学”“议做”的过程中，体验担当意识和社会责任感，培育公共参与学科核心素养。

议题式教学鼓励学生通过参与具体形象课堂（模拟）活动，参加形式多样真实社会实践方式，比如参观访问、社区调研、志愿服务等实践活动，在活动中开阔视野、丰富社会阅历，在活动中获得和检验知识，形成公共参与能力。第一，参观访问。这种方式比较直观和感性，有参与公共事务真实感，能为学生有序参与公共事务奠定基础。第二，社区调研。这种方式可操作性强，能帮助学生了解社会、关注社会，拉近学生与社会的距离，调动学生的公共参与热情，培育学生的公共参与能力。第三，志愿服务。志愿服务是培育学生集体主义精神的有效途径，对提高学生的社会责任感和公德意识，培育学生的公共参与学科核心素养，提升学生的精神境界都具有重要作用。

第二章

议题式教学生成原因和内涵特征

议题式教学真正进入思想政治课教师的视野是新课标的颁布。新课标的每一项“教学提示”都给出一个“议题”，既包括课堂教学的提示，又包括社会活动的提示；既提示课程内容，又提示活动建议，给一线思想政治课教师比较具体的操作指南，从而在呈现方式上为活动型学科课程的架构画出了基本轮廓。由此，这种以“议题”为纽带，以“内容标准”为中心，由确定意义的认知性提示与可选择的活动性提示相结合的“议题式教学”，也就成为塑造活动型学科课程的重要抓手。“议题式教学”的提出，基于我国思想政治学科教学的广泛实践，是积极应对思想政治课现实教学问题的，符合教育教学规律的一项教学理论创新和教学方式创新。

第一节　议题式教学理论依据与现实诉求

21 世纪以来，全球社会与经济变革日新月异，尤其是中国发生了翻天覆地的变化，这导致包括中国在内的全球许多国家，必然要思考如何培育能够更好地适应未来工作与生活的未来公民，在此背景下各国普遍提出了培育适应学生未来发展的核心素养，中国提出了发展中国学生核心素养；而对议题式教学的探索，符合教育教学规律，关涉培育学生核心素养，顺应核心素养时代教学理念的改革与发展，也是新课标提出的思想政治课教学改革方向，具有一定的前瞻性和前沿性，是当今时代发展的现实诉求。

一、议题式教学符合教育教学规律

议题式教学是符合教育教学规律的、适合当今时代发展的新教学方式，有着丰富的理论依据和理论支撑，比如学习金字塔理论、建构主义理论、对话教学理论、人本主义学习理论、最近发展区理论、有意义学习理论、马克思主义人的全面发展理论等，其中最贴切和最有说服力的是美国学者埃德加·戴尔提出的学习金字塔理论，了解这些理论有利于教师更好地理解和明白议题式教学的重要意义和价值。

学习金字塔又叫“经验之塔”，1946 年由美国学者埃德加·戴尔提出，在相关实验的基础上，美国缅因州的国家训练实验室形成了学习金字塔理论（如图 1 所示），跟戴尔提出的观点相近。

	学习方式	学习内容平均留存率
被动学习	听讲 (Lecture)	5%
	阅读 (Reading)	10%
	视听 (Audiovisual)	20%
	演示 (Demonstration)	30%
主动学习	讨论(Discussion)	50%
	实践 (Practice Doing)	75%
	教授给他人 (Teach Others)	90%

资料来源：美国缅因州国家训练实验室 (National Training Laboratories)

图 1　学习金字塔

学习金字塔理论认为，“听讲”学习效率最低，是处于金字塔塔尖的第一种学习方式，实验表明，学生两周后仅记得内容的 5%；“阅读”是第二种方式，处于金字塔尖下第二层，学生两周后可以记得内容的10%；“视听”是第三种方式，即图片、声音，处于“阅读”层之下，学生两周后记得学习内容的20%；“演示”是第四种方式，采用该方式学生两周后记得学习内容的30%；“讨论”是第五种方式，采用该方式学生两周后可以记得学习内容的50%；“实践”是第六种方式，即“做中学”或“实际演练”，采用该方式学生两周后记得的学习内容可达到75%；“教授给他人”是最后一种处在金字塔基座位置的学习方式，即“教别人”或者“马上应用”，采用该方式学生两周后记得的学习内容可达到惊人的90%。

从学习金字塔塔尖“听讲”到第四层“演示”，学生采用被动的学习方式，参与度很低，学习保存率也很低；从第五层“讨论”到第六层“实践”，学生采用主动的学习方式，学习保存率高，并在主动发现过程中发展创造性思维能力。议题式教学的议学“讨论”处于学习金字塔的第五层，其知识的应用和迁移过程不同程度地涉及第六层“实践”，作为学习小组代表汇报，在该过程中其学习保存率更高。因而，议题式教学对于提高当下高中思想政治课学科的课堂教学效率具有重要作用。

二、议题式教学是新课程改革的必然要求

时代的快速变化发展必然要求课程改革，课程改革必然要顺应时代发展的要求。在经济全球化与世界多极化纵深发展，信息化快速发展的时代背景下，新一轮课程改革应运而生。新课程改革的核心理念是培育学生核心素养，培育适应不确定未来的创新人才，以求能用“确定”的核心素养和关键能力应对不确定的未来世界。在这种大背景下，议题式教学应运而生。

未来将带来一系列值得人们深思的问题。如何理解、应对这些问题，是作为未来公民的中学生需要思考的。

（一）议题式教学符合时代发展要求

面对未来的不确定的世界，唯一的确定是不确定，唯一的不变是变化。这必然要求教育要培育能应对未来变化的创新型人才，要促进全民学习、终身学习，要创设有利的学习型社会氛围，也必然要求课堂教学顺应时代发展要求。很显然，传统的我讲你听、我教你背的思想政治课堂教学方式已无法适应时代要求。尤其是面对一些诸如健康、环保、人工智能、信仰等日益突出的复杂真实问题，仅靠教师讲授学生就能理解和接受，就能认同和相信，并能应对未来，这是不可想象的；而通过议题式教学，学生有可能借助团体或小组合作的方式，进行合作、探究、协商适切的议题，异质的成员发表各自的观点，在可视的对话氛围和讨论中追求共同价值，寻求正确面对和解决矛盾的方法和路径，最大限度地达成共识。

（二）议题式教学符合立德树人的任务要求

新课标指出，课程改革要“全面贯彻党的教育方针，落实立德树人根本任务，发展素质教育，推进教育公平，以社会主义核心价值观统领课程改革，着力提升课程思想性、科学性、时代性、系统性、指导性，推动人才培养模式的改革创新，培养德智体美劳全面发展的社会主义建设者和接班人”①。这就意味着课堂教学必须以立德树人为根本任务。议题式教学符合立德树人的要求，是对立德树人理念的践行，是指向和落实立德树人根本任务的高中思想政治课堂教学方式。

---

① 中华人民共和国教育部：《普通高中思想政治课程标准（2017年版2020年修订）》，人民教育出版社，2020，前言第2页。

（三）议题式教学符合核心素养改革的要求

在变化的时代，作为中国未来公民的学生如何适应世界变化，北京师范大学提出了发展中国学生核心素养，进而在新一轮课程改革中，新课标提出培育学生学科核心素养。那么，如何培育学科核心素养，以帮助学生理解、评价和应对诸如健康、环保、人工智能、信仰等真实复杂的未来新情况，就必然要求改革教育教学方法，选择适切的教学方式。在议题式教学中，通过师生互动或生生互动进行意义建构，使学生“具备善于对话协商、沟通合作、表达诉求和解决问题的能力，勇于担当社会责任”。议题式教学以争议性议题为高级形态，以情境为载体，以活动为路径，为学生呈现真实的热点议题。教师引导学生面对价值冲突与争议，以培育学生多元文化的认知与价值观，最大限度地形成价值认同和道德共识。议题式教学以生活化情境产生真实议题，围绕议题传授学生知识、培育学生素养、发展学生个性，以“待议”之题，将知识智慧化、能力实践化、情感具体化，培育有个性、有理想、有活力、有担当的学生，这符合课程改革趋势，符合核心素养改革的要求。

三、议题式教学是新课堂教学改革的必然要求

课堂教学是践行课程改革理念的关键一环，是教学改革的核心和关键。课程改革需要构建课堂教学模式，以更好地推进课程改革。一个合适的、科学的课堂教学模式，能很好地贯彻课程理念、实现教育教学目标。议题式教学以议题、情境、活动和任务为课堂教学运行要素，突破了传统注重知识传播的授受式课堂组织方式的局限，是新课堂教学改革的必然产物，也是新课标作为亮点提出的并提倡在高中思想政治课一线课堂教学积极推广的教学方式。

（一）议题式教学的实施是改变教学现状的必然诉求

由于种种原因，当下的思想政治课堂教学与培育核心素养的素养化教育要求还有不小差距，主要表现在以下三个方面：第一，重知识逻辑，轻生活逻辑，教学内容倾向理论化、知识化。知识逻辑与生活逻辑在课堂教学表现中相背离，这使得教学内容抽象、枯燥，学生难以接受，难以提高兴趣。第二，重“双基”落实，轻“素养”生成。由于种种原因，部分教师依然固守原有熟悉的教学方式，热衷应试的现象依然是普遍存在的。把思想政治课等同于知识授受性课程，忽视了思想政治课培育“合格的社会主义建设者和接班人”的素养目标。第三，重“灌输”方法，轻“启发”思想。传统教学思想把学生看成容器，强调知识的输入，忽视学生发展潜能的培育，没有认识到培育核心素养的关键作用。在一定程度上，思想政治课堂教学中存在灌输式讲解，而忽视学生主观能动性的问题，对学生的主动性和核心素养的生成产生负面影响。新课标在提出培育学科核心素养的同时，也提出议题式教学方式与之相“配套”，以求更好地实现目标，这也是难能可贵的。

（二）议题式教学的实施是学习转型改革的必然诉求

课堂教学改革是课程的具体实施过程和环节，是课程理念的落实过程，也是教育教学目标实现的关键。课堂教学改革的关键是在充分认识学习本质的基础上，改变课堂学习的方式。学习金字塔理论认为：通过讨论、实践、教授给他人等主动学习方式，学习的效果更好。课堂教学应在生活化、主体化、素养化的理念指导下向培育学生素养转化，议题式教学是实现此转化的路径之一。议题式教学利于由“教”为主的教学观念向“学”为主的教学实践的转化。议题式教学最典型的特点是“议学”，学生议中有思、议中有做、议中有辨、议中有联，学生的思维、情感、意志等因素在“议”中得到充分锻炼和提高。

议题式教学，从议题的选择到议题的展开，从议题的升华到议题的评价，都遵循学生的身心发展规律，发挥学生主体作用，既利于教师教，又利于学生学，服从和服务于教育、教学目标。

四、议题式教学是转变教师教学方式和学生学习方式的必然要求

新课程改革的主要目标是培育学生学科核心素养，学生素养发展是课程改革的出发点和归宿。要更好地培育学生学科核心素养，教师的素养化发展是前提和保障。因此，新课程改革还有一个重要任务就是提高教师的核心素养，改变教师的教学方式。新课标指出议题式教学具有“推动教师转变教学方式”和“促进学生转变学习方式”的双重价值和意义。

（一）议题式教学的实施能够转变教师的教学方式

新信息时代，学生慢慢具有终身学习的素养技能，必然要求教师站在更高的层面审视教学，这就要求每位教师把成长作为职业存在状态，作为发展目标，唯其如此，教师才能够成为学生的良师益友，为学生发展和社会进步贡献自己的力量。

教师是教学的主体，是课程改革理念落地的关键。教师对课程改革理念理解的程度，直接影响着课程改革实践的进程。因此，推动教师对课程改革理念的理解，对实现课程改革目标至关重要。教师教学既受课程改革理念的引领，又受到高考的限制。相较而言，考试的方式及难度对教师的教学影响更大，这是影响人民对教学满意程度的关键因素。为此，本次课程改革把考试的要求放在课程标准之中，提出“学业质量”概念，促进一线教师的教学实践。新课标指出：“思想政治学科学业质量是阶段性评价、学业水平合格性考试和学业

水平等级性考试命题的重要依据。”① 学业质量标准的提出，为教师教学的程度、范围、方式提出了具体的可操作的框架说明。教师学习新课程理念，进一步树立学生主体思想，深入挖掘教学资源，选择有价值的议题进行教学，方能培育学生学科核心素养，实现立德树人目标。教师改变以往以灌输为主的教学方法，形成以“议学”为主的教学方法，此方法潜藏的理念是尊重、发挥学生的主体地位，使学生有机会发挥自己的才能。

（二）议题式教学的实施能够转变学生的学习方式

思想政治课本质上也是德育课程，是立德树人的关键课程。因此，课堂教学不仅要传授知识，更要注重培育学生情感态度价值观，培育学科核心素养，落实立德树人根本任务。议题式教学是教师在认真理解教材内容和学生生活实际的基础上，依托教材内容设计生活化的议题，通过议题探究活动，以教师引导、学生自主探究相结合的方式帮助学生理解和内化教材内容，培育学生学科核心素养的教学方法。议题式教学追求与碎片式教学、传统讲授式教学不一样的“议中学”的方式和效果。在教学设计方面，一般遵循“选定议题—设置情境—设置问题—选择活动—落实任务—选择评价”的路径；在活动组织方面，一般遵循“情境体验—明确任务—合作探究—成果展示—整合建构—知识迁移”的路径，强调发挥学生主体性，着眼于培育学生学科核心素养和学生的综合全面发展。所以说，议题式教学能够改变学生学习方式，培育学生的思维能力、自主学习能力和语言表达能力，促进学生的全面发展。

---

① 中华人民共和国教育部：《普通高中思想政治课程标准（2017 年版 2020 年修订）》，人民教育出版社，2020，第 36 页。

第二节　议题式教学基本内涵与主要特征

为顺应发展学生学科核心素养的课改趋势要求，新课标凝练出政治认同、科学精神、法治意识和公共参与四个核心素养。为了更好地培育广大学生学科核心素养，推动综合性、活动型学科课程开展，新课标提倡议题式教学方式，这也是思想政治课教学方式的新尝试。

一、议题式教学的概念界定

议题式教学源于西方的议题中心式教学，但又有着本质的区别。美国出版的《社会议题教学手册》把议题中心式教学定义为：以争议性议题为课程核心，教师围绕议题来组织相关知识，运用多种手段，通过多种方式，将议题的不同观点呈现给学生探讨的教学策略和课堂组织方式。

在我国，议题式教学走入思想政治课教师的视野，走入思想政治课堂，是由于新课标把议题式教学作为一个亮点提出来。新课标在“教学与评价建议”中提出：“教学设计能否反映活动型学科课程实施的思路，关键在于确定开展活动的议题。议题，既包含学科课程的具体内容，又展示价值判断的基本观点；既具有开放性、引领性，又体现教学重点、针对学习难点。围绕议题展开的活动设计，包括提示学生思考问题的情境、运用资料的方法、共同探究的策略，并提供表达和解释的机会。活动设计应有明确的目标和清晰的线索，统筹议题涉及的主要内容和相关知识，并进行序列化处理。要了解学生对议题的认识状况及原有经验，以提高教学的针对性、实效性；还要了解议题的实践价值，创设丰富多样的教学情境，引导学生面对生活世界的各种现实问题。”①新课标所提倡的议题式教学更关注教学过程的活动性、学生学科核心素养的培育，强调思想政治课的价值导向作用，旨在通过议题的引入，引导学生形成正确的世界观、人生观和价值观。

新课标虽然没有给“议题式教学”一个明确定义或概念，但从课程实施“基本理念”部分中可以总结出相关概述。新课标提倡引入议题来实施教学，引导和帮助学生在一定的议题情境中去思考与讨论问题，在开放民主的教学氛围中师生互动、生生互动，推动教师转变传统的教学方式，推动学生改变传统的学习方式。因此，议题式教学与议题中心式教学不同。议题中心式教学注重培育学生对争议性问题的意见、看法，在讨论争议性社会问题中获得新知、发展能力；而新课标提倡的议题式教学更加关注让学生在学习过程中形成分析问题、解决问题的能力，强调在“议学”“议做”的议题式教学过程中，形成良好品格与道德，从而培育学生学科核心素养和落实立德树人根本任务。

议题式教学是新课标的亮点之一，是新生事物，是新的教学方式。虽然至今没有明确的概念，但在中学思想政治课堂教学中已经开始使用，而且也受到普遍欢迎。为了更好地开展研究，本书综合前人研究理论和本人实践，给议题式教学下如下定义：议题式教学是精选连通学科主干知识，突出教学重点、难点的中心议题，并结合现实情境对总议题进行案例化、层次化、梯度化的分解、细化，激发学生的探究学习兴趣，继而教师引导学生讨论、合作、探究，发表观点，解决问题，学生在师生、生生互动中，掌握知识，提高能力，培育学科核心素养的教学方式。②

---

① 中华人民共和国教育部：《普通高中思想政治课程标准（2017 年版 2020 年修订）》，人民教育出版社，2020，第 43 页。

② 李辉云、邓燕燕：《议题式思想政治课生成性策略》，《教学考试》2021 年第 34 期。

二、议题式教学的特征

与以往的思想政治课教学方式对比，议题式教学有比较明显的特征。新课标指出，思想政治课教学可以围绕议题展开活动设计，“围绕议题展开的活动设计，包括提示学生思考问题的情境、运用资料的方法、共同探究的策略，并提供表达和解释的机会”①。可见，议题、活动、情境、内容系列化等因素与议题式课堂教学紧密关联。根据新课标精神，考虑到新时代学生的学法偏好和教师的育人心向，本书认为议题式课堂教学具有议题式、情境化、活动型和建构性四个基本特征。

本书以统编版高中必修3《政治与法治》第三单元第八课第三框“法治社会”为例进行简单分析。

（一）议题式

新课标指出，在课程实施中“要通过议题的引入、引导和讨论，推动教师转变教学方式，使教学在师生互动、开放民主的氛围中进行”②。可见，议题式是一种通过议题的引入、引导和讨论来呈现和解决问题的方式。将议题式引入思想政治课教学的直接目的，在于面对当前社会变革和实践创新中的新挑战、新问题，在商议、争议和建议中“引领学生通过观察、辨析、反思和实践，真学真懂真信真用马克思主义，在人生成长的道路上把握正确的思想政治

---

① 中华人民共和国教育部：《普通高中思想政治课程标准（2017年版2020年修订）》，人民教育出版社，2020，第43页。

② 中华人民共和国教育部：《普通高中思想政治课程标准（2017年版2020年修订）》，人民教育出版社，2020，第2—3页。

方向”①。在议题式特征的内涵中，议题是呈现问题的主要方式，议学是解决问题的主要方式。

以“法治社会”教学为例，本节课以“依法文明养犬”为切入口，设置总议题“法治让社会更和谐——从文明养犬说起”，设置分议题（或称子议题）“法治清明——思法治社会内涵意义”“社会清朗——探法治社会建设长路”“人心清爽——践法治社会之我能行”，总体遵循是什么、为什么、怎么做学科逻辑，法治意识、法治实施、法治效果实践逻辑，目标是共同构建一个“法治清明”“社会清朗”“人心清爽”文明和谐的法治社会。这样的议题设置，能吸引学生注意力，诱发学生积极思考，帮助学生构建法治认知体系，将教学导向深入，把教学真正指向法治意识的有效培育。②

扫码查看

议题式教学设计

（二）情境化

思想政治学科的特点是总体比较理论化。如果只是灌输式告知学生或者让学生记住，是很难理解到位的，更不用谈内化于心、外化于行，培育学科核心素养了。学生的学科核心素养必须在学生本人与真实情境的对话、互动和交流中方能形成和发展，且不同结构的真实情境为学生不同层次的学习和发展提供重要的场域。因而，议题式课堂教学的必然载体是真实情境，真实情境是学生能力和素养生长和发育的“原野”，在思想政治理论与真实生活情境的统一中，学生的学科核心素养快速生长。议题式课堂教学情境化具体表现在下面两方面：第一，生活性和生动性。由于情境有生活性和生动性特点，使议题的展开体现学科逻辑、生活逻辑和学生认知结构

---

① 中华人民共和国教育部：《普通高中思想政治课程标准（2017 年版 2020 年修订）》，人民教育出版社，2020，第 2 页。

② 李辉云：《指向法治意识培育的思想政治课议题式教学设计——以“法治社会”的教学为例》，《教学月刊·中学版（教学参考）》2021 年第 12 期。

交汇，使得学科概念与学生生活经验相关联，并形成子议题系列或者议学任务系列，促进学生深入学习。第二，趣味性和建构性。议题式课堂教学中，情境既是议题展开的辅助载体，也是议学活动开展的载体，能增强议学活动的趣味性和建构性，引导学生在“议学”“议做”活动中构建知识体系，导向社会实践，培育学科核心素养。

以“法治社会”教学为例，本节课，法治社会内涵丰富，法治社会建设有长期性、系统性，学生理解起来不容易，这要求议学情境要选择符合“三贴近”的社会法治热点事件，所以教师选择了2021年5月1日实施的《中华人民共和国动物防疫法》有关养犬法律新规落地作为切入点。课中主要设置两个情境，情境一：观看新闻视频《2021年5月1日最严“养犬令”实施》，介绍了该法律出台的背景，以及法律出台后遛狗不拴绳等不文明养犬现象大为减少，但依然有市民无视法律新规，出现不文明养犬违法现象。这引导学生从身边的具体案例去体会、感悟法治社会建设的必要性和深刻意义，引导学生分析、理解、明白法治社会建设需要全社会各方力量的全方位、长期性努力。身边具体可感的事情容易引起学生的情感认同，也增强学生对国家出台法律新规的政治认同。情境二：观看新闻视频《济南一小区遛狗拴绳率近100%》，介绍某大型社区实现依法文明养犬的真实案例，主要成功经验是居民积极参与法律新规的落实，共建法治社区、法治社会。这种正能量案例有利于潜移默化地引导学生相信法治社会一定会实现。如此，既能培育学生对法治社会的认同和自信，也能调动和鼓励学生参与法治社会建设。①

（三）活动型

新课标指出，高中思想政治课是“综合性、活动型”学科课程。议题式

① 李辉云：《指向法治意识培育的思想政治课议题式教学设计——以“法治社会”的教学为例》，《教学月刊·中学版（教学参考）》2021年第12期。

课堂教学的重要特征就是活动型。具体表现在以活动方式进行议学和以活动方式培育素养。第一，以活动方式进行议学。这是议题式课堂教学与授受式教学的显著区别。以活动方式进行议学有两个要求：一是主要由学生群体解决议题。如果由教师讲授并直接解决议题，这不是活动型教学，而是换了个“马甲”的授受式教学，谈不上“议学”；如果只是个别学生回答老师的问题，顺便解决议题，这是低级的活动，缺乏群体互动性，也不是真“议”。二是主要以活动方式进行议学。活动型教学主要方式应该是活动，如商议、争议、建议，讨论、合作、探究，师生互动、生生互动等，但并不是要求每个教学环节都要通过活动完成，事实上也没必要事事活动，课堂教学的时间也不允许。第二，以活动方式培育素养，这是活动型教学的深层要求，也是核心素养框架下议题式课堂教学的高阶选择。

教师一定要明白一个道理：核心素养不是直接由教师教出来的，而是需要学生在具体的问题情境中借助问题解决的实践而逐步培育和发展起来的。① 解决某个或某些议题不是议题式课堂教学的真正目的，议题式课堂教学的真正目的是通过解决议题的过程培育学生的学科核心素养；同样，第一点中的议题式课堂教学活动型学习方式的真正目的也不是解决某个或某些议题，其真正目的是以活动方式培育学生的学科核心素养。

以“法治社会”教学为例，本节课根据依法养犬的情境，设置了“不文明养犬有哪些表现、危害？谈谈国家出台法律要求文明养犬的必要性。出台法律规范文明养犬有什么意义？”“你认为文明养犬法律出台后，如何才能产生良好效果，构建法治社会？如果出现恶犬伤人事件，如何化解纠纷？”两组问题，这些清晰、具体的问题引导学生广泛、有效地参与对话、互动、探究活动，在充分讨论后由代表发言展示议学成果。这些结合真实情境的真问题，激

① 钟启泉：《基于核心素养的课程发展：挑战与课题》，《全球教育展望》2016 年第 1 期。

发了学生思维的积极性，学生讨论激烈，观点有冲突、有碰撞，最后又往往能达成一致，展示议学成果。这个过程中学生的思维能力无形中得到有效训练，法治思维自然也渗透其中。同时教师要在对话、互动中及时对学生进行点拨，尤其是思维的堵点、观点的冲突点，帮助学生拨开迷雾，深化思想。如本节课的第一个问题是“你喜欢狗吗？你喜欢养狗吗？”这时突然有个同学说：“养狗又脏又臭又恶心，我讨厌养狗。”另一爱犬同学立刻回应：“养狗是我的权利，你管得着吗？”两个学生的观点针锋相对，话语中带有火药味。意外出现，怎么办？这时教师抛出一个问题：“养犬是权利？那有什么义务呢？有什么相关法律、法规？”立刻引起学生探知欲望，有利于深化权利与义务相统一的法治思维，在最后有一组同学还设计了“爱犬是你的权利，依法养犬是你的义务”宣传标语，法治思维得到升华和运用，赢得一阵掌声。又如本节课在展示材料“流浪狗伤人，法院判流浪狗原主人赔偿”后，课堂出现一阵“骚动”，有同学提出反对意见：“狗自己走失，我也有去找过，找不到，难道我还要赔偿吗？”自我感觉“合情合理”，也有同学附和。这时教师展示《中华人民共和国民法典》第九章第一千二百四十九条：遗弃、逃逸的动物在遗弃、逃逸期间造成他人损害的，由动物原饲养人或者管理人承担侵权责任。问大家依据相关法律该如何处理，同学们很快认同法官的公正司法，形成要依法判断是非曲直和处理事务的法治思维。

（四）建构性

新课标提出“重视以学科大概念为核心，使课程内容结构化”，议题式课堂教学的建构性特点主要是围绕学科概念进行的，因而“建构性”是一个在学科知识的概念化和结构化中所呈现的特征，其基本意蕴包括学科概念的结构化呈现和建构式内化，是对新课标主张的应答。议题式教学中的议题结构是由教材中关键概念和分解概念形成较为完整的知识结构来规约的。建构这些概念体系既是学生掌握必备知识的需要，也是落实核心素养的基本要求。指向学科概念设计议题是新课标“议题，既包含学科课程的具体内容，又展示价值判断的基本观点；既具有开放性、引领性，又体现教学重点、针对学习难点”①要求的题中之义，也是议题优化设计的必然之举；同时，议题式课堂教学的建构性也要充分考虑到课内知识与课外活动的结合，内化于心与外化于行的结合，追求学以致用、知行合一。

以“法治社会”教学为例，本节课的核心大概念就是“法治社会”，从知识的逻辑角度和教材的编制逻辑角度都是非常清晰的，就是法治社会“是什么”“为什么”“怎么做”，教学重难点是“如何做”，培育法治意识和形成法治习惯，学以致用、知行合一。为了学生更好地理解和构建，本课选择生活化的、学生比较熟悉的“依法文明养犬”为切入口，总体遵循“是什么”“为什么”“怎么做”学科逻辑来设置议题、选择情境、开展一系列“议学”活动。同时坚持理论性、实践性相统一，把社会大课堂引入思政小课堂，把学生思维拓展到课堂以外，关联社会生活实践。本节课第三个子议题“人心清爽——践法治社会之我能行”，目的是引导学生学以致用，参与法治社会建设，养成法治习惯。在观看视频《济南一小区遛狗拴绳率近100%》后，设置任务：“1. 为建法治和谐社区，居委会和小区物管希望你帮忙设计1—2条有关依法文明养犬的宣传标语。（要求20字内，依法依规，善意提醒，易记有效）2. 假如你见到小区有人遛狗不牵绳，你如何提醒劝诫？（要求文明礼貌，善意提醒，有理有据）二选一，分组讨论，代表发言展示议学成果。”这个议学任务体现理论与实践相结合、课内与课外相结合、引领与开放相结合，引导学生知行合一，积极参与法治宣传教育，努力做法治社会的建设者、参与者、享

① 中华人民共和国教育部：《普通高中思想政治课程标准（2017年版2020年修订）》，人民教育出版社，2020，第43页。

有者。

综上所述，议题式课堂教学是一种围绕议题，借助情境，进行有逻辑的认知思辨和可选择的活动探究的课堂教学方式，是以“议学”为解决问题主要方式的意义建构过程。议题式课堂教学的四个基本特征意蕴丰富、紧密相连。思想政治学科教学只有充分认识和践行四个基本特征的内在意蕴，才能真正彰显“议学”的思辨价值和育人功能。

第三章

议题式教学构成要素和操作原则

关于议题式教学的要素，前人已经有很多研究，普遍认同议题、情境、活动、任务是议题式教学的基本要素。本书作者结合前人研究成果认为，作为活动型课程的一种教学方式，议题式教学应该具有议题、情境、活动、任务和素养五大要素，其中议题、情境、活动、任务四个是显性要素，素养是隐性要素，是培育方向，议题式教学指向提高学生思想政治学科核心素养，本章重点论述四个显性要素，隐性要素放在第四章阐述。

第一节　议题的分类与设置原则

议题式教学是以议题为纽带的，议题贯穿于教学活动的始终。确定教学议题是议题式教学的前提。在新课标中，议题具有广义的性质，可以界定为待议之题。

一、议题的含义与分类

（一）议题的含义

新课标将议题定义为“待议之题”，也就是能够引发学生思考的可议之题，若能够有一定的争议性、辨析性则更佳。议题往往是精选连通学科主干知识，突出教学重点、难点，契合学生疑惑点、情感升华点，坚持正确的价值导向的中心议题；同时，结合现实情境对总议题进行案例化、层次化、梯度化的分解、细化，其目的是激发学生的探究学习兴趣，继而引导学生讨论、合作、探究，发表观点，解决问题，进而学生在师生、生生互动中掌握知识，提高能力，培育学科核心素养。

（二）议题的分类

议题的分类方法种类繁多，不一而足。比如从议题的争议冲突的角度，可以分为实证性议题和争议性议题等。

实证性议题是学习者通过搜集信息资源，进行独立思考或合作探究，能够证明探究的议题。议题本身的冲突性较弱，通过深度探究可以获得共识性认知和结论。比如，针对“我国各族人民怎样和睦相处”议题，学生可以通过查阅文献资料、社会调查、参观访问等活动，探明新型民族关系的实现路径，感悟坚持民族平等、民族团结和各民族共同繁荣原则的意义。学生围绕此类议题，运用学科探究方法，解决问题、建构知识，探究的过程类似于探究性学习，强调信息搜集、论证推理，学生之间突出观点的交流、补充与共鸣，更突出寻求哪些观点更有合理性，可以求同存异，达成基本共识。

争议性议题是议题本身富有争议性与冲突性。一是因技术或认知水平的限制，对问题的认识没有定论的议题；二是因立场不同、认知多元、价值观多元，有广泛争议，会产生较大冲突的议题。在争议广泛存在的现代社会，学生对争议性议题的思考显得尤为重要。围绕争议性议题的活动，更强调多方争论的过程而非统一的答案。比如，对于新兴事物的理解，对于人工智能、互联网经济、克隆技术、转基因技术等的认识与争议，对于义利的两难选择、手机游戏的利弊认知、汽车发展是否与文明同步等冲突性问题的思考与争论。

二、议题的设置原则①

议题是议题式教学的总引线，是灵魂。好的议题能激发学生参与课堂的热情，帮助学生掌握教材基础知识，培育学生学科核心素养，落实立德树人根本任务。在具体的思想政治课议题教学中，既要有一个适切的总议题，又要围绕总议题设计好若干个子议题。教师要掌握科学的方法，根据教学目标和教学内容，有针对性地设计高质量的议题，如此才能够引导学生进行深度的学习。本书以“传统文化”教学为例谈谈设置原则。

（一）真实性与可议性统一

真实、可议是议题的生命力所在。不真实的议题没有可议性，真实的议题也要善于挖掘可议点。本课设置一个总议题：探寻家乡传统文化，做出理性继承选择；三个分议题：探寻家乡传统文化、推荐家乡传统文化、继承家乡传统文化。第一个分议题要求学生分成四组课后调查家乡传统文化；第二个分议题要求小组讨论为游客推荐一种家乡传统文化；第三个分议题是讨论是否应该或者如何继承家乡的“臭屁醋”饮食文化。议题内容来源于学生的真实生活，有很强的可议性。

（二）知识性与价值性统一

好的议题要连通学科主干知识，突出教学重点、难点，契合学生疑惑点、情感升华点，同时要更加注意坚持正确的价值导向，体现社会主义核心价值观。本课三个分议题分别对应传统文化的含义表现、特点、正确态度，注重引

---

① 李辉云：《高中政治议题式教学策略——基于议题式试题特点的分析》，《江苏教育研究》2021年第Z2期，略有修改。

导学生热爱家乡传统文化，辩证且正确地认识家乡传统文化，积极参与家乡传统文化的传承，增强文化自觉和坚定文化自信。

（三）新颖性与思辨性统一

议题新颖能激发学生参与课堂的激情，同时议题有思辨性能使学生迸发思维的火花，开启高阶思维，让教学活动到达一个新的高度。本课前两个分议题都是在学生分四组合作基础上探寻和推荐的家乡传统文化，每个学生都对其他组的内容充满好奇心，教学中有展示广州本地的非物质文化遗产“水族舞”“掷彩门”的，有展示本地美食“粉包”“臭屁醋”的，也有介绍本地婚俗的，还有介绍获联合国大奖的广裕祠的，同学们掌声和笑声交织在一起。第三个分议题是对本地最具地方特色的美食“臭屁醋”进行辩论，是“臭”还是“香”，是“糟粕”还是“精华”，该“去”还是该“留”，体现出浓浓的“思辨味”。

（四）序列性与逻辑性统一

教师在设计议题任务时，依据议题立意、课堂活动的需要、事件发展逻辑顺序等，对总议题进行案例化、层次化、梯度化的分解、细化，达到序列性与逻辑性统一。本课一个总议题下三个分议题从“探寻”到“推荐”到“继承”层次递进，第一个分议题又分“从化传统文化有哪些?”“有何魅力和特点?”两个问题，第二个分议题又分“推荐什么家乡传统文化?”“向什么游客推荐?”“写100字左右的推荐词。”三个部分，第三个分议题分“辩论：臭屁醋是‘糟粕’还是‘精华’，该‘去’还是该‘留’?”“对待传统文化的正确态度是什么?”“如何继承家乡‘臭屁醋’饮食文化?”三个问题，议题层层递进，推动课堂层层深入发展。

三、议题式教学议题价值评价

议题价值是议题所具有的学科价值和实践价值。其中学科价值是议题对教学开放性和立德树人的引领性。议题式教学是与活动型学科课程相适应的一种教学方式，既要体现学科逻辑与实践逻辑的结合，又要体现理论知识与生活关切的结合。与之相应，议题式教学评价要注重议题两个方面的价值：其一是议题的学科价值。议题的引入主要是为了更好地完成教学目标，突出和突破教学内容的重点和难点，让理论与生活相关，让教学与生活相联系，使教学由抽象走向生动，从而完成学科教学的目标；议题聚焦可以改变教学内容零散无序的状态，使教学具有逻辑性和结构性。其二是议题的实践价值。陶行知先生说过，给生活以教育，为生活的向前向上的需要而教育。教育不停留于教育本身，而为使学生更好地走向社会，面对生活世界出现的各种挑战。因而，一方面议题需要面向社会，有一定的开放性；另一方面议题需要引领价值，体现主流性。自媒体迅速发展的今天充斥着各种不良信息，正误、善恶、美丑杂糅在一起，议题的选择要服务于思想政治学科核心素养的目标，凸显政治方向的引领，引领学生通过观察、辨析、反思和实践，树立正确的政治方向。以“传统文化”教学为例，设置一个总议题：探寻家乡传统文化，做出理性继承选择，三个分议题：“探寻家乡传统文化”“推荐家乡传统文化”“继承家乡传统文化”，既包含“传统文化的含义、分类、对待传统文化的正确态度”等学科主干内容，又注重引导学生热爱家乡传统文化，辩证且正确认识家乡传统文化，积极参与家乡传统文化的传承，提高文化自信和文化自觉，使学科内容能够体现具象化的生活情境和结构化的学科逻辑。议题式教学议题价值评价表见表 1。

表 1 议题式教学议题价值评价表

授课教师： 班级： 课题： 评价者姓名：

评价维度	评价内容	标准	得分
议题价值	学科价值	议题体现教学目标、教学重点和教学难点	
	实践价值	具有开放性、引领性，能够引导学生更好地处理现实问题	
教学反思与改进			

第二节 情境的分类与甄选原则[①]

议题情境是议题式教学的载体，因其生动性和趣味性而成为思想政治课堂的“风景线”。议题情境不仅是学生核心素养得以生长的“芳草地”，也是新课标所倡导的教学切入口，承载着“柔化、活化、羽化知识”的任务。从不同的视角看，能够为议题服务的情境具有多样性，类型具有相关性。

一、议题情境的含义与分类

（一）议题情境的含义

春秋战国时期的“孟母三迁”及“孟母断机杼教子”就是情境教学典型案例。李吉林老师 1978 年开始通过结合自身的教育实践经验推广情境教学法。结合高中思想政治课学科的课程性质、课程目标，以及议题式教学的特点，本书认为，议题情境是在议题式教学中，在议题引领下精选结合教材和学生身心

① 李辉云：《高中政治议题式教学策略——基于议题式试题特点的分析》，《江苏教育研究》2021 年第 Z2 期，略有修改。

发展规律的，并融入学科核心素养的，能引导学生到具体的情境中去“议学”的教学情境。

（二）议题情境的分类

1. 体验式问题情境

所谓体验式问题情境，就是创造一个仿真的或者真实的环境，使学生在“实践体验”中做到掌握知识、明白道理、树立正确价值观、提高素养的情境。在“传统文化的继承”教学中，第一个情境是先观看《魅力从化》城市宣传片体验家乡文化，接着在课前调查的基础上分四个小组从传统习俗、建筑、文艺、思想的角度介绍家乡传统文化，这些丰富的素材，让学生体味家乡传统文化的多样与精彩。在活动中，教师引导学生说出四种传统文化的表现、特点，在此基础上共同提炼出传统文化的含义。该情境从知识线来说是传统文化的表现、含义，从活动线来说是探寻和体验家乡传统文化，课堂得到初步的“热身”。

2. 开放式问题情境

所谓开放式问题情境，是所设置问题具有发散性，可以多角度、多样化作答，教师一般也不设置备选答案或可供参考的提示，而是要求学生在合作、探究后给出自己的回答。在“传统文化的继承”教学中，第二个情境是为游客推荐家乡最具特色的一种传统文化，学生分成四个学习合作小组，每个小组派一位代表发言，要有不少于100字的推荐词。该情境没有标准答案，充分激发了学生的创造性和挑战欲，展示过程精彩不断，掌声阵阵。在掌声中，教师引导学生从推荐词中理解、领会传统文化的两个特点，课堂渐入佳境。

3. 思辨性问题情境

思辨性问题情境的引入需要思考三个问题：谁思辨？思辨什么？怎么思辨？思辨的主体是学生，是具有特定智能水平和情感特征的学习者，教师所选取或引入的问题情境要契合学生心智，是让学生具有亲和感的情境；思辨的主旨是培育学生的学科核心素养，因而教师设计的议题应该反映社会需要和学生素养发展需要，让学生感觉需要“议”，也能够“议”；思辨的过程是开放的，因而教师组织的议程应该是能够让学生充分表达观点的过程，在时间允许的情况下可以进行换位思考的过程。在“传统文化的继承”教学中，第三个分议题是继承家乡传统文化，这是一个需要较强辩证思维能力才能理解的问题，也是本课的重点、难点——对待传统文化的正确态度。为此，教师从一个本地人“又爱又恨”的传统美食入手设置情境。情境：臭屁醋，是广州从化地区已有2000多年制作历史的最具特色的传统美食。此汤煲制过程中和刚端上桌时，都有一股浓浓的、酸馊的怪味，闻着像臭屁味，因此得名。此汤制作时可以放不同材料炖煮，猪脚多见，既营养又可口。岭南夏季比较湿热，人们往往食欲不佳，而此汤酸咸香辣，醋味浓郁，开胃健脾，生津解暑，是本地妇女必备的“坐月子”补品。长期饮用，益寿延年，又名“长寿醋”。活动：辩论赛，正方：臭屁醋是精华，要保留；反方：臭屁醋是糟粕，该淘汰。双方辩手摆出证据，慷慨陈词，唇枪舌剑，最后在教师的引导下达成共识，提炼出对待传统文化的16字正确态度，甚至还为臭屁醋的传承与发展提出一些有效建议，为下节课做铺垫，课堂达到高潮。

4. 两难性问题情境

“两难”指左右为难。两难性问题情境对于科学精神的培育、正确价值观的形成有积极的作用。两难情境要求：首先，情境中的“两难”能触及学生内心最柔软处，或者人性软肋的真“难”处，这样的议题情境才能营造学生难以选择的“关键时刻”；其次，两难情境并非遥远的故事，而是现实社会中有可能出现的“真实”情境，这样的议题情境才能引起学生的兴趣；再次，学生的两难选择应是在真实心境中进行的。本节课中，在推荐家乡的特色传统文化给游客的环节中，发言的小组就提出两难选择问题——本小组成员来自从化不同的乡镇，有些镇传统文化丰富，有些镇传统文化比较少，应该如何选择。

5. 生成性问题情境

生成性教学是在弹性预设的前提下，在教学的展开过程中由教师和学生根据教学进展，在师生、生生合作对话和碰撞中，构建教学活动的过程，使课堂呈现出动态变化的、生机勃勃的特点。议题式教学与生成性教学都强调教学过程要注重学生主体性，调动学生积极性、主动性，在合作、探究学习中培育学科核心素养，落实思想政治课教学的立德树人根本任务，一扫中学思政课堂的沉闷气氛，给课堂注入新的活力，给思想政治课堂带来质的飞跃。议题式教学与生成性教学，两者并不矛盾，恰恰需要有机统一。①

二、情境的设置原则

高中思想政治课是以培育社会主义核心价值观为目的的综合性、活动型课程，是青少年思想政治教育的主渠道，是立德树人的关键课程。情境创设是为思想政治学科议题式教学服务的。因此，议题式教学情境创设首先要坚持价值导向原则，同时要体现时代发展坚持与时俱进原则，并注重激发学生的兴趣，引导学生坚持社会参与原则，三个原则是有机统一的整体，价值导向是根本，与时俱进是时代要求，社会参与是议题式教学特色。

（一）价值导向原则

正确的价值取向是思想政治课堂的第一要求，也是基本要求。坚持价值导向原则就是在创设议题式教学情境过程中，坚持马克思主义基本理论指导，以社会主义核心价值观为依据，依托学科内容，引导学生认同、坚信中国特色社会主义发展道路，自觉弘扬和践行社会主义核心价值观，做出符合中国特色社

---

① 李辉云、邓燕燕：《议题式思想政治课生成性策略》，《教学考试》2021 年第 34 期。

会主义政治立场的价值判断和行为选择。创设问题情境坚持价值导向的原则，突出解决的是“为谁培养人”和“培养什么样的人”的问题。

（二）与时俱进原则

时政性强，紧跟时代发展是思想政治课教学的重要特点和魅力之一，议题式教学更要紧密联系我国经济社会发展现状与国际社会发展的时代特征，并与时俱进。与时俱进原则要求在思想政治课议题式教学的过程中选择和创设情境，应体现和回应时代发展变化，突出解决的是“怎样培养人”的问题。要紧密联系习近平新时代中国特色社会主义思想，紧密联系我国与国际社会发展的最新动态，引导学生在分析、解决社会生活中真实存在的各种问题的过程中培育学科核心素养。

（三）社会参与原则

学生学习思想政治的最终目的是要参与社会实践，因此新课标提出公共参与学科核心素养；但学生在学校参与社会实践的机会比较少，这要求教师选择社会普遍关心的问题创设情境，引导学生在课堂中一起来分析、一起来解决问题。同时，也要求教师创设情境，引导学生走出课室，走向社区，走向社会，去社会大课堂学习，把思政小课堂与社会大课堂有机结合，增强学生的社会理解能力和公共参与能力。这也要求教师创设的议题式教学情境是真实的、有一定复杂劣构性的综合性问题。社会参与原则与与时俱进原则是相互补充关系，共同解决“怎样培养人”的问题。

三、议题式教学情境水平评价

表 2　议题式教学情境评价表

授课教师：　　　　班级：　　　　课题：　　　　　　　评价者姓名：

评价维度	评价内容	标准	得分
情境水平	巧妙适切	贴近学生生活，切合学生心智	
	层次结构	由简单到复杂或由良构到劣构	
教学反思与改进			

议题式教学中的情境水平是情境的结构化程度、情境与学生心智的适切程度。学生核心素养是个体在面对复杂、不确定生活情境时表现出的关键能力、必备品格和价值观念。核心素养是内隐的、不可预测的。只有依据个体在具体情境中的行为，才能推断其核心素养的发展水平。因而，议题式教学的评价“需要以具体的真实情境作为执行特定任务和运用学科内容的背景与依托。思想政治学科核心素养就是看学生能否运用学科内容应对各种复杂社会生活情境的问题和挑战。学科内容也只有与具体的问题情境相融合，才能体现出它的素养意义，反映学生真实的价值观、品格和能力”①。情境水平成为学生核心素养培育的评价维度，主要看学生能否运用学科内容应对各种复杂社会生活情境的问题和挑战。不同学科、不同研究者对情境含义的界定具有较大差异。本书认为激发不了学生的认知兴趣，这样的情境创设没有意义。与学生心智较远的情境同样无法激起学生的兴趣，也非好“议”材。只有贴近学生的生活、激发学生的认知兴趣，学生才会愿说、能说、会说，从而达到同频共振的最佳效

① 中华人民共和国教育部：《普通高中思想政治课程标准（2017 年版 2020 年修订）》，人民教育出版社，2020，第 49 页。

果。因而不是所有的真实情境都可以拿来为议题式教学需要进行处理，有针对性地建构情境，保留关键性的事实与特征，剔除无关紧要的细枝末节。再者是情境的结构性，新课标指出："在确定情境的复杂程度时，可从多角度考虑。"① 一般来说，情境涉及的行为主体越多，相互作用越强烈，决策要实现的相互竞争的目标越多，影响决策及其结果的因素越多，情境的复杂程度越高，课堂教学中的情境越需要有一定的梯度和层次，不能将一节课所有的情境都设置为复杂的不良情境，而要从简单情境入手，慢慢升级为一般情境和复杂的不良情境。因而教师创设的情境既要有一定的复杂度和劣构度，又要契合学生的心智。

第三节　活动的分类与组织原则

议题式教学是情境教学，更是活动教学。议学活动是议题式教学最显著的特征，它不同于传统教学中的为完成简单的教学认知目标，学生被动参与的思行分离的活动，更不是自我活动、自发活动，是教师引导下，议题任务驱动下，充分发挥学生主体性的"思行合一"的课堂活动，且不仅要有内隐的思维活动，也要有外显的操作活动。

一、议题式教学活动的含义与分类

（一）议题式教学活动的含义

议题式教学活动是综合实践和思维的活动，是在坚持正确的价值导向的中

① 中华人民共和国教育部：《普通高中思想政治课程标准（2017 年版 2020 年修订）》，人民教育出版社，2020，第 51 页。

心议题统领基础上，结合现实情境对议题进行案例化、层次化、梯度化的分解和细化后，通过设置一定的问题，激发学生的探究学习兴趣，引导学生讨论、合作、探究，发表观点，解决问题，学生在师生、生生互动中，掌握知识，提高能力，培育学科核心素养的活动过程。

（二）议题式教学活动的分类

议题式教学活动分类多种多样。本书以“传统文化”教学为例，谈谈议题式教学活动的两种分类方法。

1. 从活动的方式分类

从活动的方式分类，可以分为搜集整理、合作交流和表达展示等活动。

（1）搜集整理类活动。搜集整理活动是师生个体或群体用各种方法有条理和有秩序寻找事物并聚集在一起的过程，主要包括搜寻、聚集、整理三个环节。首先，教师要引导学生通过线上或线下的路径搜寻议题的资源，包括情境和论据等。其次，教师要发挥学生团队（或小组）的作用，组织学生通过“议”的过程对搜寻到的资料进行聚集和整理，使其形成一定的结构和体系，实现经验、情境和新知的意义建构。搜集整理活动既是自主学习过程，又是小组合议结果。比如，本节课在课前设置前置性活动，将学生分四个小组，通过线上或线下的方式调查家乡传统文化，并在课堂上派代表上台展示。

（2）合作交流类活动。合作交流是学生与学生、教师与学生之间相互配合、互换信息，从而达成共同目的的过程。合作交流活动不仅是社会建构主义理论和社会学习理论所主张的重要的教学活动，也是议题式教学中“议”的一种表现方式，有利于培育学生的主体意识、团队精神、协商精神和交往能力。在议题式教学中，师生或生生合作的过程就是意义建构的过程，师生或生生交流的过程则主要表现为“议”的过程，因而合作交流充分反映了议题式教学的“议学”特征。比如，本节课的两个主要活动“辩论赛，正方：臭屁醋是精华，要保留；反方：臭屁醋是糟粕，该淘汰”“为游客推荐家乡最具特色的一种传统文化，分成四个学习合作小组，每个小组派一位代表发言，要有不少于100字的推荐词”都是强调团队精神、协商精神，充分发挥学生的主体作用，当然也少不了师生互动，发挥教师的主导作用。

（3）表达展示类活动。表达展示活动主要包括两个环节，即表达和展示。表达环节既指写下来的书面表达过程，又指讲出来的口头表达过程，“顺畅性、条理性和逻辑性是表达力的关键指标”。表达的过程是思维展露的过程，是语言知识应用的过程，也是语言技能训练的过程。这必将帮助学生养成展示自我的信心，增强社会沟通能力。展示是语言的叙述、推介行为，又可以是实物的展出行为，是把“议”的结果摆出来让人看的过程，是一个成果共享和思路启发的过程，是一个成功教育和自我激励的过程。在展示过程中，教师要建立容错机制，允许学生出错、相左和质疑，给学生展示营造一个相对宽松的空间。比如，本节课中，辩论赛主要是提供给学生“说”的表达机会；小组合作为游客推荐家乡传统文化，并写推荐词，课后还要制作“从化文化名片”宣传卡，在校园展出和投稿到《从化报》，主要是提供给学生“写”的表达机会；同时，老师还对学生的表达给予及时的过程性与总结性统一评价。过程性侧重的是对学生学习过程中状态的评价，标准是学生能不能积极参与议题讨论，能不能理性辩证地思考问题，有没有个性化、创新性观点等，包括他评（教师、同学）和自评两种方式。本课中教师积极引导学生互评，每个小组代表发言后，都会问“你自己觉得怎么样？有没有补充”和“大家觉得怎么样？有没有补充意见或不同观点”，并给予学生发言机会。对比较不理想的，教师给出中肯的评价意见，引导学生反思、改进。任何教学改革和模式都无法回避学考或高考的风向标，课堂中进行总结性评价有利于学生知道该学什么、要达到什么标准，努力的方向在哪里。本课中，对于语言表达清楚，理论观点准确，逻辑思路清晰的代表或辩手，我会明确地表示赞赏，反之则会指出问题。

对于四个组的推荐词，也从语言、逻辑、论证等角度让师生参与评出等级，引导学生明确要求和努力方向。

2. 根据构建逻辑分类

按照议题式教学的构建逻辑“是什么”—“为什么”—“怎么做”的“议”程，议题式教学活动可以分为三类或分为三个环节：互动式议题描述活动—互动式议题论证活动—互动式议题决策活动。

（1）互动式议题描述活动。在互动过程中，把议题情境、教材知识和个人经验关联起来，共同描述议题中的相关事物和问题的含义、表现、性质、特征等的过程，就是互动式议题描述活动。其中对主干知识的把握和理解是前提，获取信息、解读材料、描述情境是基本能力要求。本课第一个分议题“探寻家乡传统文化”，教师要求学生说出“从化有哪些传统文化”，同时要求依据书本知识说明“这些传统文化有何魅力和特点”，更进一步追问“通过这些特点，我们可以得出传统文化的含义是什么”。在这师生互动、生生互动的过程中，传统文化表现、含义自然生成。

（2）互动式议题论证活动。在互动过程中，以事实和理论为依据去探究和论证议题的过程，包括解释、检验、辨析、评价等，就是互动式议题论证活动。这有利于培育学生论证和探究问题能力和辩证思维能力，有利于培育学生科学精神核心素养。本课第三个分议题中“辩论：臭屁醋是‘糟粕’还是‘精华’，该‘去’还是该‘留’？”正反双方辩手摆事实、讲道理，又“一针见血”地指出对方辩手的问题，双方针锋相对，辩论过程精彩纷呈、掌声不断。“真理越辩越明。”辩论中学生逐步能用辩证思维去理解对待传统文化的16字正确态度。

（3）互动式议题决策活动。师生、生生在互动过程中，围绕某一项活动任务提出一个或数个假设，通过分析、再构，共同找到解决问题的办法，并产生一定的阶段性成果的议题决策过程，就是互动式议题决策活动。本课第二个分议题“推荐家乡传统文化”，要求学生向适合的游客推荐适合的家乡传统文化，并要求写 100 字左右的推荐词，互动过程中学生数次提出假设、分析、再构，最终群策群力，提出了小组成员认同的最合理的决策。虽然决策方案未必很完美，但学生已经体味到了“完美的决策过程”。

二、议题式教学活动组织原则

课堂是议题式教学的主阵地，议题是课堂教学的纽带。议题式课堂教学不仅需要议题，而且需要在“议”中解决问题，实现“议学”。“议学”的课堂要求教师带领学生在议题贯通中自主、合作、探究学习，在思行合一中活动和在师生互动、生生互动中生成知识和能力，培育学科核心素养，遵循议题贯通、生成性两大课堂组织原则。“议题贯通”重在议题的引领、贯穿和辅助；“生成性”主张学生在社会交往的“议”境中建构意义。

（一）议题贯通原则

议题是议题式教学最重要的载体，“议学”是议题式教学最显著的特征。没有议题的教学、有议题而无“议”的教学，都不能称之为议题式教学。议题式教学需要议题在教学要素和教学环节中的贯通和连接，包括议题引领、议题贯穿和议题辅助。

1. 议题引领

议题式教学中，议题引领是为通过议题引导教学朝着预设的方向行进。早在 2017 年修订课标过程中，议题就被安排在“教学提示”之首。议题的作用不仅有引领设置情境，而且有引领开展活动和完成任务。

2. 议题贯穿

议题贯穿是把议题贯穿于整个教学情境、活动和任务，成为教学的纽带。

3. 议题辅助

国外议题中心式教学强调目标，就是为了解决议题中的问题，特别是富有争议性的社会性科学议题。新课标提出的议题式教学目标是通过“议学”辅助学生学科核心素养的培育。因而，议题式教学的目标不只是解决议题，而是在解决问题的过程中培育学生的学科核心素养。

（二）生成性原则①

生成性原则就是把教学过程看作一个动态发展的教与学相统一的交互影响的过程，就是把教学活动看作师生之间和生生之间进行的一种生命与生命的交往、心灵与心灵的对话和沟通的过程。在议题式教学过程中，通过调节师生关系及相互作用，形成和谐的师生互动，从而促进生生互动、学习个体和教学中介的互动，增强教学效果。议题式课堂教学不再是教师按照预设的教案机械地、僵化地传授知识的线性过程，而是根据学生的实际需要，不断调整的、动态生成发展的过程。

1. 协奏不独奏

课程改革后，教师不能再“单打独斗”，而要从“站在讲台上”变为“走到学生中去”，从“单打”角色过渡到“双打”“混合打”角色，降低教的“富营养”，增强学生的“饥饿感”，从而促进教学生成。第一，让学生更多地参与课堂。可以让学生通过小组讨论、合作探究、代表发言甚至互相质疑等形式，通过动脑、动嘴、动手等途径，提高有效参与率。第二，让学生充分回答问题。教师要让学生充分地表达思想、观点，及时肯定学生的答案，鼓励学生深入思考问题。第三，让学生的答案成为课堂教学资源。学生的精彩回答往往

---

① 李辉云、邓燕燕：《精彩课堂“四部曲”——以〈生活与哲学〉第十课第一框为例》，《中学政治教学参考》2016 年第 16 期，略有调整。

对其他学生有重要教育意义，甚至在课堂教学中能起到“点睛”的关键作用。在“辩证否定观”的教学中，有学生在回答“假如你是鹰，应该如何去追求自己的‘重生’”问题时，引用了孔子的经典名言“吾日三省吾身”来论证，这句名言便可成为有意义的课堂教学资源。这时，教师可用“请分析孔子名言‘吾日三省吾身’体现了哲学辩证否定观的哪些道理”的设问有效地突破该难点。

2. 放手不放任

放手要求教师为生成性教学留有空间和时间。学生的原有知识与教学目标之间肯定有空间，教师要从学生实际出发，留有回答问题的空间，让学生有思维拓展空间；同时，在教学过程中不能将内容安排过多，每个点都想讲往往会造成每个点都讲不好，要突出重点和难点。做到“不放任”。第一，及时“排堵”——学生思维堵点。在回答突破难点中第一问“重生后的鹰还是不是原来的鹰?”时，没想到连续三位同学都回答说“是”，这说明不少同学对发展的实质理解还不到位，这时教师要引导学生翻到课本“重温”发展的实质，及时“排堵”。第二，及时“纠偏”——学生思路偏差。在回答突出重点的第三问“你认为如何才能创造出人们期待的未来手机?”时，部分学生思维跑偏，从经济角度、政治角度甚至人性角度分析，虽不能说错，但偏离哲学范围，教师要及时“纠偏”。第三，及时“回归”——基本理论和基本方法。放手之后，学生的表达欲望很高，但也容易出现滔滔不绝说了很多但“言之无理（学科理论）”的现象，不会用书本理论分析问题，这时教师一定要及时引导学生回归——回归到课本基本理论，回归到基本答题方法上来。

3. 形散神不散

形散神不散，要求做到：第一，培养学生学科核心素养。在本节课突破难点教学中，教师有意识地将辩证否定观引到学生身上，问学生：“假如你是鹰，应该如何去追求自己的‘重生’?”引导学生用扬弃的方法去分析和看待自身的优点和缺点，用辩证否定观的理论去指导人生的发展。第二，引导学生构建学科知识体系。在本节课中，无论是突破教学难点，还是突出教学重点，教师始终有意识地引导学生构建知识体系，分别投影了原理和方法论，并要求学生做好笔记。为讲清辩证否定观，教师通过表格形式将其与形而上学的否定观加以对比，引导学生构建本节课的主干知识结构图，并投影展示。第三，提高学生学科能力和思维。在学生回答问题的过程中，教师有意识地引导学生用哲学的思维方法思考问题，用哲学学科术语回答问题。讲完教学重点、难点后，教师根据学生的实际选择了一至两道题目（选择题或主观题）当堂训练、讲解、点评，尤其侧重答题方法、技巧，积极培养学生的答题能力。

三、议题式教学活动设计评价

表 3　议题式教学活动设计评价表

授课教师：　　　　班级：　　　　课题：　　　　　　评价者姓名：

评价维度	评价内容	标准	得分
活动设计	活动目标	指向知识建构、能力发展和学科核心素养的提高	
	活动内容	围绕议题，具体真实，充分有序，层层推进	
	活动方式	方式多样，适合学生，操作性强，具有建构性	
教学反思与改进			

议题式教学的关键要素是活动，而活动需要设计。议题式教学中的活动设计就是教师对“议学”活动的目标、内容和方式进行设计，通过一系列活动及其结构化设计，实现“知识内容依托活动”“活动过程提升素养”的目标。议题式教学活动设计主要包括活动目标、活动内容和活动方式三个方面：第一，活动目标要明确合理，即通过怎样的活动完成什么学习目标或学科任务；第二，围绕议题开展的活动内容要具体而真实，包括提示学生思考问题的情

境、运用资料的方法、共同探究的策略，并提供表达和解释的机会；第三，规定学生活动的时间。活动要具有一定的序列性，教师要组织得当。放羊式的活动只会浪费学生宝贵的学习时间。活动方式要多种多样，可以采用自主学习、合作讨论、成果展示、角色表演等课堂活动，也可以采取社会调查、参观访问和志愿服务等社会实践活动。但每次活动方式的选择要综合各方面的因素，考虑可行性和可操作性，绝不能为了活动而活动。例如，关于“人工智能的风险是否可控”这一议题的教学，可采用小组辩论的活动方式进行。但要真正实现辩论的目的，需要学生先了解什么是人工智能、目前和未来的人工智能存在哪些风险、不同的国家对人工智能的政策和风险做了哪些准备等，要学生上网查阅资料，最好能先阅读《人工智能》《未来简史》等相关书籍。只有在一定知识储备的基础上开展的辩论才有意义和价值，学生为自己坚持的观点进行的阐述才有理有据，而不是强词夺理。课前没有充分准备，课堂上就直接开展小组辩论，就是一种“浅辩论”“伪辩论”，对学生学科核心素养的培育有害而无益。

第四节　任务的分类与实现原则

人类的认识学习过程不是像电脑一样的简单输入，而是由感性认识到理性认识、再从理性认识到实践的一个波浪式前进和螺旋式上升的变化发展的过程。这就要求议题式教学能深入浅出、生动形象地解释知识，让学生弄懂和理解，即知识和经验的输入问题，这就是议题式教学的第一个任务——帮助学生更好地学习和理解知识。学以致用，学是为了用，所以更重要的任务是要指导学生在相对复杂情境或真实复杂情境中去运用和迁移知识，创造性地使用知识，甚至是创造知识，即知识和经验的输出问题。因此议题式教学的第二个任务是帮助学生实践应用，第三个任务是帮助学生创新迁移。

一、议题式教学任务的含义和分类

（一）议题式教学任务的含义

议题式教学任务是在课堂“议学”过程中教学目标完成所要达成的教学任务。议题式课堂教学中，依据学业水平要求，教学任务被分解为任务系列，形成议题式课堂教学的任务可以包括基本任务和根本任务。首先，根本任务是蕴含在知识教育内的学科育人任务，即教育的立德树人根本任务，是通过培育学科核心素养来逐步实现的。基本任务是由学业水平命题框架界定的学科任务，包括分类与描述、解释与论证、预测与选择、辨析与评价等。在核心素养视域下，议题式教学任务线具有双重建构的特征，它既要完成学业水平测试规定的基本任务，又要完成学科素养和一般核心素养的提升任务。

（二）议题式教学任务的分类

本书依据学业水平要求，从学业水平命题框架界定的学科任务分类与描述、解释与论证、预测与选择、辨析与评价的角度，也从有利于落实主干知识、关键能力、必备品格和核心价值的教学目标角度，将议题式教学基本分为学习理解、实践应用和创新迁移三项任务，三项任务难度逐渐增大，总体而言是逐层递进关系。

1. 学习理解

学习理解是学生通过教师的教学活动，获取和理解教材知识、理论的过程，是外在经验走向内化知识的意义化过程，包括对知识的理解性掌握和理解能力提升两个方面，是议题式教学的初级任务。知识的理解性掌握是基础，个体理解能力得到提升是关键。知识的理解性掌握是学习者通过观察、提取、概括、关联、整合、记忆等活动将知识内化和同化的过程，是要首先解决的议题式教学任务。议题式教学中的观察是对生活、视频、图片等情境的观察和思考的过程。观察是以视觉为主，与其他感觉融为一体的综合感知，以及积极的思维活动。记忆是把关联、整合的知识和技能保持在大脑中的过程。记忆是人脑识记、保持、再现或再认过程，是思维、想象等高级心理活动的基础，有助于知识的应用和迁移。能力立意和素养立意的教学都依赖于记忆所形成的知识体系和结构。知识结构的建立是知识意义化的重要环节。学生只有真正理解知识基本结构，才能实现学习迁移。议题式教学的理解更多的是侧重于个体理解能力。理解能力是学生进行知识、经验的输入加工的能力，是陈述事实、事理，阐明观点或释义的学习理解力，不仅表现在能够弄懂“是什么”“为什么”“怎么做”，而且表现为能够为自己的观点寻找合适的论据进行分析。比如，在“传统文化”的教学中，教师要求学生课前通过实地调研或网络搜索等方式了解本地的传统文化，学生在课堂上展示了“粉包”“臭屁醋”“水族舞”等，即是一个经验的输入过程。此外，议题式课堂教学中教师会充分利用学生提供的“素材”创设情境，结合课本的主干知识，合理设置问题，引导学生“议学”，在这个过程中帮助学生理解知识、构建知识体系，同时也提高了学生个体的理解能力。

2. 实践应用

实践应用是知识从内在走向外在的功能化的过程，是应用本学科核心知识和经验分析解决实际问题的能力，主要包括运用解析、推理论证和预测设计的能力，是知识的外化和顺应过程，也是知识和经验的输出，是议题式教学的中级任务。

运用解析是运用所学观点原理解释、分析情境问题的过程和能力，即回答情境中的“是什么”问题。推理论证是从已知命题推出新命题的过程和能力，即回答较为复杂情境中的“为什么”问题。预测设计是能够规划设计，把设想通过一定形式表达出来，培育学生计划能力和思维品格的过程和能力，即回答情境中“怎么做”问题。在议题式教学过程中，运用解析经常在“是什么”之议环节中使用，推理论证经常在“为什么”之议环节中使用，预测设计经常在“怎么做”之议环节中使用。比如，“传统文化”的重点、难点——对待传统文化的正确态度。教师从一个本地人民“又爱又恨”的特色传统美食入手设置情境。议题：继承家乡传统文化。情境：臭屁醋，是广州从化地区已有2000多年制作历史的最具特色的传统美食。此汤煲制过程中和刚端上桌时，都有一股浓浓的、酸馊的怪味，闻着像臭屁味，因而得名。此汤制作时可以放不同材料炖煮，猪脚多见，既营养又可口。岭南夏季比较湿热，人们往往食欲不佳，而此汤酸咸香辣，醋味浓郁，开胃健脾，生津解暑，是本地妇女必备的“坐月子”补品。长期饮用，益寿延年，又名“长寿醋”。设置了两个活动任务：一是辩论赛，正方：臭屁醋是精华，要保留；反方：臭屁醋是糟粕，该淘汰。二是你觉得100年后，作为传统文化的从化“臭屁醋”还会存在吗？为什么？这个“议学”过程中，第一个任务注重运用解析、推理论证能力的考查和培育，第二个任务注重预测设计能力的考查和培育。

在议题式教学中，实践应用实质上是解决议题的过程，也是知识和经验的输出过程。教师针对教学重难点设置相对复杂的真实情境，引导学生互动合作，讨论分析问题，提出方案并解决问题。解决问题过程中学生更好地理解相应指示、原理，建立起知识结构，其目的还是巩固相关知识，提高相关技能的熟练程度。

3. 创新迁移

创新迁移是在复杂情境或真实情境中解决结构不良问题，利用学科知识、学科活动程序性知识，结合自己的经验解决实际问题的过程和能力，是知识和经验的高级输出过程，是知识的高级的、素养化的应用，是能力和素养的输出，是议题式教学高级任务。它包括复杂推理、真实探究和创新思维，复杂推理一般是在复杂劣构的情境中的推理，因存在诸多不确定性致使推理具有复杂性，对学生的素养提出较高要求。真实探究是在真实情境中进行的探究活动，这不仅反映学生的学知识水平、经验水平，也反映社会活动能力，以及实际操作能力，是迁移的最现实的方式。创新思维是提出有别于常规、常人思维的见解的思考方法，主要包括批判性思考、想象、创意等。比如“传统文化”教学中，分议题二“推荐家乡传统文化”，要求学生向适合的游客推荐适合的家乡传统文化，将学生分成四个学习合作小组，每个小组派一位代表发言，要求写 100 字左右的推荐词，互动过程中学生数次提出假设、分析、再构，最终群策群力，提出了小组认同的“最合理”决策。该任务没有标准答案，充分激发了学生的创造性和挑战欲，展示过程精彩不断、掌声阵阵。虽然决策方案未必完美，但学生已经体味到了“完美的决策过程”。从化作为旅游城市，政府和旅游单位一直在探讨和研究如何推介和宣传从化的问题，同时这个推荐要考虑诸多的变量因素，包括客户年龄、地域、喜好、性格等因素，所以“向合适的人推荐合适的传统文化产品”是一个复杂的推理过程，更是一个创新思维过程。学生课后制作的“从化文化名片”宣传卡，我们在校园展出过，受到广大学生的热烈欢迎和高度评价，最后投稿到《从化报》。

二、议题式任务的实现原则

议题式教学中任务的落实和实现有许多要注意的地方和遵循的原则，其中最重要的是议思合一原则和素养中心原则。

（一）议思合一原则

议题式教学的议思合一原则是按照新课标把高中思想政治课定性为“综合性、活动型课程”的要求，克服传统教学仅强调思维活动的做法，把思维活动、探究活动和实践活动结合起来，遵循“内容活动化”和“活动内容化”的要求，教学过程中强调发挥学生主体作用和能力立意，也是其与传统授受式课堂教学的明显区别。

首先，以思引议，在“议学”之前，教师留出时间让学生对议题有一定的思考，以引导“议学”真实发生。“议学”活动的真实发生，要求学生不仅有知识储备，也要有思维准备，只有建立在“知”的储备量和“思”的充分度基础上的“议学”，才可能有有效性和深刻性。因此，在“议学”之前，教师要给学生留下足够思考的时间，让他们独立思考，挖掘议题，如此才能使“议学”顺理成章。当下很多所谓议题式教学课堂上，教师一上来就是让学生讨论，如果没有课前预习为基础，即便让学生“议学”起来也难“议深”“议透”。其次，以议达思，学生在讨论、合作、探究等“议学”的过程中，表达对议题的思考，解决问题，掌握知识，提高能力，培育学科核心素养。

（二）素养中心原则

议题式教学中心任务和目标指向是培育学生学科核心素养，是为素养而教，这就是素养中心原则。这要求指向“主干”建构知识体系，指向“关键”培育能力，指向“核心”引领价值。指向“主干”建构知识体系，是指学生在真正理解学科知识的基本结构基础上，整体把握学科，进而推动学习走向深入，走向迁移。指向“关键”培育能力，要求议题式课堂教学倡导民主探究的课堂，让学生放开活动，让学生充分思考与想象，是引领合作交流的课堂，培育学生团队合作意识，是着眼于未来的课堂，能促进学生自主、长远、全面发展。指向“核心”引领价值，思想政治学科开展议题式教学，担负着更好培育社会主义建设者和接班人，更好培育现代公民的任务和使命。

总之，议题式课堂教学两个原则的地位和作用不同，“议思合一”是关键，“素养中心”是归宿。

三、议题式教学任务完成评价

表 4 议题式教学任务完成评价表

授课教师： 班级： 课题： 评价者姓名：

评价维度	评价内容	标准	得分
任务完成	主干建构	学生能够完成主干知识体系的建构	
	知识应用	学生能够在相似情境、简单情境和良构情境中应用知识	
	知识迁移	学生能够在复杂情境和劣构情境中迁移知识	
教学反思与改进			

议题式教学任务完成是指活动学科任务完成度，包括主干建构、知识应用和知识迁移。议题式教学的课堂评价侧重于学生，贯彻“以学定教”思想；课堂不仅评价学生的知识掌握程度，而且评价学生在活动中的行为表现和通过活动提升思想政治学科核心素养的情况。表 4 主要评价三个方面的内容：一是主干建构；二是知识应用；三是知识迁移。主干建构是在教学过程中学生通过自主学习和“议学”的过程对学科知识体系和重难点进行理解和建构，这是议题式教学的基础任务；知识应用是学生应用所学知识解决相似情境、简单情境或良构情境中的问题，这是议题式教学的主体任务；知识迁移是学生应用所学知识解决新情境、劣构情境问题，这是议题式教学的高级任务，是学生素养提升的充分体现。在“传统文化”教学中，教师设置总议题：探寻家乡传统文化，做出理性继承选择，三个分议题：探寻家乡传统文化、推荐家乡传统文化、继承家乡传统文化，三个分议题从“探寻”到“推荐”到“继承”层次递进，第一个分议题又分“从化传统文化有哪些?”和“有何魅力和特点?”两问，第二个分议题又分“推荐什么家乡传统文化?”“向什么游客推荐?”“写 100 字左右的推荐词。”三个部分，第三个分议题分“辩论：臭屁醋是

'糟粕'还是'精华'，该'去'还是该'留'?”“对待传统文化的正确态度是什么?”“如何继承家乡臭屁醋饮食文化?”三个问题，议题层层递进，推动课堂层层深入发展。从结果看，活动任务完成如下：通过系列化的议题和合理的情境、问题设置，学生能够完成主干知识体系的建构；在探究活动中，学生知识应用能力得到进一步提升，学生能够在简单情境和良构情境中应用知识；在方案设计中，学生的社会参与意识得到了有效强化，学生能够在复杂情境和劣构情境中迁移知识；在活动开展中，学生思想政治学科的学科核心素养得到了适合的生长空间。

第五节　议题式教学四要素统整架构

议题式课堂教学的实施过程是一个围绕议学任务设置议题、创设情境、组织活动的过程。在议题式课堂教学组织中，教师需要对议题、情境、活动和任务四个基本要素进行通盘考虑，形成课堂的空间格局和行进路线，把握教学的方向和育人的旨向。本书拟提供教学要素整体架构的参考样本，试图实现知识教学与价值引领的高度统一。我们在大量课堂实践的基础上，摸索出了议题式课堂教学四要素“火箭型”基础架构，如图 2 所示。

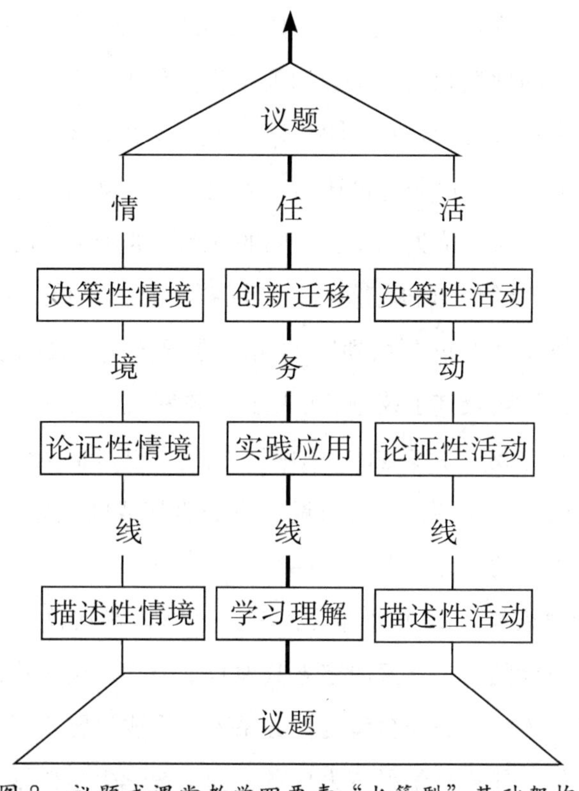

图 2　议题式课堂教学四要素“火箭型”基础架构

议题式课堂教学四要素“火箭型”基础架构中，最上面是一个箭头，指向立德树人和学科核心素养。这表明高中思想政治课议题式教学旨在落实立德树人根本任务，是发展学生学科核心素养的一种新型教学模式。它强调以议题为统领，注重过程中的学习与获得，在“议学”中让更多的学生参与系统性的合作探索过程。学生在合作探究中不断增强活动意识，进而发展学习探究能力，实则是在教学活动中推动核心素养目标的达成。

议题居于“火箭头”和“火箭尾”两个部位，引领议题式课堂教学并掌控教学活动方向。这种议题的地位和作用是议题式教学区别于问题式教学或主题式教学的显著特征，也是议题式教学区别于传统课堂教学或讨论的主要依据。新课标在“教学提示”中对应“内容要求”设置了大量议题，但是议题远不止新课标所列的种类和数目，教师要根据具体的教学任务进行议题设计。从来源看，它可来自教材、公共话题、社会热点或学生自己的生活；从需要完成的学科基本任务看，它可分为描述与分类类议题、解释与论证类议题、预测与选择类议题、辨析与评价类议题；不同的议题服务于不同的教学任务和育人目标，具有不同的教学价值和育人功能。议题按照“围绕关键概念设置中心议题，围绕分解概念展开议题系列”的路线进行设计，议题系列是指以学科大概念为中心设计议题及其子议题。议题指向学科关键概念，并围绕分解为若干子议题。在一堂课或一个专题的教学中，我们可以讨论一个议题，也可以围绕中心议题讨论数个子议题，所有议题的中心直接或间接地指向学科大概念，形成以大概念为中心的议题结构。

任务线位于“火箭”的中轴部位，占据议题式课堂教学中轴，它既是教学行为走向教学目标的桥梁，又决定着其他教学要素。议题式课堂教学中，依据学业水平要求，教学任务被分解为任务系列，形成议题式课堂教学的基本任务和根本任务。根本任务是学科育人任务，即培育学生学科核心素养，落实立德树人。基本任务是依据学业水平命题框架和新课标要求界定的“描述与分类、解释与论证、预测与选择、辨析与评价等”学科任务，主要包括“学习理解、实践应用、创新迁移”。议题式课堂教学架构中的基本任务线是一条由“学习理解—实践应用—创新迁移”构成的能力提升线。议题式课堂教学的任务线具有双重建构的特征，它既要完成学业水平测试规定的基本任务，又要完成提升学生学科核心素养和落实立德树人的根本任务。因此，位于“火箭”的中轴部位的任务线，不仅有本身“背负”的基本任务，还有一个向上的箭头，是指向学科核心素养和立德树人的根本任务的。

活动线位于“火箭”的右侧，为议题式课堂教学提供动力，为“火箭”升空保驾护航，是议题式课堂教学链接活动型学科课程的关键因素，是议题式课堂教学的活力线。活动线主要依据学业水平命题框架的描述与分类、解释与论证、预测与选择、辨析与评价等，将“描述与分类”表述为“描述性活动”，将“解释与论证”“辨析与评价”表述为“论证性活动”，将“预测与选择”表述为“决策性活动”，这也按照了“是什么”“为什么”“怎么做”的思维逻辑。这只是基础架构，至于具体课堂教学中，要根据实际需要和教材知识结构完整程度来选择。

情境线居于“火箭”的左侧，为议题式课堂教学提供动力，为“火箭”升空保驾护航，为议题式课堂教学提供辅助载体，具有“抓眼球”的功效，是课堂的风景线；同时，要注意到情境线与任务线有密切关系，情境是发生情知关联的载体，为每个任务提供相应情境，情境的选择要根据任务的需要来确定。情境的选择非常广泛，因此分类方法也很多，比如体验式问题情境、开放性问题情境、思辨性问题情境、两难性问题情境、生成性问题情境等，这些分法有利于教师有意识地选取合适的情境。但是，依据学业水平命题框架要求，尤其是“对应”和“配合”活动线“描述性活动、论证性活动、决策性活动”要求，情境线由描述性情境、论证性情境和决策性情境组成。描述性情境是让学生通过情境描述，将信息点和教材的知识点关联起来；论证性情境是为探求原因而择取的情境或场景，其直接作用是为知识的应用提供场域；决策性情境主要是为决策之“议”提供的情景或场景，包括再构性问题情境和创意性问题情境。这既符合情境的生活逻辑，也符合“是什么”“为什么”“怎么做”的思维逻辑，是生活逻辑和思维逻辑的有机统一，能更好地展示情境线的课堂风景。

议题式课堂教学四要素“火箭型”基础架构，总体呈现出积极向上的“腾空之势”，既表达了议题式课堂教学不断向上发展的教学流程，也表达了议题式课堂教学向上提升学生学科核心素养和落实立德树人的根本任务，还表达了议题式教学适应新课标要求，是不断在实践中被检验的和呈向上发展之势的教学方式。

第四章
指向学科核心素养的议题式教学设计

不同学科的核心素养内涵和外延各不相同，必然要求有各自适切的培育途径。思想政治学科核心素养包括政治认同、科学精神、法治意识、公共参与四个方面。议题式教学能很好地凸显思想政治学科特点，适应思想政治课教学，有利于培育和发展学生学科核心素养。本章共分五节内容，前四节分别从思想政治学科核心素养的四个方面探讨各学科素养培育的途径，第五节阐述实现议题式教学素养化的“金字塔”架构。

第一节　指向政治认同的议题式教学设计①

高中阶段是一个人政治信念和政治素养形成的关键时期，政治认同关系学生政治素养的高低、关乎学生成长方向和理想信念的确立、关系国家政治文明的健康发展，是一个人创造幸福生活的精神支柱、价值追求和道德准则，是思想政治课首要且基本的学科核心素养。培育学生政治认同素养，培育有信仰的公民，要正确把握政治认同素养的内涵和要求。

① 李辉云、邓燕燕：《指向政治认同素养培育的议题式教学设计——以“伟大的改革开放”为例》，《教学考试》2022 年第 25 期，略有调整。

一、正确理解政治认同的内涵及培育目标

（一）政治认同的内涵

我国公民的政治认同，就是拥护中国共产党的领导，坚持和发展中国特色社会主义，认同中华人民共和国、中华民族、中华文化，弘扬和践行社会主义核心价值观。① 即三个政治身份认同、三个政治行动认同。三个政治身份认同就是国家认同、民族认同、文化认同，即“认同中华人民共和国、中华民族、中华文化”。三个政治行动认同就是“拥护中国共产党的领导，坚持和发展中国特色社会主义，弘扬和践行社会主义核心价值观”。

（二）政治认同素养的培育目标

“具有政治认同素养的学生，应能够：认同走中国特色社会主义道路是历史的必然，坚信中国特色社会主义是国家富强、民族振兴、人民幸福的根本保障，坚定中国特色社会主义道路自信、理论自信、制度自信、文化自信；拥护党的领导，领会中国特色社会主义最本质的特征是中国共产党领导，中国特色社会主义制度的最大优势是中国共产党领导，党是最高政治领导力量；明确社会主义核心价值观是公民最基本的价值标准，自觉践行社会主义核心价值观，树立共产主义远大理想和中国特色社会主义共同理想。”②

---

① 中华人民共和国教育部：《普通高中思想政治课程标准（2017 年版 2020 年修订）》，人民教育出版社，2020，第 4 页。

② 中华人民共和国教育部：《普通高中思想政治课程标准（2017 年版 2020 年修订）》，人民教育出版社，2020，第 6 页。

二、指向政治认同的议题式教学设计策略

政治认同是新课标提出的思想政治四个学科核心素养之首，是思想政治学科核心素养的内在灵魂与共同标识。政治认同是社会成员在政治生活、政治发展过程中产生的情感、意识上的归属感、认同感，对国家的认同是最基本的政治认同。政治认同是政治建设和政治发展的前提。高度的政治认同是实现政治稳定、社会和谐的关键，是凝聚和激励社会成员为共同理想奋斗的思想基础。青少年培育政治认同素养，有助于树立共同理想，成为社会主义可靠建设者和接班人，撸起袖子加油干，共同创造未来的美好幸福生活。

议题式教学是以适合议题为纽带，以真实情境为载体，以议学活动为路径，以知行合一为旨归，构建学科知识体系，培育学科核心素养，是培育政治认同学科核心素养的重要途径和方式。本书结合统编版高中必修1《中国特色社会主义》第三课第一框“伟大的改革开放”谈谈如何在议题式教学中培育学生政治认同素养。

（一）适合议题为纽带，构建政治认知

政治认知是主体对政治生活中人物、事件、活动及其规律的认识、理解和评价。政治认知是对基础政治知识的理解和掌握，是学生政治认同形成的前提与基础。思想政治课教学设计要帮助学生构建思想政治学科知识体系，形成一定的政治理论体系。因此，议题式教学设计一定要明白新课标对本课教学的内容要求，明确学科核心素养水平标准，深挖教材，厘清逻辑，要充分了解学生的学情学力，考虑教学重难点、思维堵塞点和价值冲突点，进行针对性的议题设置。同时，对议题设置进行结构化和序列化设计处理，总议题要起总领作用，子议题要紧密围绕中心议题，往往是一种“总—分”结构；子议题是对

总议题的具体化、分层化阐述，子议题间要有逻辑关系，它们是从不同角度论证中心议题关系，往往是“是什么”“为什么”“怎么做”或者议题描述、论证、延伸逻辑关系等，层层展开、逐步递进，力求学科逻辑与实践逻辑有机结合，议题结构与知识结构高度重合。

本节课，学生在之前的学习中，对改革开放已有一定的知识储备，但对于改革开放的深层原因、时空版图、重大政治意义、未来发展等知识把握不系统、不全面、不深刻。笔者在本节课结合新课标要求和学生实际，设置总议题“改革开放是一条怎样的路?”和四个子议题“新路”“长路”“好路”“可持续发展之路”，分别对应“十一届三中全会的历史转折”“历史进程”“伟大意义”“永无止境”四个主干知识点。子议题紧紧围绕总议题展开，遵循“是什么”“为什么”“怎么做”的逻辑思路，形成“总—分”论证结构，层层推进、步步深入，不落俗套。议题既承载了学科的重点内容，又有效地实现了价值引领，学科逻辑与实践逻辑、议题结构与知识结构有机统一，把领悟改革开放“关键一招”落到了实处，在潜移默化中引导学生对我国改革开放科学性和生命力的深度认可，坚定地拥护“关键一招”。

（二）真实情境为载体，培养政治情感

政治情感是主体对政治体系、活动等方面的内心体验与感受，是对政治客体的爱憎感、亲疏感，是一种具有持续性、稳定性的高级心理活动。政治认同是理性认同与感性认同的交会融合和有机结合。政治认同需要理性的政治认知，也需要感性政治情感的感染，发挥情感的熏陶作用。真实情境培育真实情感，真实情境选择素材要真实、情感体验要真实。真实素材要符合“三贴近”，为学生的感知、体验提供丰富情境，激发学生的参与热情，促进学生知识与思维的构建。真体验是要在真实情境和议学活动中，增强学生民族自信心和自豪感，使其自发认同国家发展道路。在这样的爱国情怀基础上，学生的政

治认同感油然而生，政治认同学科素养自然生成。

本节课主要选取了四个情境，有真实历史的镜头：观看视频《中共十一届三中全会》，引导学生感受改革开放的历史必然性；有学生结合家庭或家乡的具体例子，讲述改革开放以来发生了哪些翻天覆地的变化，引导学生畅谈“我眼中改革开放所带来的变化”；有视频《厉害了，我的国》，在精美的画面、令人震撼的歌曲中，学生感受改革开放的成就和祖国的巨变；还有国家领导人讲话：观看习近平总书记庆祝改革开放40周年讲话视频片段，领会改革开放永无止境，激励青少年担当改革开放和民族复兴大任。在这些丰富的真实情境中，学生能强烈地感受到改革开放后，从国家到“小家”都发生的变化，在潜移默化中引导学生对我国改革开放科学性和生命力的认可，坚定地拥护这“关键一招”。

（三）议学活动为路径，坚定政治信念

政治信念是指对社会政治事业、政治活动基本主张、原则的认同，并形成相对稳定的内在思想及态度。政治信念是政治理性，是在政治情感基础上形成的更深刻、更稳定的政治认同。因此，简单说教是难以形成政治信念的，要在活动中逐步领悟、升华、产生，直至坚定。议题式教学中的议学活动，是结合教材重难点、学生思维堵困点，设置相对复杂的具有一定挑战性的真实情境，组织学生围绕议学问题进行分析讨论、合作互动、探究辨析、成果展示的活动。通过议学活动，学生对一些政治问题进行比较理性、辩证的思考和探究，对这些问题认识更加准确、客观和深刻，继而升华为更加坚定的“四个自信”政治信念。

本节课议学活动总体遵循历史时间顺序进行设计，引导学生从改革开放的过去、现在和未来三个层面进行层层深入分析、论证、探究：第一，为什么要改革开放？在观看《中共十一届三中全会》真实历史镜头后，教师设问：“为

什么说中共十一届三中全会是改革开放新路的起点？是一条新路？”引导学生从历史唯物主义的角度分析“文化大革命”后我国进行改革开放的历史必然性，继而查找网络资料并结合教材理论知识，小组合作绘制改革开放推进的时空版图，进行组际展示，代表发言展示议学成果，让学生对我国改革开放走过的历史道路有了更全面的了解。第二，改革开放的现实意义。设置议学活动，畅谈“我眼中改革开放所带来的变化”，让学生结合家庭或家乡的具体例子，讲述改革开放以来家庭、家乡发生的翻天覆地的变化。再进一步观看视频《厉害了，我的国》，设置问题：“观看视频之后你有什么感受？结合家庭、家乡和祖国的发展，谈谈改革开放的意义。”通过活动让学生说出改革开放后自己亲眼所见、亲身感受到的巨变，并在师生互动、生生互动中进一步提炼出改革开放的伟大意义。第三，未来改革开放之路如何走。观看习近平总书记庆祝改革开放 40 周年讲话视频片段，设置问题：“为什么说改革开放永无止境？”习近平总书记指出：改革开放只有进行时没有完成时。改革开放是一条可持续发展之路，是一条必然越走越宽的康庄大道。在议学活动中，学生对改革开放有了更清晰、全面、客观的理解，更明白改革开放是决定当代中国命运的“关键一招”，更认同改革开放是实现“两个一百年”奋斗目标和实现中华民族伟大复兴的“关键一招”，更坚定对改革开放的道路自信。

（四）知行合一为旨归，践行政治担当

政治担当是指人们在政治信念基础上，对某种政治制度、理论、事业等的责任与担当，是一种高度行动自觉。政治担当强调的是化知为行，知行合一，主动作为，推动政治信念的实现。在我国，中国梦的实现，关键是要培养一代代有理想、有信念、有责任担当的青少年。一代代有政治担当的青少年必定与党和全国人民一起勇于直面一切改革、发展中的困难，也必将战胜所有困难，最终实现中国梦。议题式教学创设相对复杂的真实情境，引导学生在议学活动

中真正解决问题，提高解决问题的能力，做到知行合一；同时又要求学生把所学知识和理论运用到具体的生活实践中去，把理论和实践结合起来，把思政小课堂与社会大课堂结合起来，引导学生将思维拓展到课堂以外，关联社会实践。

本节课，在展示“我心中的改革先锋”的先进事迹的同时设置任务“给你所熟悉的广东籍国家改革先锋撰写颁奖词”，目的是引导学生了解改革先锋们的历史贡献和政治担当，引导学生感悟享受幸福生活，不忘改革先锋，学习改革先锋。在观看习近平总书记庆祝改革开放40周年讲话视频后，设问：“未来的我，如何担当改革开放和民族复兴大任，争做未来的改革先锋?”在充分的讨论和交流后，各组代表上讲台展示，学生们的答案慷慨激昂、正能量满满，赢得一阵阵掌声，出现抢发言的热烈景象。同时，为了提高学生的动手和探究能力，布置了课后拓展作业（二选一）：“1. 利用周末时间参观本地区博物馆，进一步了解本地区改革开放历史。2. 制作一份以改革开放为主题的手抄报，向同学展示。”这些议学活动都有利于引导学生学以致用、知行合一，为改革开放和国家发展主动践行政治担当，做出自己应有的贡献。

总之，培育学生政治认同素养是高中思想政治学科教学最重要的任务之一。教师要发挥议题式教学的优势，从议题、情境、活动、任务等角度优化教学设计，帮助学生构建政治认知、培养政治情感、坚定政治信念、践行政治担当，引导学生扣好人生政治认同的扣子，筑牢精神之基，成为让党和国家放心的社会主义的可靠建设者和接班人。

第二节　指向科学精神的议题式教学设计

有老师认为思想政治课是文科，自觉、不自觉地就忽视了科学精神培育，这是不科学的。科学精神是思想政治课四大学科核心素养的重要组成部分，不容忽视，必须重视。思想政治课堂教学既要有人文情怀，也应有理性之光，既要培育政治认同等家国情怀，也少不了科学精神的滋润与涵养。思想政治课教师正确认识科学精神，探寻科学精神培育策略，是培育有思想、有灵魂的社会主义建设者和接班人的客观要求。

一、正确把握科学精神的内涵及培育目标

（一）科学精神的内涵

我国公民的科学精神，就是在认识世界和改造世界的过程中表现出来的一种精神取向，即坚持马克思主义的科学世界观和方法论，能够对个人成长、社会进步、国家发展和人类文明作出正确的价值判断和行为选择。①

（二）科学精神素养的培育目标

具有科学精神素养的学生，应能够：用马克思主义基本立场、观点和方法，观察事物、分析问题、解决矛盾；解放思想、实事求是，对经济、政治、文化、社会和生态文明建设的实践，作出科学的解释、正确的判断和合理的选择；感悟人生智慧，过有意义的生活；以锐意进取的态度和负责任的行动促进社会和谐。②

二、指向科学精神的议题式教学设计策略

议题式教学培育学生科学精神，要从议题式教学设计的各要素、各环节来

① 中华人民共和国教育部：《普通高中思想政治课程标准（2017 年版 2020 年修订）》，人民教育出版社，2020，第 5 页。

② 中华人民共和国教育部：《普通高中思想政治课程标准（2017 年版 2020 年修订）》，人民教育出版社，2020，第 6 页。

综合考虑。高中思想政治课议题式教学设计可以从议题设计、情境创设、问题设置、活动开展和议题评价的全环节、全流程培育学生科学精神。本文以统编版高中必修4《哲学与文化》第三课第一框“世界是普遍联系的”为例谈谈具体操作策略和建议。

（一）科学设计议题，强化议题引导科学思维

议题式教学培育科学精神，首先是要有适合的、科学的议题，前提是要科学地设计议题。

1. 议题要有“思维味”

培育科学精神的议题不仅要能承载知识内容，还要能引导学生思维，帮助学生在有“思维味”议题的引导下，逐渐形成科学的学科观点和正确的思想价值观点。

2. 议题要有“思辨味”

议题“思辨味”要通过强化议题真实性和开放性等途径来实现。真实性要求吸收社会或时政热点事件、社会公共话题和学生熟悉的事件等来设计议题；开放性要求议题设计要体现辩证、创新等多种思维取向，为学生创造出可以探究和体验的时空，激发学生探究兴趣，激起学生思维火花。

3. 议题要有“学术味”

设计的议题不可太表面化，要有层次性、梯度性，教师通过带领学生刨根问底问、深度反思问、层层深入连环问或故意诱导错误问等方式，来增强议题的思维和学术含量，引导学生全面、正确理解理论，形成科学思维，培育学生科学精神学科核心素养。

本节课，结合社会热点“乡村振兴”，从同学们熟悉的从化本地的乡村振兴先进典型——全国文明村“莲麻村”作为切入点，设置一个总议题“重温党史话联系，乡村振兴

担使命”，三个分议题“忆往昔：铭记党史光辉，坚守初心不改——看党史如何体现联系的特点？”“看今朝：传承红色基因，搞好乡村振兴——析乡村振兴如何体现联系的观点看问题？” “展未来：厚植家国情怀，勇担时代使命——问青少年如何勇担乡村振兴使命？”这一总三分议题之间存在很强的逻辑性，首先是时间上的生活逻辑“忆往昔”“看今朝”“展未来”，其次是体现知识逻辑“是什么”“如何做”，从原理到方法论到运用，最后体现实践逻辑“铭记党史光辉，坚守初心不改”“传承红色基因，搞好乡村振兴”“厚植家国情怀，勇担时代使命”。这个议题设计是生活逻辑、知识逻辑和实践逻辑的有机统一，层层递进、层层深入地引导学生去探究，激发学生勇担乡村振兴使命，对学生的学习和素养的培育有浓厚的思维导向意味，是充满“思维味”“思辨味”“学术味”的科学议题设计。

（二）科学设置情境，拓宽科学精神培育路径

情境诱发思考，良好的、科学的议题情境不仅能让知识更为容易被理解和接受，起到活化知识的作用，还能激发学生探究兴趣，开阔学生视野，发散学生思维，触发学生质疑，培育学生创新精神。教师要充分发挥情境价值，拓宽科学精神培育路径。

1. 复杂性、新颖性

情境的复杂性、新颖性带来探究的曲折性，具有一定复杂性、新颖性的情境，能给学生带来一种“山重水复疑无路，柳暗花明又一村”的强烈的、刺激的探究体验。教师可设置不同复杂程度的情境，针对性地引导学生挑战思维，透过表面感性的情境现象看到情境问题的本质，激发学生的思辨性、辩证性和创新性思维，让学生在体会探究知识和真理的艰辛历程过程中，同时体验难得的、美妙的、获得“成功”的喜悦和快感。

2. 系列化、层次化

情境的系列化、层次化呈现符合学生认知规律，有利于学生从熟悉情境和

已有知识出发，建立新旧知识关联，进而构建新的知识结构，发展学科能力，培育科学精神。系列化、层次化的情境并非都要复杂、新颖和结构不良，应该由简单到复杂，由简单熟悉到结构良好，再过渡到复杂新颖的劣构情境。这种议题情境的层层展开的方式，既遵循认知发展规律，又有利于培育学生科学精神学科核心素养。

3. 真情境、真探究

真实生活情境总表现出一定的复杂性和劣构性，越真实的情境对学生的思辨能力要求越高。符合“三贴近”原则的真实情境，不会因为太简单而没有探究性，也不会因为脱离实际和生活而导致学生失去探究的兴趣和热情。现实存在的真实情境问题往往能激发学生真实的探究欲望，引导学生用全面的、辩证的观点去发现、分析和解决真实问题，从而获得更为真实的探究体验，形成科学的态度和精神。

本节课，导入环节设置了播放视频《从化吕田镇莲麻村黄沙坑革命旧址》，重温从化党史，使本地学生对家乡的党史充满兴趣，激发了学生浓浓的探究兴趣。在分议题二“看今朝：传承红色基因，搞好乡村振兴——析乡村振兴如何体现联系的观点看问题?”中，选用视频《潘安娜带领莲麻革命老区逐步实现乡村振兴》，讲述村党支部书记潘安娜带领莲麻村成为全国文明村、国家森林乡村、全国乡村旅游和文化特色村的故事。学生对这个事例熟悉，也充满疑惑：“为什么最偏远的莲麻村能如此成功地实现乡村振兴?我们村能不能复制呢?”教师抓住学生的疑惑点和兴趣点，设置了四个问题，层层深入，第四问“用系统优化的方法分析，莲麻村成功逆袭，实现乡村振兴，成功的秘诀是什么?”直达同学们的兴趣点，引起热烈讨论和深度思考。分议题三“展未来：厚植家国情怀，勇担时代使命——问青少年如何勇担乡村振兴使命?”更进一步问“假如你是本村党支部书记，你打算如何带领村民实现乡村振兴?”直接把学生的思维带入更深的真实探究中，“莲麻村的做法能复制到本村吗?如何借鉴?”“本次的实际情况是什么?优势和存在问题是什么?”等等，既培育学生科学看待问题的态度和科学探究问题的精神，也培育学生的家国情怀和使命担当。

（三）科学设置问题，激发高阶思维深度形成

合理开放、有逻辑性和有思维含量的问题往往能激发高阶思维形成，有效培育学生的科学精神。

1. 设置层次递进的问题链

层次递进的问题链能使问题更有逻辑性和结构化。在一定程度上能有效地规避问题浅层化、设问随意、角度不当等问题的出现。对议题进行分解有利于把议题议清议透，总议题分成若干分议题，分议题又分解成若干个具体问题链，层层深入、层层解析，最后拨开迷雾看清看透总议题。如果是较难的议题情境问题，还要从不同的小切口设问，设计 2 个到 4 个针对性问题，在这个过程中把学生引向深度思考和深度学习。

2. 设置有主题的开放性问题

主题围绕总议题，引导教学思维集中，突出重、难点，主题的规约性要求不能随意设问，要根据解决议题的实际需要设问，呈现出逻辑性和结构性，这容易把探究和思考推向一定的高度和深度，激发高阶思维形成。开放性，往往给问题带来思考空间和思考价值，开发学生思考的深度和广度，发展学生高阶思维能力，帮助学生形成并孕育科学认识和科学精神。

3. 用好学生提出的生成性问题

新课标和新课程强调培育学生创新精神，创新精神是科学精神应有之义。课堂上学生的创新性常常表现为提出“意料之外”的生成性问题。这种生成性问题往往是学生投入学习和深度思考而提出的新问题，凝聚着学生的困惑和好奇，是思维进阶后的高价值性问题，充分反映了学生积极的探究精神。课堂上，教师及时、准确地回应学生提出的生成性问题，不仅能帮助学生学深学透，还能保护和培育学生勇于探究的科学态度和精神，是“不可预约的美丽”。

本节课，为突破重点、难点“整体与部分的辩证关系”和“掌握系统优化的方法”，在观看莲麻村党支部书记潘安娜带领大家脱贫致富真实故事后，教师给出四个问题：一是潘安娜“舍小家，为大家”，“小家”和“大家”从哲学角度讲分别指什么？从哲学的角度分析，两者有什么区别？二是请用整体与部分的联系分析，在莲麻村乡村振兴过程中，潘安娜发挥了什么作用？给你什么启发？三是结合视频说说，莲麻村有什么优势（资源）？乡村振兴中遇到什么发展困难？四是用系统优化的方法分析，莲麻村成功逆袭，实现乡村振兴，成功的秘诀是什么？（分组讨论，各组派代表回答）这四个问题层层递进，形成问题链，把主干知识的逻辑清晰地勾勒出来。前两个问题比较基础，学生通过预习和阅读教材，加上小组互动，绝大部分学生能找到或给出较好的答案，这为下一步探究打下良好基层。相比而言，后两个问题具有明显的开放性，需要学生调动以前所学的知识，也需要结合莲麻村的具体实际去分析和思考，且没有统一标准答案，可以从不同角度分析，激发学生发散性思维、创新性思维，推动学生的思维在小组讨论、探究过程中逐步走向深度，形成高阶思维，走向深度学习，培育学生科学精神。课堂上小娜同学“突然袭击”地问：“李老师，潘安娜有什么家庭背景吗？”可能是她觉得莲麻村太成功或者潘安娜太优秀（省人大代表、省劳动模范），不由自主地提出这个有点“尖锐”的问题。我先是一怔，马上认识到这个问题不可回避。稍加思索，我马上给大家口头介绍潘安娜从一名普通的农村女孩成长为大学生村干部、立志带领村民脱贫致富的成长经历，引导大家用联系的观点去分析，并鼓励大家课后去搜索和了解潘安娜的事迹，学习潘安娜的家国情怀，既回应了学生的好奇和困惑，也鼓励大家用实事求是的精神去探究，培育科学精神。

（四）科学开展活动，助力科学精神真实生发

培育科学精神需要科学的活动来实现，科学的活动，助力科学精神生发。

1. 科学地选择活动

议题式教学的活动方式丰富多样，教师一定要根据具体教学内容的需要，根据具体的活动条件，进行活动选择。要将课内议题活动（小组合作探究、课堂辩论、课堂模拟活动等）和课外议题活动（问卷调查、社区调研、实地参观、志愿服务等）合理安排、有机结合，不应顾此失彼，出现注重课内而忽视课外的情况。

2. 科学地设计活动

每一种活动都有其特点，有其大概的活动流程，但也要根据教学实际进行适当的改造或创新。比如，小组合作探究中至少有发言人（代表小组发表观点）、组织者（组织本小组讨论）、观察员（观察小组成员参与状况）、记录员（记录小组成员观点）和计时员。小组合作讨论要想在短时间内取得成效，需要教师科学设计活动，分配小组成员的角色，也可以让小组内部自己协商角色分工，明确自身职责，分工好了以后还需要明确讨论的程序或步骤。科学的活动设计，有利于科学地产生成果。在明确小组成员角色后，教师还要加强活动过程干预和调控，确保整个活动都是在科学的、正确的轨道上运行，从而保证活动效果，助力科学精神发生。精心设计的科学活动能让学生遵循科学探究程序，保障活动成效，在活动中潜移默化地培育创新精神，孕育科学精神学科核心素养。

3. 科学地组织活动

科学地组织活动必须坚持学生的主体地位不动摇，给学生充分的思考、讨论、协商、探究、表达和展示的机会，这时候教师只需要在一旁静静地用耳朵去聆听和用眼睛去观察。同时，教师要发挥主导作用，及时地发现学生的思维闪光点，给予鼓励和肯定，导向“正轨”，及时发现和指出思维的偏差，让学生不至于“走错方向”，不能“脱轨”。教师还要对活动进行科学的总结和提升，把活动升华到一定的教育教学高度，培育学生核心素养。

本节课，课前布置了学生通过线上和线下方式了解从化党史，有条件的学生到莲麻村从化党史馆或莲麻村黄沙坑革命旧址实地参观考察，课堂上请相关同学展示调查成果，并适当给予有实地调查的同学更多的发言机会。课中留足时间给学生充分讨论，分组讨论时按照之前的分组和各自的角色分工高效发挥作用；同时，教师深入小组讨论中，了解讨论过程和成效，关注学生思维走向，有理有据地适当点拨，在合作探究、互动交流后，每个小组都给出答案和提出方案。针对分议题二第四问“用系统优化的方法分析，莲麻村成功逆袭，实现乡村振兴，成功的秘诀是什么?”前面两个小组都认为是因为有潘安娜或党支部的带头领导作用，没有谈到莲麻村老百姓的群众主体作用，教师及时点拨；同时，所有小组都只是谈了人，没有人谈莲麻村特色传统产业的物的方面，更没有小组谈到莲麻村革命传统的积极作用，好在在教师的点拨下，同学们的“脑洞”大开，思维逐步发散，从各个角度进行论证，答案越来越“靠谱”，在活动中深化了对“系统优化的分析方法”的理解。

（五）科学评价思行，考查科学精神培育效果

评价导向教学，对学生思维的科学评价，既考查科学精神培育效果，也导向和促进科学精神培育。

1. 知识结果评价与思维过程评价相统一，鼓励创新，增强科学意识

传统评价主要侧重知识结果评价，考查知识点的理解记忆，但在培育科学精神素养背景下，还应重视思维过程评价。指向科学精神的议题式教学评价，既要评价“议”的结果，学生是否掌握核心理论并构建知识体系，更要评价“议”的过程，学生是否遵循规则，是否提出新的观点和见解，是否表现出大胆质疑、勇于创新的行为，引导学生在“议”的过程中逐步强化科学意识。

2. 课内评价与课外评价相统一，鼓励实践，强化科学素养

考查科学精神既要看学生在课内是否科学地分析、看待问题，运用马克思

主义科学理论做出正确的价值判断，坚定对马克思主义的信仰，更要看学生在课外是否坚持用马克思主义科学理论分析、指导和解决自己生活实践中的实际问题，做出正确的价值选择，做马克思主义的真正践行者。只有课内与课外相结合，才能更全面地评价学生科学精神素养，也有利于在因材施教基础上，更好地培育学生科学精神。

本节课，注重设置真实情境，引导学生“入境”，运用科学思维方法，在真实情境中发现、分析和解决问题，逐步学通弄懂理论，并构建思维导图和知识体系，把马克思主义内化于心，坚定马克思主义信仰；更强调引导学生“出境”，学以致用、知行合一，引导学生坚持用马克思主义科学理论解决现实生活实践中的复杂劣构性真实情境，把马克思主义外化于行，做马克思主义的真正践行者。分议题三“展未来：厚植家国情怀，勇担时代使命——问青少年如何勇担乡村振兴使命?”设置问题“议学活动（三选一）：一是大学毕业后你会考虑回家乡农村发展吗？为什么？二是假如你是村党支部书记，你打算如何带领村民进行乡村振兴？三是就青年学生如何助力乡村振兴提一条思路。（讨论 3 分钟，小组派代表回答）”这些问题很有开放性，有利于考查、训练学生思维能力和表达能力，更深的用意是把思政小课堂和社会大课堂有机统一起来，引导学生运用马克思主义科学理论做出正确的价值选择，做马克思主义的真正践行者，助力科学精神真实生发。

总之，思想政治课要重视学生科学精神学科核心素养的培育，可以通过议题式教学，从议题设计、情境创设、问题设置、活动开展和议题评价的全环节、全流程培育学生科学精神，引导学生用马克思主义的科学世界观和方法论做出正确的价值判断和行为选择，培育有思想、有灵魂的中国公民，让思想政治课堂充满科学之美、理性之光。

第三节　指向法治意识的议题式教学设计[①]

法治的真谛在于全体人民的真诚信仰和忠实践行。新课标所要求的树立法治意识和尊法、学法、守法、用法，既是全面依法治国的必然要求，也是一个人健康幸福生活的红线与底线。

法治意识的核心内容是法治思维，关键落点是法治习惯。法治意识的培育不仅需要理性的法治认知的规范，还需要感性的法治情感的熏陶。议题式教学强调在真情境中培育学生的真情感，要求教师在充分了解学情的基础上，结合学科的具体内容，渗透丰富的法治思维，设置合适的议学问题，组织学生在具有一定挑战性的情境中开展对话、互动、探究、辨析等议学活动，实现培育学科核心素养的目标。

一、正确理解法治意识的内涵及培育目标

（一）法治意识的内涵

我国公民的法治意识，就是尊法学法守法用法，自觉参加社会主义法治国家建设。[②]

（二）法治意识素养的培育目标

具有法治意识素养的学生，应能够：理解法治是人类文明演进中逐步形成

---

① 李辉云：《指向法治意识培育的思想政治课议题式教学设计——以“法治社会”的教学为例》，《教学月刊·中学版（教学参考）》2021 年第 12 期，略有调整。

② 中华人民共和国教育部：《普通高中思想政治课程标准（2017 年版 2020 年修订）》，人民教育出版社，2020，第 5 页。

的先进的国家治理方式，全面依法治国是国家治理的一场深刻革命，明确建设社会主义法治国家的基本要求；树立宪法法律至上、法律面前人人平等的法治理念；懂得权利与义务的关系，养成依法办事、依法行使权利、依法履行义务的习惯；拥有法治使人共享尊严，让社会更和谐、生活更美好的认知和情感。①

二、指向法治意识的议题式教学设计策略

法治意识是人们关于法治的认知、观点和心理的总称。新课标指出，我国公民的法治意识，就是要尊法学法守法用法，自觉参加社会主义法治国家建设。法治意识是高中生的必备素养，涉及社会主义核心价值观的重要内容，是全面依法治国这一国家战略的重要内容。学生的法治意识，要通过具体的教学设计来提升和突破。议题式教学是开展法治教育的重要方法，它以设置议题为主线，以选择真实情境为载体，以组织议学活动为路径，以构建学科知识体系为中心，以培育学科核心素养为目标，是培育法治意识核心素养的重要途径。本书以统编版高中必修3《政治与法治》第八课第三框“法治社会”的教学为例，谈谈如何进行议题式教学设计。

（一）通过议题设置，构建法治认知

法治认知是培育法治意识的基础，教师要通过课堂教学帮助学生构建法治认知体系，并逐步形成一定的法治理论体系。因此，教学设计一定要立足课程标准和教材，深挖教材文本，厘清教材逻辑，明确教学目标，抓住教学重点，突破教学难点，以清晰明了的教学设计引导学生构建法治认知体系。教师要充分了解学情，考虑教学重点、学习难点、思维堵点、价值冲突点，采用结构化

① 中华人民共和国教育部：《普通高中思想政治课程标准（2017年版2020年修订）》，人民教育出版社，2020，第6页。

和序列化设计教学，力求学科逻辑与实践逻辑有机结合，为学生法治意识的形成打下基础。

高一学生对法治社会有一定的感性认识和理性认识，这为议题式教学做了很好的铺垫，但他们的理性认识不系统、不深刻。因此议题设置要考虑重难点，提高针对性，考虑知识构建，提高逻辑性。本节课以“依法文明养犬”为切入口，设置总议题“法治让社会更和谐——从文明养犬说起”，以及分议题“法治清明——思法治社会内涵意义”“社会清朗——探法治社会建设长路”“人心清爽——践法治社会之我能行”，总体遵循“是什么”“为什么”“怎么做”的学科逻辑，以及法治意识、法治实施、法治效果的实践逻辑。这样的议题设置，能吸引学生的注意力，诱发学生的积极思考，帮助学生构建法治认知体系，也能将教学导向深入，实现法治意识的有效培育。

（二）选择真实情境，培育法治情感

法治情感是指在法治认知的基础上产生的对法治的信任与依赖，对法治秩序和行为的认同与欣赏、敬畏与尊重等内心体验。法治是理性与感性的有机结合。法治意识的培育不仅需要理性的法治认知的规范，还需要感性的法治情感的熏陶，以发挥情感的驱动作用。情感的产生需要情境，议题式教学强调在真情境中培育学生的真情感，真情境是议题式教学的载体。真情境体现在真素材、真体验上。真素材要求选择符合“三贴近”原则的社会法治热点案例或事件，为学生的感知、活动、体验提供丰富的学习情境，以激发学生的参与热情，促进其知识构建和思维的提升。真体验要求为学生提供合作对话、互动体验的场景与机会，让学生对法治产生真实的情感体验，加深对法治知识的理解，进而深刻认同与信任、欣赏与敬畏法治，形成对法治的信仰。在这样的法治情感基础上，法治意识才会油然而生，法治意识学科核心素养培育才能落实。

本节课内涵丰富，法治社会建设具有长期性、系统性等特点，学生理解起来不容易，这就要求议学情境要选择符合“三贴近”原则的社会法治热点事件。因此笔者选择了养犬法律新规落地作为切入点，主要设置了下面两个情境。

情境一：观看新闻视频《2021 年 5 月 1 日最严“养犬令”实施》。该视频介绍了动物防疫法出台的背景，指出法律出台后遛狗不拴绳等不文明养犬现象虽大为减少，但依然有市民无视法律新规。笔者引导学生从身边的具体案例去体会、感悟法治社会建设的必要性和深刻意义，引导学生分析、理解、明白法治社会建设需要全社会各方力量的全方位、长期的努力。身边具体可感的事情容易引起学生的情感认同，也能够增强学生对法律新规的政治认同。

情境二：观看新闻视频《济南一小区遛狗拴绳率近 100%》。该视频介绍了某大型社区实现依法文明养犬的真实案例，居民积极参与法律新规的落实，共建法治社区、法治社会。这种正能量案例有利于潜移默化地引导学生相信法治社会一定会实现。如此，既能培育学生对法治社会的认同和自信，也能调动和鼓励学生参与法治社会建设。

（三）组织议学活动，渗透法治思维

法治思维是将法律作为判断是非曲直和处理事务的基本准绳，将法律要求运用于分析、处理具体法治问题的思维方式，是以法律为准绳的理性思考方式。法治思维是法治意识的核心内容，也是法治意识培育的难点。法治思维必须在活动中产生和形成，不能简单说教。议题式教学要求教师必须结合情境和教材重难点，渗透丰富的法治思维，设置合适的议学问题，组织学生在具有一定挑战性的相对复杂的情境中开展对话、互动、探究、辨析等议学活动。只有在活动中通过解决具体问题而产生的法治思维，才能内化于心，学生才能形成相对稳定的思维方式。

本节课根据依法养犬的情境，设置了两组问题：

其一，不文明养犬有哪些表现、危害？谈谈国家出台法律要求文明养犬的必要性。出台法律规范文明养犬有什么意义？

其二，你认为文明养犬法律出台后，如何才能产生良好的效果，构建法治社会？如果出现恶犬伤人事件，如何化解纠纷？

这些结合真实情境的真问题，激发了学生学习的积极性，使他们广泛、有效地参与到对话、互动、探究活动中，他们讨论激烈，观点有冲突有碰撞，之后又往往能达成一致。最后，笔者要求学生在充分讨论后选出代表发言，展示议学成果。在这个过程中，学生的思维能力得到了有效的训练，法治思维也于无形中渗入学生的心灵。当然，教师要在对话、互动中及时点拨，尤其是在思维的堵点、观点的冲突点上，要帮助学生拨开迷雾，深化思想。

例如，针对"你喜欢狗吗？你喜欢养狗吗？"这一问题，有学生说："养狗又脏又臭又恶心，我讨厌养狗。"有学生反驳"养狗是我的权利，你管得着吗？"二人的观点针锋相对，话语中带有火药味。面对这一教学意外，教师应该怎么办呢？笔者顺势抛出问题："养犬是权利，那有什么义务呢？有什么相关法律法规？"这些问题有利于深化权利与义务相统一的法治思维，立刻引起了学生的探究欲望。后来，有一组学生还设计了"爱犬是你的权利，依法养犬是你的义务"的宣传标语，赢得了阵阵掌声，法治思维就这样在问题探究中得到升华和运用。

又如，本节课在展示材料"流浪狗伤人，法院判流浪狗原主人赔偿"后，课堂上出现一阵"骚动"。有不少学生当即提出反对意见"狗自己走失，我也去找过，找不到，难道我还要赔偿吗？"并自我感觉"合情合理"。这时，笔者展示《中华人民共和国民法典》第九章第一千二百四十九条：遗弃、逃逸的动物在遗弃、逃逸期间造成他人损害的，由动物原饲养人或者管理人承担侵权责任。接着，笔者提问："依据相关法律该如何处理？"学生很快认同法官的公正司法，形成要依法判断是非曲直和处理事务的法治思维。

（四）引导知行合一，养成法治习惯

法治习惯是指按照法律规范来约束自己的言行，用法治方式思考和处理问题，养成符合法治要求的生活方式。简单来说，就是要养成“遇事找法，办事靠法”的行为习惯和能力。强调的是学以致用、知行合一，是在学法知法基础上的守法用法。因而，法治习惯是法治意识学科核心素养的关键落点。习惯的养成并非一日之功，重要的是在日常学习、生活中能主动、有意识地去守法用法，日积月累，量变就会产生质变，法治习惯自然就会形成。议题式教学应通过创设真情境，引导学生真活动，在议学活动中真解决议题。何谓真解决？就是要知行合一，把所学理论运用到生活实践中。议题式教学要坚持理论性、实践性相统一，把社会大课堂引入思政小课堂，把学生的思维拓展到课堂以外，与社会生活实践相联系。具体形式可以是实地考察、法院旁听、参观检察院等课外实践，也可以是结合实际选择一些参与度高的课内议学活动，这些都有利于法治习惯的养成。

本节课第三个分议题“人心清爽——践法治社会之我能行”，目的是引导学生学以致用，参与法治社会建设，养成法治习惯。在观看视频《济南一小区遛狗拴绳率近100%》后，笔者设置以下两个议学任务：

其一，为建设法治和谐社区，居委会和小区物管希望你帮忙设计一两条有关依法文明养犬的宣传标语（要求20字以内，依法依规，善意提醒，易记有效）。

其二，假如你见到小区内有人遛狗不牵绳，你要如何提醒劝诫（要求文明礼貌，善意提醒，有理有据）？

以上任务二选一，分组讨论，代表发言展示议学成果。

这个议学任务体现了理论与实践相结合、课内与课外相结合、引领与开放相结合的特点，能引导学生知行合一，积极参与法治宣传教育，努力做法治社会的建设者、参与者和享有者。

总之，高中生正处于法治意识学科核心素养培育的“拔节孕穗期”，思政课要发挥议题式教学的优势，优化教学设计，通过议题设置、情境选择、活动开展、导学实践等方式，帮助学生构建法治认知、培养法治情感、启蒙法治思维、养成法治习惯，引导学生知行合一、打造“知—信—行”闭环，帮助学生扣好人生的“法治扣子”，使学生争做社会主义法治的崇尚者、遵守者、捍卫者。

第四节　指向公共参与的议题式教学设计

一、正确理解公共参与的内涵及培育目标

（一）公共参与的内涵

我国公民的公共参与，就是有序参与公共事务，勇于承担社会责任，积极行使人民当家作主的政治权利。①

（二）公共参与素养的培育目标

具有公共参与素养的学生，应能够：具有集体主义精神；遵循规则，有序参与公共事务；热心公益事业，践行公共道德，乐于为人民服务；积极参与民主选举、民主协商、民主决策、民主管理、民主监督的实践，体验人民当家作主的幸福感；具备善于对话协商、沟通合作、表达诉求和解决问题的能力，勇于担当社会责任。②

---

① 中华人民共和国教育部：《普通高中思想政治课程标准（2017 年版 2020 年修订）》，人民教育出版社，2020，第 6 页。

② 中华人民共和国教育部：《普通高中思想政治课程标准（2017 年版 2020 年修订）》，人民教育出版社，2020，第 7 页。

二、指向公共参与的议题式教学设计策略

议题式教学是培育公共参与学科核心素养的重要教学方式之一。本书以统编版高中必修3《政治与法治》第六课第三框“基层群众自治制度”为例，从实施议题教学的议题设定、情境建构、活动展开、任务创设、综合评价五个方面，探究指向公共参与的议题式教学设计、培育学生公共参与素养的有效策略。

（一）巧设议题，激发公共参与兴趣

一是依据课标，设置“公共参与”议题。教师应贴合新课标课程目标要求设计议题，引领学生全身心投入并积极参与学习情境，提升学生的公共参与能力。二是立足教材，设置“公共参与”议题。教师要培育学生的公共参与素养，要立足于深挖教材的基础之上，精炼出体现“公共参与”价值的相关议题，继而唤醒学生的公共参与意识。

本节课，设置总议题“走进旺城社区，解开基层治理的密码”，教师把学生分成四个调研小组，作为“探究者”来到旺城社区调研：“第一调研小组：旺城社区概况”“第二调研小组：旺城社区管理机构有哪些”“第三调研小组：旺城社区居委会成员如何产生”“第四调研小组：疫情期间旺城社区居委会如何对外来人员进行信息登记与排查”。教师通过议题设置，引领学生贴近社会，走进社区社会的大课堂，增强其公共参与感，为其今后参与社会实践做铺垫。

（二）精选情境，构建公共参与素养培育载体

公共参与素养情境认知理论认为，唯有将学习者嵌入其所关联的自然和社会情境中，才能生成公共参与意识，提升公共参与能力，实现教学相长。情境是连接议题、知识与学生的桥梁，是体现教学内容的重要载体，具备一定的探

究性与开放性。第一，情境要源于生活情境，再现生活场景。教师应寻找生活中的真实场景来建构课堂情境，可以有效激发学生的学习兴趣，搭起学生学习知识与应用于生活实际之间的桥梁，将学生内化的课堂知识外化为社会实践能力。第二，情境要衔接社会热点，聚焦公共参与。教师创设的情境应结合社会热点，引导学生挖掘这些社会热点中蕴含着的相关学科知识，在探究社会热点过程中，提高学生学习的兴趣，对于公共参与素养的落实具有促进作用。

本节课，主要情境是四组同学去社区“亲自”调研的真实情境，汇报小组还主动拍好照片进行汇报，“有图有真相”，学生愿意主动了解，学习热情高。本节课，还根据是否安装人脸识别门禁测温系统这个社会关注热点问题，改编了两个模拟情境，引导学生进行公共参与。

模拟情境一：当前疫情依然严峻复杂，春节过后返穗人员增加，给旺城社区疫情防控工作带来了压力，社区群众十分关注。旺城花园 4 栋的其中一名户主在其户主群提出“在本栋安装人脸识别门禁测温系统”，引发了户主们的讨论。居委会工作人员了解情况后，及时邀请该楼的户主召开了一次“民主协商座谈会”。旺城花园 4 栋的户主，请就“本栋是否安装人脸识别门禁测温系统”一事进行讨论，发表看法。

模拟情境二：就“民主协商座谈会”上户主提到的问题，居委会工作人员向所属街道反映。街道负责人表示，考虑到防疫常态化的形势，根据其他社区的先进经验，在社区出入口处安装人脸识别门禁测温系统会更贴合实际。为此，居委会工作人员向所有户主进行了线上问卷调查，大部分户主表示同意。就他们关心的问题，工作人员做了应对方案，决定在居民代表大会上作情况说明，由居民代表作决策。费用：社区 1005 名户主平摊，户均 50 元；信息安全：引进的智能安防公司是在广州市公安局备案的安防企业；维护：公司负责，季度维修养、维护费户均 5 元；管理：有值班人员，在旁执勤。旺城社区拟在出入口处安装人脸识别门禁测温系统，假设我们是旺城社区的居民代表，请对该项事务进行表决。

这些情境正在或者已经在学生的身边发生，学生参与热情很高，见解“深刻”，方法“有效”。

（三）创设活动，促进培育学生公共参与素养

活动教学使学生在活动中体验知识，在经验中外化知识。第一，教师采取贴合现实生活的活动形式，使学生在现实再现的活动中，体验公共参与感。第二，教师应使教学活动高效化，在活动过程中，教师要全程参与，加强对学生的引导和监督，使学生在参与活动的过程中，落实核心素养的养成，提高其公共参与能力。

本节课创设了丰富的议题活动，课前把学生分成四个组到社区进行调研，课中让学生展示调研成果。课堂中引导学生思考、讨论具有思辨性的议题：“旺城花园 4 栋的户主，请就‘本栋是否安装人脸识别门禁测温系统’一事进行讨论，发表看法。”这个议题牵涉各方利益，大家讨论激烈：“支持的理由：加强楼层出入人员管理；响应疫情防控要求；减轻居委会工作人员负担；……”“反对理由：费用平摊，价格贵；人脸识别信息容易泄露；系统管理、维修任务繁杂；……”在充分讨论、协商后，教师提出“旺城社区拟在出入口处安装人脸识别门禁测温系统。假设我们是旺城社区的居民代表，请对该项事务进行表决”，进一步引导学生理解民主管理和决策要遵循一定的程序和原则，提高和培育学生公共参与素养。

（四）精设任务，推动学生公共参与素养的培育

教师在教学活动开展的过程中，除了为学生提供议题、素材情境与活动之外，也要设置任务对教学活动进行有效引导。第一，教师在设置任务时，要明确锻炼学生的公共参与能力。第二，任务设计要符合学生的最近发展区，拉近学科知识和社会实践之间的距离，对于公共参与素养的落实具有推动作用。

本节课，除了有课前的社会调研任务，课中的思辨性“议学”任务外，还有创新性的任务要求。由于当前社区居民对安装人脸识别门禁测温系统有很多担忧，需要进一步进行规范和管理，比如“费用收集后何时公示？维修费用具体支付日期？使用项目是什么，金额有多少？有序的管理离不开规则。作为住户，你对上面的条例、办法有何优化建议？请进行小组讨论，由小组代表回答。最后形成《旺城社区人员出入管理条例（拟定）》《旺城社区人脸识别门禁测温系统管理与维护办法（拟定）》”。经过学生的努力，最后产生了基本框架：“《旺城社区人员出入管理条例（拟定）》：一、社区仅开放安装人脸识别门禁测温系统的出入口。所有人员通过人脸识别门禁测温系统，进行身份识别、测温，数据上传至后台并反馈至居委会相关工作人员处……四、快递或外卖人员统一进行人脸识别门禁测温系统登记。非本社区车辆、访客、新租房入住人员等进入，须经过人工核实身份、测量体温并做好登记”“《旺城社区人脸识别门禁测温系统管理与维护办法（拟定）》：一、本社区所使用的人脸识别门禁测温系统由××智能安防公司研发，依据《信息安全等级保护管理办法》的有关规定，系统对本社区人员的人脸信息进行采集，其数据仅用于本社区管理需要，不作其他用途……三、维护费用由居委会负责人员统一收集，与××智能安防公司对接日常系统的维护工作。”当然这些问题具有很强的现实意义，也需要很强的创新意识，课堂难以完全拟好，只是有了一些框架，还需要进一步完善。

（五）综合评价，培育学生公共参与综合素养

科学的评价对教育和教学活动具有良好的导向作用，教师要改变传统的单一的结果性评价，注重多元化评价，实现教师评价、学生互评和学生自评的有机结合；关注过程性评价，对课前资料搜集、课中组织交流、展示创意、总结归纳等环节予以差异性评价，对学生解决情境化问题的过程和结果予以重点关

注；关心发展性评价，对学生掌握知识的态度、广度、深度、有效度进行评价，同时考查学生在学习知识过程中的精神状态、情感态度和价值观及交流合作、创新能力等是否获得同步发展，推动学生公共参与综合素质的提高。教师可以设计如表5议题式教学培育公共参与学科核心素养简易评价量表。本节课，教师课前到社区调研时，小组长就带着简易评价量表，督促和引导学生参与。课中教师积极调动和鼓励大家参与课堂，参与各类活动。课后完善自我评价、小组评价、教师评价，最后给予综合等级评定，并进行公示。

表5　议题式教学培育公共参与学科核心素养简易评价量表

要素	具体表现	等级			
		自我评价	小组评价	教师评价	综合等级
1. 主动参与，积极担当					
2. 参与的活动成果类型					
3. 参与的成果数量、质量					
4. 资料搜集的方法及其科学性					
5. 小组合作、分享情况					
6. 活动的价值取向及预期目标					
5. 活动最终目标及收获					
8. 活动的反馈、反思					
9. 其他					

总之，开展议题式教学，可以推动高中思想政治课公共参与素养落地生花。新时代背景下的议题式教学，教师应围绕学生喜闻乐见的核心议题，以高度的生活敏锐度，来发现捕捉贴合学生公民生活的生动案例，对其进行结构化改造并形成真实情境，让学生在多样的活动形式里完成课堂任务。学生进入生活情境中，基于生活的真问题能激起学生的注意与兴趣，促进学生思考的深度与广度，全面落实了高中思想政治课公共参与素养的培育。

第五节　议题式教学素养化架构

议题式教学是新课标提出的改变教师教学和学生学习的重要方式，其之所以能如此受欢迎，是因为它通过情境化的“议学”“议做”活动，助力学生构建知识、提升能力和进阶素养。议题式教学既考虑知识学习，又考虑关键能力和学科素养。没有知识目标的议题式教学无法立足当下，没有能力与素养目标的议题式教学无法走向未来。如何更好地把知识、素养和情境有机结合，构建价值性与知识性相统一的议题式思政课堂教学，落实培育学科核心素养的新课标目标？可以通过议题式教学素养化“金字塔”架构（如图 3 所示）来理解。

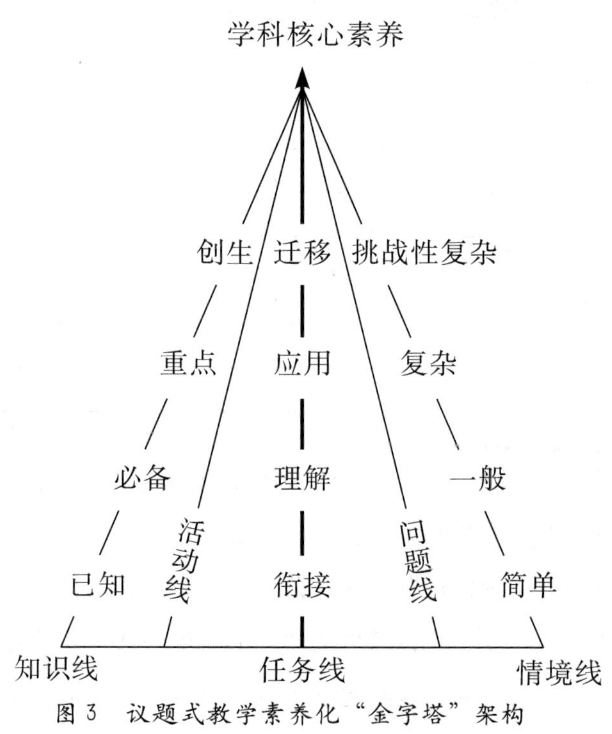

图 3　议题式教学素养化“金字塔”架构

该架构由任务线、知识线和情境线三条线组成，主线是任务线，知识线和情境线是辅线，三线共同融合指向培育学生学科核心素养的新课标要求，最终实现发展学生核心素养，落实立德树人根本任务。下面以统编版高中必修4《哲学与文化》第八课第二框“文化交流与文化交融”为例进行分析。

一、任务线

任务线有三条，一条是基本任务线，这条线直接指向培育学科核心素养，指向落实立德树人的教育教学根本任务，在课堂是难以直观呈现的，所以基本任务线是一条暗线，主要是完成知识的理解、应用和迁移，指向学科核心素养。还有两条具体的任务线，包括议题引领下的活动线和问题线，具体任务是服务于基本任务的。任务线由隐性的基本任务和显性的具体任务融合而成，共同指向培育学生学科核心素养，达成素养进阶任务。

基本任务线由“衔接—理解—应用—迁移”构成。衔接是新旧知识的衔接，具体是根据已有知识和认知结构，把学生的已知与未知衔接起来，为新知识的深入学习做准备，在具体的教学设计中一般表述为“导入”。衔接是从已有的经验走向新知识的过程，起到“随风潜入夜，润物细无声”的作用。理解是从经验走向知识的意义化过程，包括对知识的理解，也包括个人理解能力。对知识的理解是基础，个人理解能力是关键。议题式教学中理解更侧重于理解能力，包括辨别、概括、解释、陈述事实，阐明观点等。应用是知识到实践、内在知识到外在行为过程，是学生运用知识分析解决问题的能力，包括运用解析、推理论证和预测设计等。运用解析回答情境中简单的“是什么”问题，推理论证回答情境中较为复杂的“为什么”问题，预测设计回答情境中的“怎么做”问题。迁移是学生运用学科陈述性知识、学科程序性知识，解决复杂的和结构不良问题的能力，包括真实情境探究和创新思考。真实情境探究是在真实情境中的探究活动，探究过程不仅是学生知识水平、经验水平的反映，也是学生社会活动能力和实际操作能力的反映，是最现实的知识迁移方式。创新思考是提出有别于常人常规见解的思考方法，包括批判性思维、反思、想象、创意等能力。这条隐性的基本任务线虽然不直接在课堂教学中表达出来，却是最重要的任务线，是直接指向培育学生学科核心素养，达成素养进阶目标的。“文化交流与文化交融”教学中，教师首先设问：“生病了，看中医好，还是西医好？中医和西医有什么区别？”主要作用是衔接。通过“丝路上的中西医交流”“抗疫时的中西医结合”等议题情境的设置，帮助学生更好地理解、运用。“假如你是外交部发言人，有韩国记者问：中国在中医与西医交流方面有什么政策？请你作一个简短发言（简明、扼要，100 字以内）”“结合相关中医养生道理，煲一次时令养生老火靓汤”则更多引导学生结合真实情境进行迁移，所有的任务都是为了培育学生对中国弘扬中华优秀传统文化的政策的政治认同，既能从科学精神的角度理解，也能从公共参与的角度参与弘扬中华优秀传统文化。

相对于基本任务线，具体任务线是两条明线，表现为活动线和问题线。在具体教学中，活动线和问题线都是在议题引领下围绕基本任务而不断推进的，一个问题对应一个活动。所以也可以理解为具体任务线是由活动线和问题线构成的一条具体明线。具体任务线是基本任务的具体表现，是在课堂上能够直接感知，需要师生共同参与的任务线。议题式教学的活动线，主要是要发挥学生主体作用，调动学生参与群体性“议学”活动，表现为自由发言、互动对话、小组讨论和项目合作等。自由发言是学生在议题或问题引导下，根据已有知识经验回答或汇报的过程。在“文化交流与文化交融”教学中，导入环节的“生病了，看中医好，还是西医好？中医和西医有什么区别？”就是教师抛出问题，学生自由发言表达的过程。互动对话包括师生对话和生生对话，是课堂中最常用的互动方式，因为议题式教学中一个议题往往包括若干个循序渐进的小问题，这些问题的解决往往通过互动对话、小组讨论、小组合作方式解决，其中互动对话，尤其是师生对话，是最常用方式。小组讨论是最具“议学”特征的学习方式，是在教师的带领下学生自主地寻找问题、搜集证据、形成答案、交流成果的过程。互动对话和小组讨论经常是组合使用的。在“文化交流与文化交融”教学中，以第二个议题“抗疫时的中西医结合”为例，就包括：“1. 结合视频和材料，谈谈中西医结合在疫情防治中的作用。2. 谈谈这样的交融对促进我国和世界医药文化分别有什么意义。3. 从文化交流、交融角度，为我国中医药发展提一条建议。4. 从量变与质变的角度，谈谈文化交流与文化交融的区别联系。”四个部分，层层递进，难度逐步加深。所以，课堂上教师一定要给予足够的时间让学生进行小组讨论，交流思想、碰撞观点；同时还要给予足够的时间让学生陈述观点、表达思想，课堂上学生说的未必都对，有些可能还有知识性的甚至是价值观的错误，这个时候就需要互动对话，尤其是师生对话，通过对话，教师要总结归纳出知识要点，对学生出现的错误也要及时纠偏，指出错误，导向正确。项目合作表现为“议学”和“议做”相结合，是知识的理解、应用和迁移的重要途径。项目合作是一种群体探究，一般具有“发现问题—分析问题—提出假说—验证假说”等步骤，有利于培育学生的科学精神学科核心素养。在“文化交流与文化交融”教学中，就“从文化交流、交融角度，为我国中医药发展提一条建议”这个部分，有个别小组提出了不错的建议，“推动中医药下农村”计划，教师觉得这个建议不错，立即建议该小组课后加强研究，争取一个月内拿出比较“成熟”的方案，作为提案提交到从化区人民政协网站。

二、知识线

知识线，是提供完成和落实任务线的各项任务所需要的学科基础知识形成的学科知识链，具体为“已知知识—必备知识—重点知识—创生知识”，是议题式教学的支撑基础。已知知识是学生学习新知识的认知基础。其来源、类型多种多样，包括已有的学科知识、已有的生活经验、课前搜集和查找的资料等。必备知识是即将进入高等学校的学习者在面对与学科相关的生活实践或学习探索问题情境时，高质量地认识问题、分析问题、解决问题所必须具备的知识。① 必备知识相当于该学科或模块的重点知识，包括核心概念、主要原理、基本理论观点、重要论断等，是指向议题式教学中议题分析解决的最重要的知识。扎实的知识线是学生求真理、悟道理、明事理的扎实基础，是学生发展核心素养的最有力支撑，教师要高度重视。扎实的知识线，首先要具有基础性、综合性、连续性和通用性，指向学科大概念，形成具有学科逻辑的完整知识体系；其次应该有应用性和创新性，让学生将陈述性知识、程序性知识进行有机整合、综合运用，进而在新颖的或劣构的现实真实情境中主动思考、发现问题、找到规律、得出结论。在“文化交流与文化交融”教学中，教师首先抓住“文化交流”“文化交融”两个核心概念，引导学生思考“为什么要文化交流、文化交融?”“如何进行文化交流、文化交融?”目的是使得教材核心知识形成知识链条，引导学生构建自己的学科基础知识体系，同时也提出“请用矛盾分析法，谈谈文化交流对医药文化发展的影响”“从量变与质变的角度，谈谈文化交流与文化交融的区别联系”，目的是引导学生从哲学的更深层次去理解文化现象和问题，引导学生把哲学知识体系与文化知识体系进行有效对接，形成更加扎实的知识体系。

三、情境线

情境线包括简单情境、一般情境、复杂情境和挑战性复杂情境，其目的是为知识的理解、应用、迁移提供具有柔化、活化作用的载体。情境与学生心智

① 教育部考试中心：《中国高考评价体系》，人民教育出版社，2019，第 17 页。

水平、与教材的关联程度是判断其优劣的标准，直接影响学生的学习效率。简单情境具有柔化功能，能够引导学生迅速聚焦课堂教学，指向准备学习的知识内容，所以常用在议题式教学的导入部分。它往往契合学生的心智，引导学生愿意“入境”；同时紧扣教材中心内容，帮助学生“出境”，发挥激发学习兴趣和新旧知识衔接的双重作用。在“文化交流与文化交融”教学中，教师的导入设置“生病了，看中医好，还是西医好？中医和西医有什么区别？”等问题，同时还配了很多中西医相关图片，目的就是激发学生的兴趣，引导学生表达，创设一个简单情境，引导教学迅速聚焦主题。一般情境是经过教师“精心”加工过的良构性情境，一般与书本的知识点有高度的关联度，只要认真思考或者经过适当点拨，学生不难找到对应的理论或知识点，其主要作用是辅助理解知识点和辅助建构知识体系。议题一中，“观看视频《丝路上的中西交流史》，思考：结合视频和材料，谈谈为什么要文化交流？文化交流对医药文化发展的影响是什么”，大部分同学通过课前预习、课中思考都基本能找到答案，这就属于一般情境。复杂情境一般是一些未经过加工的“原始”非良构情境或者是富有思辨性的两难情境、有操作性的活动场景，目的是引导学生在“知行合一”中应用知识，具有活用知识的功能。议题一中，“观看视频《中医药之争》，思考：1. 如何理解文化交流作用的双重性？2. 结合视频，谈谈中西医应该如何交流”，这就是有一点难度的，具有较强的思辨性，属于复杂情境。挑战性复杂情境一般更接近于真实情境，提供的往往都是“不良结构”情境，要求学生充分运用所学知识，调动各种能力，综合考虑实际情况，迁移运用知识，是最接近真实的“知行合一”，是学生综合学科核心素养的体现。知识迁移是知识应用的高级阶段。结构不良问题是问题本身并没有明确的结构或者解决途径，需要学习者从诸多实际情况中自己分析、寻找出解决方案。结构不良的真实性情境，是提高学生知识迁移能力的最好“脚手架”。议题二中，观看视频《抗击疫情：打好中西医结合救治“组合拳”》，在学生能够较好回答“1. 结合视频和材料，谈谈中西医结合在疫情防治中的作用。2. 谈谈这样的交融对促进我国和世界医药文化分别有什么意义?”的基础上，教师马上抛出：“从文化交流、交融角度，为我国中医药发展提一条建议。”这点没有标准答案，是现实的真实问题，也是我国中医药界正在思考的现实问题，这就是一个典型的挑战性复杂情境。

良好适切的情境要求具有典型性，同时还要有逻辑性，这也是议题式教学的基本要求，要围绕一个议题或主题进行系列化设计、逻辑化构建。情境的典型性一般要求小切口、大背景和正能量，多为时代大背景下的具有价值引领意义的小事件。情境的逻辑性一般要求体现“简单——一般—复杂—挑战性复杂”的逻辑进路，对应的是辅助完成“衔接—理解—应用—迁移”的基本任务。在“文化交流与文化交融”教学中，总议题“中医？西医？还是中西医?”对应文化交流和文化交融的主干知识，设置“丝路上的中西医交流”“抗疫时的中西医结合”两个议题，对应选择“视频《丝路上的中西交流史》+中国古代中西医交流素材”“视频《抗击疫情：打好中西医结合救治‘组合拳’》+中药在抗疫治疗中的效果文字材料”，最后以“2019 年 5 月 15 日，习近平总书记在亚洲文明对话大会开幕式上发表《深化文明交流互鉴共建亚洲命运共同体》的主旨演讲”作为升华。巧妙优质的情境体现典型性和逻辑性的有机统一。

第五章

议题式教学主要课型

议题式教学是与新课标相呼应的教学方式，对于推动新课标的落地有着举足轻重的作用，也有着广阔的实践空间。议题式教学的主要课型有议题式新授课教学、议题式综合探究课教学、议题式复习课教学等，也可以创新性地用于主题班会课，形成议题式主题班会课教学。

第一节　议题式新授课教学①

议题式新授课教学是议题式课堂教学的基本形态，兼有议题式教学和新授课教学两大特性，下面以统编版高中必修 3《政治与法治》第二课第二框“始终走在时代前列”为例进行分析。

一、议题式新授课教学的“一议三线”架构

议题式教学的每一节课和教学流程中的每一层都包含议题、情境、活动和任务四个要素。在议题的统领下，情境线、活动线和任务线形成了议题式教学“一议三线”的架构。

议题是议题式教学的引领和纽带，通过若干个子议（问）题贯穿教学活

① 李辉云：《构建议题式教学“真”课堂——以“始终走在时代前列”教学为例》，《江苏教育研究》2022 年第 2 期。

动，由任务规约并为任务服务。从来源看，议题可以来自教材，也可以来自社会，还可以来自传统，“从脱贫攻坚全面胜利，看党为什么能始终走在时代前列”便是社会与教材相结合的议题。从所要完成的学科任务看，议题可以是“描述与分类”的，也可以是“解释与论证”或“辨析与评价”的，还可以是“预测与选择”的。“始终走在时代前列”教学中的子议题“如何理解党的指导思想是与时俱进的”“如何理解党始终走在时代前列的四个法宝”属于描述与分类，回答“是什么”的议题，“怎样发挥共产党员的先锋模范作用”三个分议题属于回答“怎么做”的议题。从产生方式看，议题可以是预设的，也可以是生成的。这节课中“张桂梅老师为什么要帮助山区贫困女孩？”这个生成的议题因“不可预约”而造成师生“手忙脚乱”的生动场景，将“议”推向了合作探究的高潮，甚至打通了学生或听课者直接合作的渠道。

情境是议题式教学的载体，起到柔化、活化、羽化知识的作用。柔化知识是指通过浅显易懂的情境引导学生“入境”，使得刚性知识得到柔化；活化知识是指通过营造体验、探究和实践的真实或模拟情境，使得学生在应用中得以活化所学知识；羽化知识是指在结构不良的真实情境，使得学生把已有的知识结构在“未知”和“关联”中创新应用。在“始终走在时代前列”议题教学中，情境线由“全国脱贫攻坚总结表彰大会—从化吕田莲麻村如何打赢脱贫攻坚战，逆袭成为网红村—张桂梅：献身教育扶贫，点燃大山女孩希望—体验入党宣誓，争做时代先锋”等环节构成，其复杂程度或劣构性逐渐增加。

活动是议题式教学的路径。议题式新授课教学中“议”的过程是学生社会建构的过程，它贯穿于课堂教学始终，主要包括搜集材料、课堂讨论和展示成果。搜集材料是商议活动的基础，学生可以通过教材、网络和文献获得间接经验，也可以通过访谈和调查等手段获得直接经验。课堂讨论是商议活动的关键，一般以组内合作、组际辩论等方式进行，在讨论中实现师生互动、生生互动。展示成果是对商议活动成果的一种分享，小组代表通过语言表达或展示“议”的现实成果，分享思考与收获。在“始终走在时代前列”议题教学中，材料搜集活动包括“课前观看全国脱贫攻坚总结表彰大会”“课前搜集家乡脱贫攻坚成功案例，重点是从化区吕田镇莲麻村”“搜集全国脱贫攻坚楷模张桂梅老师资料”。具体教学中设计了“总书记首次提出的中国特色反贫困理论与党的指导思想是什么关系？”“结合从化莲麻村脱贫案例和总书记的讲话，谈谈如何理解解放思想、实事求是、与时俱进、求真务实，这个使党始终走在前列，永葆生机和活力的法宝”“全国优秀共产党员、感动中国人物、全国脱贫攻坚楷模张桂梅老师的先进事迹，给你印象最深的、最感动的是什么？结合张桂梅同志事迹，说说共产党员的先锋模范作用有什么表现。为什么要发挥共产党员先锋模范作用？假如你是一名共产党员，请结合张桂梅同志事迹，谈谈新时代应该如何发挥党员先锋模范作用”。

任务是议题式教学的引擎旨归。议题式教学主张学生在探究和实践中完成理解、应用和迁移的三重任务，从而培育和提升学科核心素养。理解是经验走向知识、外在走向内在的知识的意义化路径，既包括对知识的理解掌握，也包括理解知识的能力。应用是知识走向实践、内在走向外在的知识的功能化路径，侧重的是学生分析和解决现实问题的能力。迁移是学生在复杂陌生的结构不良情境中，运用所学知识和能力解决问题的路径，是高级的知识输出和知识素养化应用。在“始终走在时代前列”议题教学中，“假如你是一名共产党员，请结合张桂梅同志事迹，谈谈新时代应该如何发挥党员先锋模范作用”“材料：脱贫摘帽不是终点，而是新生活、新奋斗的起点。2021 年 2 月，国家乡村振兴局的牌子正式挂出，这是全面实施乡村振兴，奔向新生活、新奋斗的起点。议学任务：1. 假如你是国家乡村振兴局的一名党员干部，请从党的角度，谈谈如何做好乡村振兴工作。2. 就‘青年学生如何助力乡村振兴’提两条建议”等任务就是通过设置相对复杂的情境，引导学生去应用和迁移所学知识，从而逐步提升学科核心素养。

当然，不同的教师有不同的教学风格，在具体教学实践中，不同的学科内容、同内容的不同教学课时所呈现的样态不一。但是作为议题式教学，一定要对目标、流程和要素进行架构，把议题、情境、活动和任务有机统一起来，既要符合学科逻辑，又要符合事实逻辑。

二、议题式新授课教学设计

加涅认为：教学设计是一个系统化规划教学系统的过程。根据新课程的要求和教学对象的特点，在分析教学情况的基础上，我们需要有序地安排新授课的教学目标、教学重难点、教学方法、教学步骤与时间分配等教学要素，确定合适的教学计划。议题式新授课的基础分析是对教学对象和教学内容的基本情况进行分析，由此找到教学基础，选择适切的议题式新授课方式，有的放矢地提高学生的课堂学习效率。议题式新授课教学设计的基础分析主要包括学情分析和教材分析两个方面。此外，还包括教学目标、重点难点、整体思路等方面。

（一）基础分析

1. 学情分析

学情分析是对学生心智特征和学生已有知识经验、认知和思维水平进行的分析，可以从学生的已知、未知、能知和想知道四个方面分析，进而确定教学的深度、广度和高度。

已知是学生已经具备的与本节课学习内容相关的知识经验和能力水平，它制约着教学起点的定位。了解已知情况的途径既可以是经验性的，也可以是调查性的。已知的内容比较复杂，包括与学生年龄特点相关联的个性和经验，与学生性格特征相关联的学习能力和风格等，须根据教学需要有重点地进行观测分析。未知是学生通过学习应该达到的目标中所包含的未知知识，它关系到教学方向的定位。确定未知的依据是社会发展对学生发展的要求、结果性评价对学生发展的要求、学生自身发展的需要。对未知的定位决定着对教学目标的再构方向和教材的二次开发程度，反映着学科教学任务和学科核心素养达成的水准。能知是通过该节课教学能够达到的学习目标，它规定着学习结果的定位。学生的能知是对学生未知的因材施教式的开发与再构，确定能知的依据是学生认知水平和已知基础。能知是未知的落脚点，是教学的最近发展区。对能知定位的精准性反映着教师的教学水准和育人水平，关系着教学预期与教学效果的吻合度。想知道是学生个体或群体想要知道的教学目标以外的现象或知识，是与学生的心智水平相对应的学习兴趣，构成学生“我要学”的原动力。获知学生想知道的目的在于使教学活动走向师生共情和同理，实现师生间的思维相接、情感相应和心灵相约。

在“始终走在时代前列”议题教学设计中，是这样进行学情分析的：高一学生对社会政治现象充满兴趣，具有较强的探究与表达愿望。有关中国共产党的知识，初中《道德与法治》也有涉及。由于知识积累、生活经验等因素的局限，学生思维存在着片面性、主观性问题，缺乏对中国共产党的系统理性认识；同时，多数学生又有将来入党的愿望，但是动机各异，不少人只是看重入党背后的利益，需要教师引导学生确立正确的价值观。

2. 教材分析

议题式新授课教学的教材分析，一方面具备新授课教学的一般共性，比如需要考虑课程目标的设置、课程内容的组织、课程方案的实施、课程评价的落实等问题；另一方面由于核心素养背景下要与新课标相对应，还需要思考新授内容的结构化问题、议题化问题和素养化问题。

新授内容的结构化问题是新授内容在课程中的位置，以及本身的知识结构问题。议题式教学的目标设定中不可能舍弃知识，但需要将知识聚焦于主干，关注知识内容本身的逻辑结构，实现知识系统化，形成学科知识结构，实现学科逻辑与实践逻辑、理论知识与生活关切的统一。新授内容的议题化问题是如何设置合理的议题，如何将议题进行序列化设计，更符合学科逻辑、生活逻辑和实践逻辑，从而更好地引导学生“议”，更好地在议学活动中掌握知识，提高学科核心素养。议题化是新课标指导下的新授课教学的新特征之一，这就需要教师在贯彻议题贯通、思行合一等原则过程中，提高“议”的意识、理清议题的结构、明确议题的任务，将原来的框节意识转变为“议题”意识；同时，教师在教材分析时要具有“议”的意识，搜集承载“议”的情境、策划展开“议”的活动、明确升华“议”的方向，使教学设计成为一次次“议”的过程设计。新授内容的素养化问题是将新授内容提升到学生核心素养培育的高度去思考的问题。素养化思维要求教师摒弃只重基础知识和基础能力的陋习，将教学目标指向主干知识的建构、关键能力的培育、必备品格的养成和核心价值的引领。

“始终走在时代前列”教材分析，本单元以“中国共产党的领导”为核心，分中国共产党领导和执政地位的形成、中国共产党的先进性、加强党的全面领导三课进行阐述。第二课“中国共产党的先进性”，起到承前启后的作用。第二框“始终走在时代前列”，结合历史与现实，探究中国共产党始终坚持先进的指导思想，坚持解放思想、实事求是、与时俱进、求真务实，广大党员发挥了先锋模范作用，践行党的初心和使命，用实际行动证明了党的先进性，确保党始终走在时代前列。

（二）教学目标

该课教学目标根据三个相互关联的参照维度（核心素养、思想政治学科核心素养和三维目标）确定如下。

1．必备知识

记忆党的指导思想的创立过程和历史地位，理解党的指导思想是一脉相承又与时俱进的关系；理解党始终走在时代前列、永葆生机活力的法宝，了解解放思想、实事求是、与时俱进、求真务实的含义。理解党员先锋模范作用的含义，发挥党员先锋模范作用的原因和在新时代的具体要求。

2．关键能力

通过自主学习，提升学生的学习能力和总结归纳能力；通过展示成果环节，提高学生的课堂参与和自我表达能力。通过感悟党的指导思想，结合案例，真切感受共产党员的先锋模范作用，提高理论联系实际的能力。

3．核心素养

通过学习本课升华对党的先进性的认识，认同党的理论与时俱进，不断推动马克思主义的中国化。认同共产党员的先锋模范作用。坚持中国共产党的领导，激发家国情怀。自觉学习党的理论，立足自身实践，参与社会主义现代化建设。

（三）重点难点

一是党始终走在时代前列的原因；二是发挥共产党员先锋模范作用。

（四）整体思路

本节课采用议题式教学，以脱贫攻坚这个主题为主线，设置“从脱贫攻坚全面胜利，看党为什么能始终走在时代前列”总议题，“如何理解党的指导思想是与时俱进的”“如何理解党始终走在时代前列的四个法宝”“怎样认识共产党员的先锋模范作用”三个分议题。

三、议题式新授课教学设计的策略①

结构化议题式教学是以议题为引领，以学生的认知结构、知识结构和教学结构为切入点而展开的教学活动，强调知识层面、思维层面、实践层面形成具有逻辑关系的整体，具体来讲就是要落实“一议三线”有机统一，“一议”是议题，“三线”是情境线、活动线和任务线。

议题是议题式教学的总引线，是灵魂。本节课结合“全国脱贫攻坚总结表彰大会”为时政切入点，以“脱贫攻坚”这个主题为主线，设置“从脱贫攻坚全面胜利，看党为什么能始终走在时代前列”总议题；同时考虑教学目标和教学的重点、难点，以及学生理解的疑惑点、思维的堵点，结合教材，设置“如何理解党的指导思想是与时俱进的”“如何理解党始终走在时代前列的四个法宝”“怎样认识共产党员的先锋模范作用”三个分议题。

情境是一道亮丽风景线。本节课主要设置四个情境。第一个情境：观看视频《全国脱贫攻坚总结表彰大会》，习近平总书记宣布我国脱贫攻坚战取得了全面胜利，创造了又一个彪炳史册的人间奇迹，导入课堂，引导学生体验认同中国共产党“能”、马克思主义“行”、中国特色社会主义“好”。第二个情境：全国脱贫攻坚总结表彰大会上，习近平总书记提出“中国特色反贫困理论”，揭秘了中国脱贫攻坚战的制胜法宝，引导学生理解与时俱进的理论充满活力，能够永葆党的先进性。第三个情境：观看视频《广州市从化区吕田镇

① 参见李辉云：《构建议题式教学“真”课堂——以“始终走在时代前列”教学为例》，《江苏教育研究》2022 年第 2 期。

莲麻村打赢脱贫攻坚战，逆袭成为网红村》，从本地区最偏远的落后山村脱贫的真实案例，让学生感受家乡的巨变和脱贫成就，理解认同党始终走在时代前列、永葆生机活力的四个法宝。第四个情境：观看视频《张桂梅：献身教育扶贫，点燃大山女孩希望》，了解全国脱贫攻坚楷模张桂梅的先进事迹，尤其是6名中共党员面对画在墙上的“简陋”党旗宣誓，最终带领华坪女子高级中学不断发展壮大的镜头，给学生心理带来很大的冲击和触动。学生自然而然就认同党员的先锋模范作用，增强对党的崇敬之情，积极向党组织靠拢。

活动是议题式教学的亮点。本节课教学重点是“发挥共产党员的先锋模范作用”，有两个活动。活动一：观看张桂梅感人事迹视频后，讨论：“全国优秀共产党员、全国脱贫攻坚楷模张桂梅的先进事迹，给你印象最深的是什么？为什么要发挥共产党员先锋模范作用？假如你是一名共产党员，请结合张桂梅同志的事迹，谈谈新时代应该如何发挥党员先锋模范作用。”学生分组充分讨论，选代表发言。张桂梅的事迹给同学们带来深深的感动和触动，在这种状态下，引导学生去说感动之处，去谈共产党信仰，去思考和分析党员先锋模范作用是什么、为什么，假如我是党员我会如何做，显得亲切又自然，真正触及学生内心。课堂中一度出现了同学们积极讨论、举手抢答、主动表达的教学高潮。活动二：在前一活动有充分情感铺垫基础上，组织学生体验入党宣誓，争做先锋模范，一起宣读入党誓词，提升对党的情感，升华对党的信仰。在活动中体验、思考、探索。

任务是帮助学生掌握主干知识，培育关键能力，培育学科核心素养。本节课任务是结合历史与现实，探究中国共产党始终坚持先进的指导思想，坚持解放思想、实事求是、与时俱进、求真务实，广大党员发挥了先锋模范作用，践行党的初心和使命，用实际行动证明了党的先进性，确保党始终走在时代前列。本课中，学生由于知识积累、生活经验的局限，以及思维片面、主观，往往缺乏对党系统、理性的认识。所以第一个要解决的是“知”的问题，即通过议学活动，引导学生构建对党的全面、理性认识。本节课注意从知识和思维两个体系引导学生构建体系，解决总议题。导入时让学生回答教材是从哪些角度进行阐述的，课中从不同角度进行论证，结尾时投影思维导图，引导学生从整体分析解决总议题，过程中也注意及时点拨知识疑点、思维堵点，让学生学懂、弄通，完成“知”的目标。学懂、弄通是前提，用于实践是根本。现在，多数学生有将来入党的意愿，但不少同学看重的是入党背后的利益，动机不纯。所以本节课的另外一个重要任务是引导学生树立正确的价值观，树立马克思主义信仰，端正入党态度。教学中教师选用脱贫攻坚全面胜利为主线，选取莲麻村脱贫和张桂梅的先进事迹作为案例，力图用身边的事实去感化学生，去引导他们坚定信仰；同时，设置“假如你是一名共产党员，请结合张桂梅同志事迹，谈谈新时代应该如何发挥党员先锋模范作用”“假如你是国家乡村振兴局的一名党员干部，请从党的角度，谈谈如何做好乡村振兴工作”“就青年学生如何助力乡村振兴提两条思路”这三个内容，既是情感延伸，激发学生对国家社会的责任感、政治认同感、爱国之情，又是实践延伸，将教学内容运用到社会生活、实际生活中，引导学生实现知行合一。

四、议题式新授课课堂教学效果反馈

（一）学生反响

从化五中高一（9）班李同学：李老师的课气氛轻松愉快，虽然身后有很多领导和教师在听课，但是我们激烈讨论的热情、大胆讲述的勇气并没有受到任何影响。李老师通过全国脱贫攻坚总结表彰大会这个重要会议，吸引了我们的兴趣。李老师还用了我们身边的例子——吕田镇莲麻村打赢脱贫攻坚战，很有说服力。课后，同学们仍沉浸在课堂中，意犹未尽。

从化五中高一（9）班鲁同学：李老师的课非常生动，案例具体真实，张桂梅老师的感人事迹深深地感动了我，尤其是华坪女子高中党员们在一面画在墙上的“简陋”党旗前宣誓的场景给人深深触动，还有李老师带领同学们一起体验入党宣誓环节也带给我很大触动。我以后也要努力提高自己的觉悟，要加入中国共产党，要成为张桂梅老师那样的党员。

从化五中高一（9）班许同学：通过这次政治公开课，我体验到了不同的上课方式，也感受到了不同教师的授课方式，印象深刻。这堂课让我更加感受到党的伟大。最后老师说，2021 年 2 月，国家乡村振兴局的牌子正式挂出，这是全面实施乡村振兴，奔向新生活、新奋斗的起点。如果老师问我们大学毕业后愿不愿意回农村，我会很坚定地回答：“我愿意，我要建设我的家乡。”

（二）同行声音

从化五中李老师：这堂课由于采用议题式教学，整节课整体结构框架非常严谨，思路非常清晰，整堂课充分发挥了学生的主体作用，课堂气氛活跃，使学生在探究、讨论、提问的过程中提升学习能力和学科核心素养。

从化中学梁老师：什么样的课才是好课？教学设计滴水不漏，教师表现无懈可击，教学过程流畅，师生互动精彩，课堂热闹，这样的课是好课吗？今天听了李老师的一节课，我觉得：真正的好课应该是大道至简，把课堂还给学生，教师引导学生自主生成知识。李老师的这节课着重引导学生自主探究知识，教师是一个好的引导者和衔接者，学生学的过程比教师讲的过程更重要。

（三）专家点评

从化区教师发展中心吴教研员：2019 年 3 月 18 日，习近平总书记主持召开学校思想政治理论课教师座谈会，指出思想政治理论课是落实立德树人根本任务的关键课程，强调要理直气壮开好思想政治课。新课标明确提出议题式教学是落实高中思想政治课“增强社会理解和参与能力的综合性、活动型学科课程”的重要抓手。我认为李辉云老师的这节课较好地做到了通过思想政治课议题式教学方式带领学生“议学”，做到了真学、真懂、真信、真用。

五、议题式新授课教学反思

（一）本课的成功之处

1. 议之有实“真议题”，在释疑解惑中“真学”

议题是议题式教学的总引线和灵魂。真议题能激发学生参与课堂的热情，培育学科核心素养。本节课以脱贫攻坚全面胜利这个主题为主线，设置一个总议题，同时考虑教学目标和教学的重点、难点，以及学生理解的疑惑点、思维的堵点，结合教材，设置三个分议题：第一，真实可议；第二，服务教学，结合学科主干知识，突出重点、难点，契合学生疑惑点、情感升华点，有“学科味”；第三，贴近学生，符合学生“最近发展区”，激发学生挑战欲望，积极参与课堂。

2. 议之有境“真情境”，在亲身体验中“真懂”

情境是议题式教学的载体，真情境往往因生动、有趣成为议题式思想政治课题的一道“风景线”。本节课设置四个情境，做到以下两点：第一，真素材，选用贴近生活、贴近实际、学生知晓率高的社会热点或时政。第二，真体验，为学生参与、体验、对话、互动提供场景和机会，让学生产生真实情感体验，进一步加深对知识的理解，产生深刻的心理认同，促进学科核心素养的真正生成，在亲身体验中“真懂”。

3. 议之有悟“真活动”，在思考探索中“真信”

议题式活动的价值就在于在师生互动、生生互动的过程中，学生有所领悟，将学科理论、情感态度价值观、学科核心素养内化于心，在辨析思索中

“真信”，增进政治认同、思想认同、情感认同，把思想的力量变成内心的强大正能量。在活动中体验、思考、探索，同学们对党从情感上和理论上实现“真信”。

4. 议之有效“真解决”，在实践参与中“真用”

“真解决”就是要“知行合一”，要坚持理论性和实践性相统一，把思政小课堂同社会大课堂结合起来，引导学生脚踏实，立鸿鹄志，做奋斗者。本节课注意从知识和思维引导学生构建体系，解决总议题，更注重引导学生树立正确的价值观，树立马克思主义信仰。教学中教师选用脱贫攻坚全面胜利作为主线，选取莲麻村脱贫和张桂梅的先进事迹作为案例，用身边的事实去感化学生，去引导他们坚定信仰，引导学生实现“知行合一”。

（二）本课的不足之处：课堂活动品质有待提高

1. 搜集的材料开放性不够

虽然课前布置了搜集资料等活动和任务，网上也有大量的材料可供搜集，但是由于学生大多是住宿生，且学校不能使用手机等上网设备，只有个别外宿生能帮忙搜集一小部分资料，致使学生在课堂上无法及时地获取资料。课堂上进行的信息互通，主要依赖于课前的准备和学生自己的生活经验。

2. 互动活动和问题讨论的广度和深度不够

可能是听课的老师比较多的原因，也可能是有录像的原因，还可能是其他如问题设置的开放度不够等原因，学生虽然比较积极，但是讨论比较浅显，讨论的广度和深度不够。

3. 活动时间控制的精准性不够

可能是情境设置比较多，问题设置也偏多，造成学生活动思路变换比较快，也造成讨论的时间不是太充足，学生还没来得及充分交流思想、观点，到最后一个开放性问题时间就已不够，没有充分展开。

第二节　议题式综合探究课教学

综合探究是单元学习中不可缺少的内容和部分，它与单元前后内容是紧密联系的整体，是体现本单元相关知识之间联系的载体，有利于培育学生的综合运用知识能力。从必修教材的整体设置来看，综合探究板块，是高中思想政治课教材中不可或缺的组成部分，理应值得教师和学生关注和探索，既然这个部分是不可分割和不可忽略的，那么就应该积极地利用和设计好与其相关的内容。综合探究属于教材的正文，而不是辅文，纳入考试范围。充分利用统编版高中思想政治课综合探究进行教学，对单元知识的整合、合作探究与思辨能力的提高、发现和解决社会问题能力的培育都有重要意义，有利于将“思政小课堂”与“社会大课堂”相结合，落实思想政治课“立德树人、铸魂育人”的课程目标。

综合探究是高中思想政治课教材中的亮点，在新课标中着重强调，本课程力求构建学科逻辑与实践逻辑、理论知识与生活关切相结合的活动型学科课程。而新教材中的综合探究板块正是落实此课程要求的重要抓手。本次统编版高中思想政治课综合探究，创新了教材的编写方式和教学方式，在 4 册高中必修教材中，设置了 10 个综合探究。

一、综合探究的类型

高中思想政治课综合探究的类型，没有确定的统一分类标准。学者张敏依据“是什么”“为什么”“怎么做”的思维逻辑，将综合探究主题内容分为理论研究类、价值引导类、实践探索类，这也是比较受众人认可的一种分法。以“是什么”为线索是理论研究类，其主要针对学生需掌握的理论知识，注重知识的总结和升华。以“为什么”为线索是价值引导类，侧重引导学生树立正确的三观，体现了“育人为本，德育为先”的思想。以“怎么做”为线索是主题活动体验类，主要是学生通过模拟真实场景或直接实地考察的方式，获得亲身体验和真实感受，活动型、实践性的特征突出。本书参照该分类标准，对统编版4本高中必修教材的综合探究内容进行归类，如表6所示：

表6　统编版新教材综合探究内容

	教材	主题内容	所属类型
中国特色社会主义	综合探究一	回看走过的路　比较别人的路　远眺前行的路	理论研究类
	综合探究二	方向决定道路　道路决定命运	主题活动体验类
经济与社会	综合探究一	构建高水平社会主义市场经济体制	理论研究类
	综合探究二	践行社会责任　促进社会进步	主题活动体验类
政治与法治	综合探究一	始终走在时代前列的中国共产党	理论研究类
	综合探究二	在党的领导下实现人民当家作主	主题活动体验类
	综合探究三	坚持党的领导、人民当家作主、依法治国有机统一	主题活动体验类
哲学与文化	综合探究一	坚持唯物辩证法　反对形而上学	价值引导类
	综合探究二	坚持历史唯物主义　反对历史虚无主义	价值引导类
	综合探究三	坚持以马克思主义为指导　发展中国特色社会主义文化	价值引导类

二、议题式综合探究课教学实施策略

由于综合探究的特点和复杂性，也就对议题式综合探究课教学提出更高的要求，要课前做好充分准备、课中有效开展、课后及时评价。

（一）课前准备策略

1. 选择探究议题

好的探究议题能指引探究的方向，为学生的知识构建“牵线搭桥”，也能够帮助学生把握探究的“落脚点”，触发思维的碰撞，提高探究的热情。

（1）立足教材体系。我们在选择综合探究议题时，要立足教材体系，创造性地用好教材。

（2）融入时代特色。议题式教学倡导用丰富的时政素材使教学内容情境化。同时，高中思想政治课本身肩负着对学生进行时事政策教育的使命，有明显的时代特色。

2. 确定探究形式

高中生思维活跃，创造力强，在实际的教学中，教师应根据综合探究的分类，采取灵活多样的探究形式，具体形式如下。

（1）角色扮演。这是教师根据教学内容，模拟真实的生活情境，由学生分角色饰演，以主人翁的姿态融入现实生活中的问题情境，在不断探究的过程中解决问题的探究形式。

（2）主题演讲。这是教师确定好演讲主题，学生分组搜集资料，撰写演讲稿，在课堂进行演讲的形式。

（3）课堂辩论。这是一种通过设定具有辨析性的探究议题，辩论双方各自为所在方阐述理由，同时揭露对方观点的矛盾和不足以获得对理论知识深入理解的探究形式。

（4）社会实践。这是一种教师指导学生通过调查、采访、参观、访谈等方式，主张学生走出课堂、走向社会，完成探究任务的探究形式。该探究形式旨在培育和锻炼学生参与社会生活、融入社会生活的能力。

3. 做好协助工作

（1）参照课时，选择时间。根据新课标的建议，一个综合探究板块需要2—3个课时，在开展综合探究活动的时间安排上创造了灵活运用的空间。

（2）依据实际，确定场所。我们要综合考虑综合探究板块的类型、适合开展的形式等因素，确定好我们进行探究的场所，是在课堂内还是在课堂外。

（3）结合议题，指导选材。学生借助网络、书籍等方式搜集与议题相关的素材，要有“新度”“厚度”“广度”。

（4）辅助分组，修改计划。教师要结合学生平时各方面的表现，结合学生的所长，力求在分组中达到最优化搭配，最大化地做到各组实力均衡，保证更好地完成探究任务。

（二）课中开展策略

1. 营造良好气氛

（1）鼓励动员，提高期待。课中，教师可以适当扮演“主持人”或“讲解员”角色，对探究的内容进行简单导入或设置一些相应的奖惩措施，激发学生的探究兴趣，提高学生对活动的期待。

（2）张弛有度，调整节奏。要在整个探究过程中吸引学生的注意力，张弛有度，把握好整个探究的节奏很重要。

2. 促进动态生成

（1）抓住机遇，推进有效生成。探究过程是教与学的双边互动，互动中的动态生成是不可预料的。教师要运用教学机制，发现学生生成的问题，挖掘其中蕴含的思维价值，与学生共同探讨解决，生成课程资源。这样，“意外”便可转化成“惊喜”，成为“不可预约的美”。

（2）巧引妙导，促使精彩生成。在综合探究中，学生可搜集的资料往往多种多样。因此，探究过程中出现“不速之客”也是正常现象，正面的要及时肯定，有偏差的要及时纠偏，让思维“归队”。

3. 展示探究成果

探究成果是探究内容展现的关键一环，有必要借助一定的工具和方式方法。

（1）结合电子设备。如录音笔、摄像机等硬件设备，问卷星 App、演示文稿（PPT）等软件。

（2）借助表演。为了更好地展示自己小组的探究过程，小组代表不一定非要“说”出来，也可以“演”出来。

（3）自由发挥。展示探究成果还有很多形式可以用，并不拘泥于一种，学生可以选择自己喜欢的、感兴趣的形式来进行展示，比如采用《吐槽大会》等节目形式。

（三）探究评价策略

由于高中思想政治课内容多、任务紧，期待每一位思想政治课教师都能够真正上好“综合探究”，引导学生体验探究的快乐与幸福。

1. 多元评价

（1）明确发展性的目的。教师要给予不同的学生不同的肯定，指引学生长远、全面地发展。

（2）制定层次化的标准。学生的探究活动绝对不可以像工厂生产的工艺品一样用“统一标准”来评价，评价标准一定要实现“动态”与“静态”相结合。制定层次化的标准，关注每位学生的详细表现，帮助每位学生客观认识自己的优点与不足，了解自己是进步还是退步。

（3）注重灵活化的方式。要将知识评价与价值评价相结合，要注重将量化评价与质性评价相结合。

2. 共享多样探究成果

（1）交流探究的心得。整个探究活动过程都是由学生亲身参与其中的，因此他们的感受是比较深刻的。活动后，师生可以交替上台分享各自探究心得。

（2）制作活动“电子书”。师生可以整理出优秀的案例、素材、影像记录等，利用网络平台，比如借助微信、剪映、抖音等 App，制作自己班级专属的活动“电子书”，能成为师生美好的回忆，化作班级财富。

三、议题式综合探究课教学设计例析

下文以统编版高中必修 1《中国特色社会主义》综合探究二“方向决定道路　道路决定命运”为例。

（一）教材分析

本节课是统编版高中必修 1 最后一个部分，是整本教材的归宿。无论过去、现在还是将来，对马克思主义的信仰，对中国特色社会主义的信念，对实现中华民族伟大复兴中国梦的信心，都是指引和支撑中国人民站起来、富起来、强起来的强大精神力量。通过综合探究二的学习，引导学生深刻理解、认同走中国特色社会主义道路的科学性、真理性，进一步引导学生树立道路、理论、制度和文化四个自信。

（二）探究目的

1. 回顾党带领人民革命、建设和改革的奋斗历程，理解坚持和发展中国特色社会主义，是实现中华民族伟大复兴中国梦的必由之路。

2. 搜集中国成就有关资料，探究背后的成功经验，坚定中国特色社会主义道路、理论、制度和文化四个自信。

3. 展望社会主义现代化强国目标，坚定共同理想，树立远大理想。

（三）教学重难点

新中国能取得成就的原因是什么？为什么要坚持和点赞中国特色社会主义道路？如何坚定四个自信？教师应引导学生坚信我国走中国特色社会主义道路的科学性、真理性，从而树立四个自信。

（四）教学过程

本节课设置一个总议题“中国为什么能？”和四个分议题“聚焦中国成就——从站起来、富起来到强起来”“点赞中国道路——科学社会主义的强大生机活力”“贡献中国智慧、中国方案”“坚定中国信心，实现中国梦”。

［导入新课］看视频《走进新时代》

［讲授新课］

议题一　聚焦中国成就——从站起来、富起来到强起来

［议学情境］观看视频《中国成就》

［议学活动］改革开放以来，祖国取得了怎样的成就？查阅《建国方略》第68页，了解孙中山为振兴中华提出了怎样的建设计划。新中国的铁路事业蓬勃发展，新中国为什么能实现孙中山先生建设计划中的合理部分？

［议学总结］教师分角度总结

1. 学生分组讨论，选代表发言，教师总结。（经济、政治、制度、文化、社会等）

2. 学生分组讨论，选代表发言，教师总结。（新中国国家统一、民族团结、综合国力日益提升、走中国特色社会主义道路等）

议题二　点赞中国道路——科学社会主义的强大生机活力

［议学情境］看视频《中国模式》

［议学活动］中国为什么不会被“唱衰”？为什么要坚持和点赞中国特色社会主义道路？

［议学总结］因为在党的领导下，建立了社会主义制度，发展社会主义民主，我们的制度越来越成熟，道路越走越宽广。

议题三　贡献中国智慧、中国方案

［议学情境］观看“一带一路”国际合作高峰论坛上中国领导人的发言视频。

［议学活动］翻阅课本并回忆：你知道有哪些中国智慧、中国方案和中国力量？

［议学总结］

1. 经济发展：成为全球经济复苏和可持续发展不可或缺的“发动机”和“稳定器”。

2. 绿色生态：中国已是世界最大的绿色能源投资国、生产国、消费国和绿色技术发明国，对世界绿色能源的贡献率超过40%。（世界和平、文化进步、科技创新……）

议题四　坚定中国信心，实现中国梦

［议学情境］1. 观看视频《2035》。2. 材料：《少年中国说》片段。

［议学活动］1. 2035年，中国会是什么样？你会是什么样？2. 分析上述材料，我们青年学生在实现中华民族伟大复兴历史征程中应当承担什么责任？3. 为什么要有自信？为什么能有自信？如何坚定自信？

［议学总结］

为什么要有自信：四个自信是实现中国梦的迫切需要，是实现“两个一百年”奋斗目标的迫切需要，可以回应国外敌对势力对中国道路的质疑和否定。

为什么能有自信：国家制度和国家治理体系优势显著，有优秀传统文化、革命文化和社会主义先进文化。

如何坚定自信：要内化于精神，外化于行动；要落实到实干上，实干兴邦，空谈误国；要落实到创新上。

情感升华：现在，中国人民和中华民族在历史进程中积累的强大能量已经充分爆发出来了，为实现中华民族伟大复兴提供了势不可挡的磅礴力量。建成社会主义现代化强国和实现中华民族伟大复兴是一场接力跑，我们要一棒接着一棒跑下去，每一代人都要为下一代人跑出一个好成绩。

四、议题式综合探究课教学实录与反思

（一）本节课的成功之处

本节课采用议题式教学，通过一个总议题以及四个分议题，巧妙地从“中国成就”“中国道路”“中国智慧”“中国信心”四个角度把整节课的逻辑思路理清楚，实现理论逻辑与生活逻辑的有机结合。本节课提供了丰富的议学素材情境，给学生带来丰富的体验，同时又设置合理的议学问题，组织学生开展议学活动，调动学生讨论、互动、发言的积极性，引导学生明白“为什么要有自信？为什么能有自信？如何坚定自信”。本节课作为《中国特色社会主义》的最后一节课，非常重视引导学生“出境”，让学生思考“2035 年的中国和你是怎么样的？新的时代背景下，青年有什么样的责任”。教师通过与学生一起朗读《少年中国说》，鼓励学生要自信，做新时代的奋斗者。

（二）本节课的不足之处

本节课尽管课前准备比较充分，但是作为综合探究课，综合性、开放性、思辨性方面的要求都比较高，课堂上有些学生思维还是不够开阔，未能结合之前所学知识进行分析和回答，同时又有部分学生的思维过于活跃，表达的观点

没有聚焦到问题上来，造成这节课时间安排上“前紧后松”。这也体现出教师的课堂驾驭能力需要进一步提高。

第三节　议题式复习课教学

复习课是对学科内容的再学习过程，主要包括对基础知识的归纳总结、对主干知识的应用训练，对关键能力的培育，同时培育学生学科核心素养，落实立德树人根本任务。古人云：温故而知新。复习课对于学生更系统地掌握学科主干知识、弥补新课遗漏、培育综合性学科思维能力和创新性迁移能力都有重要的意义。

议题式复习课是议题式和复习课的有机结合，显著特征是在有一定学科理论知识基础上的“议中再学”，强调温故知新，再进一步。议题式复习课教学遵循议题式教学的基本要素和基本原则。议题式复习课教学采用议的方式引导学生进行知识、理论的重新建构，以讨论、展示、教授他人等为主要复习教学手段，有利于提高复习效率。本节以统编版高中必修 4《哲学与文化》第六课“实现人生价值”高三一轮复习为例，阐述议题式复习课教学的特征、设计方法。

一、议题式复习课教学特征

新课标指出：“思想政治学业水平考试命题框架，以学科任务导向为标志，由关键行为表现、学科任务、评价情境和学科内容等四个基本维度构成，目的在于有效测试思想政治学科核心素养的真实发展水平。”① 结果性评价的维度制约着议题式复习课的教学维度和指标，与议题式新授课相比，议题式复

---

① 中华人民共和国教育部：《普通高中思想政治课程标准（2017 年版 2020 年修订）》，人民教育出版社，2020，第 50 页。

习课更直接地指向结果性评价。与常规型复习课相比，议题式复习课更加注重学科的价值引领作用、学生的自主学习过程和实践活动探究环节。再将议题式复习课与课型下的议题式教学相比，虽然在形式上都主要运用议题、情境和活动来构建课堂，但是议题式复习课更加指向高考的结果性评价，因此二者在教学的各个环节侧重点不尽相同。通过文献研究并结合自身的教学实践，总结出议题式教学在思想政治复习课的应用中应该呈现出以下几方面的基本特征。

（一）议题选择角度

1. 引领性

复习课的议题选择更应有引领性。思想政治课旨在帮助学生明确政治方向，形成正确的世界观、人生观和价值观，具有鲜明的德育价值。同时，高考评价体系中，核心价值是高考的首要考查内容，高考极为重视对学生价值观念的考查。思想政治课程性质以及高考评价体系为议题式复习课教学指明了方向，教师在采用议题式教学时选取的议题应该具有高度的价值引领作用。比如复习“实现人生价值”时，设计议题为“向获授‘七一勋章’的29名功勋党员致敬”。通过展示、学习和探究29名功勋党员的事迹，以及实现人生价值的途径，引导学生向先进榜样学习，树立正确的三观和理想目标，努力循着榜样的“足迹”超越自我、追求自我人生价值的实现。

2. 综合性

复习课的议题选择更应体现综合性。复习课选择议题综合性，体现在学科知识和学科能力的综合性。从学科知识角度说，高中思想政治课统编版教材分为必修四个模块和选择性必修三个模块，总共有七个模块。进入复习阶段，尤其是高三复习阶段，复习内容不应该仅局限于一个框题或者一个章节，选择议题完全可以打破模块边界，综合调动学生已有知识。比如复习“实现人生价值”时，由于是高三一轮复习课，所以教学设计还是以模块内综合为主，适当跨模块以引导学生进行议学探究。

（二）设置情境角度

1. 时代性

复习课议学情境设置应突出时代性。情境是高考的考查载体，历年高考试题都是选取适宜素材，传达核心价值，引领学生思想。高考选取试题情境一般涉及当前社会热点关注问题、党和国家重大政策等方面，所以教师需要精心选取当年的时政热点设置课堂情境，敏锐地把握时政最新动态，凸显复习课情境设置的时代性。比如复习“实现人生价值”时，选用的是当时全社会颇为关注的、媒体大力宣传的、国家大力弘扬的 29 名获授“七一勋章”的功勋党员事迹作为议学情境，观看 2021 年 6 月 29 日人民大会堂颁奖典礼剪影《致敬最闪亮的星》视频，以及 6 月 29 日上午 8 时许，由 21 辆摩托车组成的国宾护卫队以国家最高礼遇护送“七一勋章”获得者前往人民大会堂的相关视频，既有鲜明的时政性，同时又给同学们带来极大的震撼。

2. 复杂性

复习课议学情境设置应具有一定的复杂性，甚至是劣构性。本质上，复杂的情境活动推动的是复杂的认知活动，主要考查学生综合运用知识和能力应对复杂情境问题的水平。在进行复习课议题式教学设计时，应倾向选择有一定复杂性的情境活动。设置复杂情境并非刻意增大学生的学习理解难度，而是因为通过之前的新课学习，学生已经具备一定的知识基础，在复习阶段，教师创设复杂情境更加有利于训练和培育学生综合运用知识的能力和水平。如果在复习阶段还是设置简单的议学情境，课堂教学实效性将大打折扣。比如复习“实现人生价值”时，设置议学情境“人民大会堂颁奖典礼剪影《致敬最闪亮的星》”“29 名功勋党员简介”“国宾护卫队”“习近平总书记在‘七一勋章’颁授仪式上的讲话（节选）”，情境内容丰富，相对比较复杂。复习课上对于这些复杂社会问题的探究，有利于培育学生的高阶思维，提升学生的认知能力水平，引导深度学习真实发生。

（三）议学活动角度

1. 自主性

复习课议学活动要坚持自主性。相比于新授课教学，复习阶段学生的综合能力有显著提高，复习课更应该体现学生的主体性，充分发挥学生的自主性。教师让学生自行设计解决方案，选择合作或者自己独立完成探究，探究途径也应该多种多样，比如借助书籍、搜索网络或者实地考察等。在鼓励学生自主探究的同时，教师要发挥课堂教学主导作用，要密切关注学生的探究进展情况，发挥指导监督作用，确保活动有效开展。比如复习“实现人生价值”时，课前的前置性作业就有要求学生自主查阅相关资料，在 29 名功勋党员中选择最敬佩的一位，详细了解其先进事迹，在课堂上分享，并交流心得体会，通过一系列真实的事例引导同学们树立正确理想信念，追求美丽人生。

2. 社会性

议学活动应聚焦社会性。思想政治课的一项重要任务是培育学生勇于承担社会责任的态度，以及解决社会现实问题的能力。通过前期的学习，学生在复习阶段已经具备基础知识储备，不应该把所学知识仅用来“纸上谈兵”。议题式教学应该广泛关注社会真实热点问题，或者开展社会实践活动。关注社会真实热点问题，可以是就社会真实问题发表自己的观点，也可以向有关部门反映意见建议，等等。开展社会实践活动时，学生可以通过访谈、调查、咨询等方式获取材料，或把所学知识通过课外活动用于解决社会现实问题。比如复习“实现人生价值”时，设置的几个议学活动就是要求学生回应社会热点问题“为什么要向这些功勋党员颁发‘七一勋章’？”“哪一位功勋党员的事迹最让你感动？为什么？”“为什么要举行隆重的‘七一勋章’颁奖仪式？”通过开展

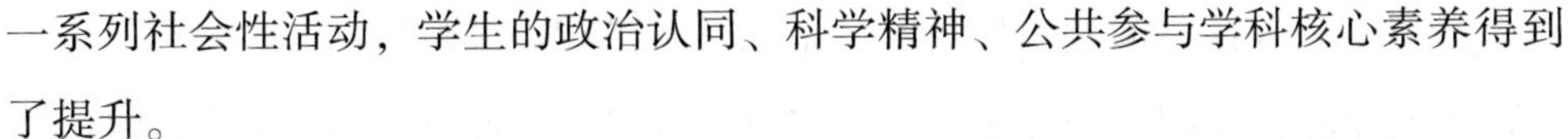

一系列社会性活动，学生的政治认同、科学精神、公共参与学科核心素养得到了提升。

3. 探究性

议题式复习课教学“议”的过程是学生自主建构和探究的过程，分为接受式、建构式、发现式三个探究层次。接受式探究提倡主动地接受学习，摒弃机械被动地接受学习，适合我国当前课堂转型教学改革现状和趋势，有利于培育学生主动学习的意识以及探究能力。建构式探究是学生在真实情境中发现问题、形成解释、形成答案、交流分享的探究学习方式。建构式探究的情境一般是非良构的，内容一般具有复杂性，过程一般具有不确定性。在建构式探究中，教师教学的重点不是传递知识而是搭建支架，强调在学生“前概念”基础上进行“支架式”教学。发现式探究更注重发挥学生的主体地位，教师的作用主要是为学生提供学习环境和条件，而不是干预。这种探究中，学生很少依赖教师，而是通过自己的探索，发现事物的本质联系，形成概念。发现式探究有利于培育学生科学精神。“实现人生价值”复习课中，三种探究方式都有体现，由于是高三一轮复习，所以对接受式和建构式两种探究方式有所侧重。

（四）议学任务角度

1. 多样性

新课标指出：展现核心素养及其发展水平的行为表现是丰富多样的。这就要求议题式复习课学科任务的设置需要考虑多样性。新课标将思想政治学科任务的主要类别划分为描述与分类、解释与论证、预测与选择、辨析与评价等，这些学科任务不同程度地成为高考的命题要素。因而，在议题式复习课教学中，教师要善于从描述、论证、决策、辨析与评价等多个维度、多个层次设置教学任务。描述性任务主要用于描述议题或子议题的性质、特征、表现及其关系，主要回答“是什么”的问题。论证性任务主要用于解释和论证真实社会生活情境中的事物或问题，回答“为什么”的问题。决策性任务主要用于提出再构或预测性的假设或方案，回答“怎么做”的问题。辨析与评价性任务主要用于分析和评价事物的功能、事物间的关系等，回答“应该怎么做”的问题。“实现人生价值”复习课中侧重“为什么”，也有“应该怎么做”，比如“当代青年该如何传承‘勋章’背后的精神？”

2. 开放性

新课标指出：“学业水平考试既要有答案唯一的试题，又要有答案开放的试题”“学业水平考试应该有相当数量的开放性试题”①。这就要求议题式复习课议学任务的设置需要考虑开放性。开放性是相对于封闭性而言的，是对新课标要求的应答。议学任务的开放性要求注重活动的学科延伸与生成，从学生的疑惑中拓展“议”的视域，创新“议”的视角，弥补预设的不足，提升学生理解、应用、表达等能力。在开放性操作中，教师需要关注学科内容的开放性，实现“议中再学”的内涵发展和持续发展。比如复习“实现人生价值”时，“两人一组，分析价值的含义，归纳功勋党员的共同点，运用人生观的相关知识举例说明为什么要向这些功勋党员颁发‘七一勋章’。”“当代青年该如何传承‘勋章’背后的精神？”“哪一位功勋党员的事迹最让你感动？为什么？”“为什么要举行隆重的‘七一勋章’颁奖仪式？”等议论活动的设置都充分考虑了开放性。议学活动的开放性要求教师善于设置问题，根据课堂教学的目标和内容，根据情景材料，有针对性地设置问题，设置的问题能使人产生一种怀疑、困惑、探索的心理，这种心理又驱使个体积极思考，不断提出问题和解决问题。既要避免出现学生没有思维空间的全班齐答的“对不对，好不好”式的设问，也要避免让学生无从回答、无法回答的高难度设问，这些都是无效

---

① 中华人民共和国教育部：《普通高中思想政治课程标准（2017 年版 2020 年修订）》，人民教育出版社，2020，第 52 页。

设问。有效设问应尽量做到：第一，善于制造“悬念”，激发学生的思考欲望，让学生“有话想说”；第二，符合学生思维习惯：从具体到抽象，从感性到理性，让学生“有话能说”；第三，符合学生思考取向：问题要生活化，引起学生共鸣，让学生“有话能好好说”；第四，符合学生思维习惯：从简单到复杂，层层深入，由表及里，让学生“有话能说到点子上”。①

（五）学科知识角度

1. 侧重性

复习阶段认真梳理高考考点，不留盲区。但这并不意味着每个知识点都要面面俱到，否则只会增加学生的负担，尤其是高三第二、三轮复习时，这是大忌。议题式复习课教学打破传统罗列知识的困境，有侧重地对教学内容进行重构，抓住核心，设计议题，引领全局，以点带面。比如“实现人生价值”复习课涉及三个框节，内容非常多，议题式复习课就有意识地针对其中重点知识，设置议题，提出问题，引导学生思考和探求，以求突破。

2. 系统性

新授课一般一框题是一节课，复习课一般一整课甚至一个单元内容为一节课，内容涵盖量大是复习课的显著特征。传统的复习课注重孤立的知识点讲解，难以关注知识内在关联，导致学生难以自主建构知识体系。议题式复习课以“议”为切入口，通过“有血有肉”的丰富情境和多样多彩的活动将学科知识有机串联，引导学生参与课堂，调动所学的“前概念”知识，在合作、探究、分享过程中解决真实议题，从而构建自己的知识理论体系，避免出现传统复习课重视机械背诵而造成知识碎片化记忆的现象。在议题式复习课教学

① 参见李辉云、邓燕燕：《精彩课堂“四部曲”——以〈生活与哲学〉第十课第一框为例》，《中学政治教学参考》2016 年第 16 期。

中，教师要关注学科知识的系统化、结构化问题，也要关注学科知识和议题情境间的系统优化问题，还要优化课堂教学要素和环节的排列组合。一方面，要基于学生思维设计学科活动，使学生在搭建的“支架”中达成“理解—应用—迁移”素养提升；另一方面，教师要根据学生实践能力设计教学环节，引导学生迁移应用到现实中去解决问题。比如在“实现人生价值”复习课中，教师有意识地设置议题和情境，引导学生系统地调用本课的主干核心“价值观导向作用”“价值判断与价值选择”“实现人生价值的路径”等知识去系统地解决问题，从而系统地掌握知识、培育能力和培育素养。

二、议题式复习课教学例析

议题式复习课教学基本遵循议题式教学的四个要素和三条主线，在情境线希望能够形成“柔化情境—活化情境—羽化情境”系列情境；活动线复习课教学期待能够形成“接受式探究—建构式探究—发现式探究”理想模式；任务线议题式复习课教学要求能够形成“知识理解—知识应用—知识迁移”目标架构。本节以“实现人生价值”高三一轮复习为例，对议题式复习课教学进行分析。

（一）议题式复习课教学思路例析

1.“向获授‘七一勋章’的29名功勋党员致敬!”议题式复习课教学设计例析

【学情分析】

该复习课的教学对象是高三年级学生，是高三一轮复习，学习主体具有一定知识基础，而且是思想政治学科选读班。从认知结构看，学生已不同程度地对“实现认识价值”的基本知识形成一定的体系和框架。从能力上看，高三选读班学生的学习和思维能力、综合探究分享能力、分析和解决问题能力都有

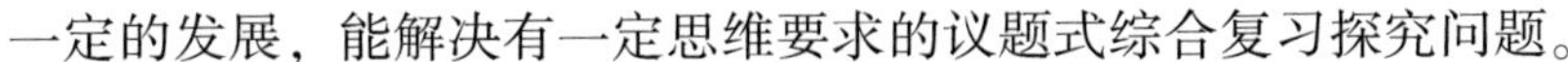
一定的发展，能解决有一定思维要求的议题式综合复习探究问题。

【教材分析】

本复习课主要由三框内容构成，涉及人生价值观的主要内容“价值观导向作用”“价值判断与价值选择”“实现人生价值的途径”，同时本课是《哲学与文化》中哲学的最后一课，也是哲学的落点和归宿，是最重要的内容，也是高考的高频考点。在历年高考题中，对本课的考查都突出了价值引领，一般选用当年的时政热点和社会高度关注的正面人物或学习楷模等，比如屠呦呦。而且历年高考题对本课的考查都比较综合，一般是从人生价值观的角度综合运用相关知识，分析具体的社会热点和先进人物等。因此，本节复习课应该选用社会热点先进人物，让学生运用所学知识进行综合分析和探究，引导学生树立正确的三观，培育政治认同等学科核心素养，引导学生做新时代的建设者和社会主义接班人。

2. 教学思路简析

本节复习课以全社会高度关注的时政热点“为 29 名功勋党员颁授‘七一勋章’”为情境，设置一个总议题“向获授‘七一勋章’的 29 名功勋党员致敬!”四个子议题“为什么要向这些功勋党员颁发‘七一勋章’?”“当代青年该如何传承‘勋章’背后的精神?”“哪一位功勋党员的事迹最让你感动?为什么?”“国家为什么要举行如此隆重的颁奖仪式?”要求学生综合运用所学知识，在自主合作“议学”活动中，去探究这些议题的回答角度。总体上，教学过程中遵循“是什么”的议题描述环节，“为什么”的议题论证环节，“怎么做”的议题决策环节展开思路，形成情境线、活动线和任务线三线贯穿，并逐层递进的教学结构。教学目标上，形成主干知识、关键能力、必备品格和政治认同、科学精神、公共参与等学科核心素养的有机融合。

（二）议题式复习课教学实录及反思

1. 教学实录

高三一轮复习“实现人生价值”议题式复习课教学课堂实录。

授课过程：

总议题　向获授“七一勋章”的29名功勋党员致敬!

导入：2021年2月，中共中央办公厅印发《关于做好“七一勋章”提名和全国“两优一先”推荐工作的通知》，以中共中央名义首次颁授“七一勋章”，视频展示2021年6月，人民大会堂颁奖典礼剪影《致敬最闪亮的星》。

子议题1　为什么要向这些功勋党员颁发“七一勋章”?

议学情境：“七一勋章”功勋党员简介——农家女孩马毛姐，闻名全国的“渡江英雄”；柴云振被称为“活着的烈士”，他是《谁是最可爱的人》的一个原版模型；张桂梅，点亮贫困山区女孩梦想的“校长妈妈”；“时代楷模”黄文秀；等等。

议学活动：两人一组，分析价值的含义，归纳功勋党员的共同点，运用人生观的相关知识举例说明为什么要向这些功勋党员颁发“七一勋章”。(3分钟)

议学总结：(1) 价值的含义。(2) 人的价值含义。(3) 对人的价值的评价。

子议题2　当代青年该如何传承“勋章”背后的精神?

议学活动：两人一组，举例说明实现人生价值的主、客观条件，运用人生观的知识分析我们该如何传承“勋章”背后的精神。(3分钟)

议学总结：价值的创造与实现：(1) 根本途径。(2) 客观条件。(3) 主观条件。

归纳总结：从“是什么”“如何评价”“如何实现”三个角度构建人生价

值知识体系。

子议题3　哪一位功勋党员的事迹最让你感动？为什么？

教师提问，学生回答。

师生共同总结：价值判断与价值选择的含义、特点。

子议题4　国家为什么要举行如此隆重的颁奖仪式？

议学情境：6月29日上午8时许，21辆摩托车组成的国宾护卫队以国家最高礼遇一路护送“七一勋章”获得者、功勋党员前往人民大会堂。观看相关视频。

教师通过PPT展示《习近平总书记在“七一勋章”颁授仪式上的讲话（节选）》

议学活动：两人一组，分析价值判断和选择的正确标准，运用价值观的相关知识分析为什么要举行隆重的“七一勋章”颁奖仪式。(3分钟)

议学总结：价值观的导向作用，要求我们树立正确的价值观。

价值引领情感深化：

运用认识社会与价值选择的知识，分析说明我国广大青少年应如何做好新时代的奋斗者。

提示：略。

练习巩固：主观题“右玉精神生动诠释了‘功成不必在我’的精神境界和‘功成必定有我’的历史担当。结合材料并运用人生价值及其实现的知识对此加以说明”。学生分析，教师讲解解题思路。

2. 教学反思

(1) 本节课的成功之处。第一，议题选择有引领性。本节课以获授“七一勋章”的29名功勋党员作为议题切入，引导学生明确政治方向，形成正确的三观，德育价值鲜明，体现核心价值引领，落实立德树人根本任务。第二，情境设置有时代性和复杂性。本节课情境设置时政性、时代性强，且从复习课角度，有意将多个相关的情境进行相对劣构处理，引导学生提高在非良构真实情境中分析、解决问题的综合能力。第三，议学活动有自主性和探究性。本节课给了充足的时间给学生自主、合作、探究，体现自主性；同时，有意识地把教学“议”的过程导向学生的学科知识自主建构过程和议题解决的探究过程。第四，议学任务有多样性。本节课设置了丰富的“议学”任务，充分调动了学生的积极主动性，参与课堂，探究议题，完成任务。问题设计开放性和封闭性合理，学生有话想说、有话能说、有话能说到点子上，因而课堂气氛比较热烈。第五，突出学科主干知识。本节课议题、情境、任务的选择和设置都是从突出学科主干知识的角度进行，同时总体设计有利于学生构建主干知识体系，有利于培育学科关键能力和学科核心素养。

（2）本节课的不足之处。第一，从议题式复习课设计角度，议学活动可以有更多的开放性，以适应当前高考试题越来越走向开放，答案越来越综合、多角度的趋势。第二，从议题式课堂教学的角度，教师在课堂上还要更进一步地引导学生以更开阔的思路和思维去分析和解决有真实性的社会问题，培育学生的发散性思维和创造性思维。

第四节　议题式主题班会课教学[①]

2019 年 6 月，《关于深化教育教学改革全面提高义务教育质量的意见》提出“坚持德育为先，教育引导学生爱党爱国爱人民爱社会主义”。学校要高度重视德育，将德育放在首要地位，加强对学生的思想政治和道德品质的教育。2019 年 10 月，《新时代公民道德建设实施纲要》提出：把立德树人贯穿学校

① 李辉云、邓燕燕：《议题式主题班会设计与实施例析》，《江苏教育》2022 年第 15 期，略有调整。

教育全过程，发挥各类阵地道德教育作用。学校的道德教育要以人为本，立德树人。

在中国，几乎所有学校每周都有一节主题班会课，然而，许多主题班会课要么是班主任完全控制，学生被动接受，要么就是学生“自由放任”；更容易出现的是主题班会课没有主题，或是设置的主题不是以学生存在的问题为出发点，流于形式。这样的主题班会课脱离实际，学生不愿意主动参与，没有实效性，状况令人担忧！

主题班会课究竟应该如何设计？如何实施？怎样做才行之有效呢？我认为可以借鉴高中思想政治课议题式教学的有益成果，来提高主题班会课的德育实效。作为一名高中思政课教师和一名班主任，我根据长期参与德育工作的实践经验，通过分析现象，深入思考，对议题式主题班会课的设计及实施进行了有效性研究。我认为有效开展议题式主题班会课，能促进学校德育的有效开展，能更好地促进学生的发展。

一、议题式主题班会课基本内涵

主题班会课是班主任对学生进行有效品德素养教育的重要形式和阵地。主题班会课既然是“课”，自然符合“课”的属性和规律，也会与课堂教学创新同步发展。议题式教学是当前高中思想政治课教学中备受推崇的新教学方式，是培育学生学科核心素养的重要抓手。议题式主题班会课是将议题式教学模式引入班会课教学的有益实践探索，有利于提高主题班会课的实效性，有利于培育学生品德素养，落实立德树人根本任务。

议题式主题班会课，是指依据中小学立德树人根本任务和学生品德培育发展目标要求，班主任根据本班学生品德素养教育需要，创设真实情境，设置有开放性、思辨性、指向性的序列化、结构化议题，引导学生在开放、民主的氛围中进行合作互动、讨论探究、观点碰撞、思想升华，从而提升学生的品德素养的课程。因此，议题式主题班会课应凸显以生为本，尊重学生主体地位和学生个性，指向培育学生品德素养。

议题式主题班会课是将议题式教学模式引入班会课教学的有益实践。议题式主题班会课基于实际，定出恰当议题，引导入境真学；选好素材，创设真实情境，融境真懂；合作互动，组织议学活动，悟境真信；升华思想，引导知行合一，出境真用，实现立德树人育人目标；等等。

二、基本原则

议题式主题班会课是生本教育理念的体现，是一种符合中小学德育规律的对班会课教学实践有指导意义的有效教学方式。为使议题式主题班会课科学、生动、高效，其教学设计和实施应遵循一定的基本原则。

（一）议题驱动原则

议题式主题班会课强调基于真实情境设置一个总议题，为了更好地理解、论证和解决总议题，又设置若干个分议题，并对分议题进行序列化、结构化设计处理，有明确的目标和清晰的线索。通过议题链循序渐进地引导学生发现、分析和解决问题，从而实现深度学习。要重视对议题的评估，设置的议题要真实、可信，要坚持正确的价值导向和体现社会主义核心价值观；同时，议题力求新颖性、思辨性，这更能激发学生参与热情，使其迸发出思维的火花，开启高阶思维，让教学活动达到一个新高度。

（二）合作学习原则

议题式主题班会课天然的具有合作属性，其强调引导学生在真实情境中，师生、生生以平等身份参与讨论、合作、探究，在相互合作中发表观点、进行智慧碰撞，并最终共同解决问题。因此，议题式主题班会课也自带德育属性。

议题式主题班会课意图构建一个“参与圈”，人人在场，教师、学生或家长都积极参与，以知识创造者的身份在课堂中合作、探究，以参与者的思想和观点为基础，达成本班级的集体理解，既达成学生的自我建构，又推动班级的良性建构。

（三）知行合一原则

“知是行之始，行是知之成。”议题式主题班会课在引导学生完成自我意义构建后，更要求学生把所学所悟运用到现实复杂的社会真实情境和生活实践中，进行正确的价值判断和选择，走好人生路。简而言之，既要内化于心，更要外化于行。这要求班主任要有意识地把学生思维拓展到课外，关联学生的真实生活实践，把班会课、小课堂和社会大课堂统一起来，引导学生既有远大抱负，又能脚踏实地做新时代奋斗者。

三、议题式主题班会课实施

议题式教学是当前高中思想政治课教学中备受推崇的教学方式，是培育学生学科素养的重要抓手。议题式主题班会课是将议题式教学模式引入班会课教学的有益探索。为追求议题式主题班会课的科学、生动、高效，班会的设计和实施应遵循议题驱动、合作学习、知行合一等基本原则。基于对议题式教学理念和班会的研究实践，议题式主题班会课应遵循“入”与“出”的逻辑，在入境、融境、悟境、出境中实现真学、真懂、真信、真用。本节以“信仰中国红”主题班会课为例，具体谈谈议题式主题班会课的设计与实施。

（一）基于实际，确定恰当议题，入境真学

议题式主题班会课是有针对性、有目的性的德育活动，是有“议题”的真学。这个“议题”是主流价值的体现，议题式主题班会课的活动设计、实

施环节都必须围绕这个主流价值展开。是否有“议题”、“议题”设置是否合理是判断一节议题式主题班会课好坏的基本标准。议题是议题式主题班会课的根基，因此班主任必须有意识地去选择，只有符合班级发展实际的议题才是有价值的。前视域理论指出，学生是具备一定心理价值结构、生活经验的综合体，班会议题要贴近和嵌入学生前视域，才更容易取得育人效果。班主任要结合社会热点，选择学生关注度、知晓率高的热点事件作为切入点，这样的议题才能够引导学生迅速进入状态，入境真学。

孟晚舟女士的回国感言中提到：如果信念有颜色，那一定是中国红。这正是一个很好的爱国主义教育素材。因此，本次主题班会课在“信仰中国红”之下设置了三个子议题“灯塔在守候，晚舟早归航”“没有国崛起，何来民尊严”“信念有颜色，定是中国红”。

（二）选好素材，创设真实情境，融境真懂

班主任在确定班会议题后，接着要做的就是提供真情境，搭建“脚手架”。真情境往往有趣、生动、说服力强，能推动议题活动有序、有效开展，引导学生置身真实事件中，产生真实、深刻的情感体验，从而知晓道理。创设真情境应符合两方面要求：一是选择真实素材。真实素材是指正在发生或真实发生过的社会普遍关注的热点事件，班主任要对素材进行适当加工和良性构建，为学生提供丰富的学习场景。这样的“脚手架”有利于学生的信息加工理解，推动学生主动自我构建，促进思维发展、认识提升。二是贴近“最近发展区”。素材选择要充分考虑学生的学情、学力，要符合“三贴近”原则，这个“脚手架”只有搭在学生的最底层发展水平与主题班会课的最高层价值目标之间，才能真正帮助学生循阶而上，弄懂想通，融境真懂。

（三）合作互动，组织议学活动，悟境真信

活动是议题式主题班会课的亮点，其中包括合作讨论、探究展示等体验活

动，分析归纳、辩论推理等思维活动，也包括友爱团结、尊重互助等心理活动。议题式主题班会课最重要的价值之一就是在合作互动过程中学生有所触动、有所领悟，能将知识理论、品德素养、情感价值内化于心，悟境真信，实现认同。

议题式主题班会课是以议学活动为纽带，让个人的道德经验与他人的道德经验双向碰撞，从而改造、充实自己的道德经验，提升自身思想道德水平。教师要引领学生在真情境中进行真对话、产生真体验、激发真感悟。第一，真问题、真讨论。首先，问题一定要从真实情境中自然产生，是值得我们思考和研究的有价值的问题，而不是凭空产生或想象出来的虚假问题。其次，设问方法和角度一定要考虑学生的学情、学力，引导学生有话要说、有话想说。最后，在激发学生讨论兴趣与热情后，要给予充足的讨论时间，让有效讨论与思想碰撞真实发生。第二，真体验、真感悟。议题式主题班会课的精髓在于创设真情境，提出真问题，引导学生在互动合作中解决问题，产生真感受，形成真体验，唤醒学生主体意识，激发学生自我追求，从而产生真感悟。

（四）升华思想，引导知行合一，出境真用

议题式主题班会课引导学生将素养内化于心，同时更强调外化于行，不但要悟境真信，更要出境真用，实现知行合一。“信仰中国红”主题班会课的目的是引导学生在实际行动中做出正确的价值判断和选择。议题式主题班会课要有意识地把学生的思维拓展到课堂以外，关联学生的生活实践，把班会小课堂同社会大课堂结合起来，既要引导学生立鸿鹄之志，又要指导学生脚踏实地。

本次主题班会课的教育目标是“引导学生爱党、爱国、爱人民，增强民族自尊心、自信心，提升社会责任感”。班会课开展过程中，班主任除了要引导学生真正去“爱”，还要告诉学生作为一个中国公民该如何去“爱”。班会上，班主任还可以播放视频《强国有我，请党放心》，组织学生讨论“今日之

感受，如何化作自己的行动？请你展望2035年的自己会在什么工作岗位上为国家作什么贡献”。

“信仰中国红”主题班会课的目的是培育学生品德素养，把所学理论思想运用到实际生活实践中，指导自己的前进方向，外化于行，做出正确的价值判断和选择。议题式主题班会课要有意识地把学生思维拓展到课堂以外，关联学生的生活实践，把班会小课堂同社会大课堂结合起来，既要引导学生立鸿鹄之志，又要指导学生脚踏实地，努力做我国“第二个百年奋斗目标”的最美奋斗者。

综上所述，议题式主题班会课根据班级德育实际，设置恰当议题，创设真实情境，引导学生在真情境中进行议学活动，深入分析探究、互动合作、思想碰撞，达成情感和思想升华。同时，引导学生在真实环境中做出正确价值判断与选择，做知行合一、表里如一的人，打造“知—信—行”闭环，达到“真学、真懂、真信、真用”的有机统一。

第五节　议题式教学常态课架构

议题式教学是新课标提倡高中思想政治课使用的新的教学方式，新课标指出：“要通过议题的引入、引导和讨论，推动教师转变教学方式，使教学在师生互动、开放民主的氛围中进行；要通过问题情境的创设和社会实践活动的参与，促进学生转变学习方式，在合作学习和探究学习的过程中，培育创新精神，提高实践能力。”① 议题式教学不是偶尔使用的“高端产品”，而应该成为“百姓品牌”，唯有议题式教学成为高中思想政治课堂的常用、常态教学方式，

① 中华人民共和国教育部：《普通高中思想政治课程标准（2017年版2020年修订）》，人民教育出版社，2020，第2—3页。

方能发挥它的最大价值。议题式教学要想成为一线课堂的常态化教学方式，就需要在研究学习规律的基础上，遵循常态课的认知、学科和生活三个逻辑，开发和形成价值性和知识性相统一的议题式常态课运行架构。

议题式教学的目标和任务是培育学生学科核心素养，根据议题式教学素养化“金字塔”架构，遵循“循序渐进”和“知行统一”学习规律，按照“衔接—理解—应用—迁移”的议题式教学任务线，融合“知识线”“问题（议题）线”“情境线”“活动线”四大路线（其中任务线是主线，其他四条线都是围绕任务线，为了更好地完成任务而展开的），统筹考虑认知、学科和生活三个逻辑及其相互关系，形成和开发出议题式教学常态课架构图，如图 4 所示：

任务线 →	衔接	理解	应用	迁移
知识线 →	已知知识	必备知识	重点知识	创生知识
问题线 →	衔接性问题	理解性问题	应用性问题	开放性问题
情境线 →	调查资料 已有经验 已学知识	情境　要点 结构	重点　知识 情境	知识　课堂拓展情境 知识　角色模拟情境 知识　真实参与情境
活动线 →	调查汇报 师生对话	师生对话 课堂商讨	商讨　评析 辩论	课堂拓展活动 角色模拟活动 真实参与活动

图 4　议题式教学常态课架构图

本书以统编版高中必修 4《哲学与文化》第八课第二框“文化交流与文化交融”为例进行分析。

一、衔接环节：从已有知识导入新课，激发兴趣

学生的学习从来都不是“另起炉灶”，教师要引导学生从原有经验出发，生长出新的经验。学生已有知识和经验是教师教学起点，议题式教学也是从这个起点导入，通过设置经验化问题、情境，通过对话式活动进行经验化的导入。导入环节的问题一般是浅层和辅助性的，目的是把已知和未知两者对接起来。简单地讲，认知衔接环节就是导入环节。

衔接环节的情境主要有三类：通过调查获得的调查资料、自己已有经验和之前已学知识。调查资料是学生为解决议题进行调查而获得的资料，可以是个体或群体，可以是实地调查，也可以是从网络或图书馆搜集资料，其有针对性、时代性强的特点，因而说服力也较强。已有的经验是学生生活经历中累积的经验，已学知识是前期学习过程中所积累的知识，特别是本学科的书本知识。本节课的总的情境背景是中医和西医的发展，有关这个内容学生在日常生活中都是接触过的，在生物、化学等其他学科也有所接触，因此学生不会太陌生。但是本节课的主要背景情境都是从中西医交流和发展角度去进行研究，学生就比较陌生了。因此，教师上课的第一个任务就是做好衔接环节，为迅速有效地导入新课之中，做好应有的铺垫工作。本节课，教师课前已经给学生发了相应的“议学案”，设置了前置性作业，提出问题：“生病了，看中医好，还是西医好？中医和西医有什么区别？”要求学生课前通过线上搜索或线下实地调研等途径调查资料，以备课堂设置情境。

衔接环节的活动主要是调查展示、生生对话、师生对话等。议题式教学中，衔接的活动形式主要有调查汇报和师生对话。调查汇报是学生或小组通过线上线下的途径，就某一议题或问题进行专题调查，获取资料，得出结论，在课堂上进行汇报展示的活动。调查汇报具有综合性、社会性和研究性，是连接学校小课堂与社会大课堂的重要通道，是议题式教学中认知衔接环节的亮丽风

景线。相比而言，生生对话、师生对话就比较常见和常规，它容易拉近师生之间的距离，也容易操作。当然，衔接环节也可以是教师讲授，但从活动型学科课程和培育学科核心素养角度看，对话好过讲授。本节课由于课前学生通过网络搜索或者实地调研搜集了相关资料，所以课堂上教师直接让学生展示和汇报，当然教师也要进行适时点拨。由于课堂上学生回答得比较好，所以教师归纳后，很快展示 PPT 材料，既激发学生兴趣，又实现导入衔接。

二、理解环节：用良构情境促构建知识，形成体系

理解环节是教师通过设置理解性问题，通过良构性情境和接受性活动，帮助学生理解学科重要知识，并构建知识体系的环节，作为新授课，理解环节是学生学习的一个重要环节。

理解环节的议题线是通过设置辅助知识理解的一个总议题和若干子议题，每个子议题下面又有若干个问题来实现的。设置的问题主要是有助于理解要点的问题和有助于建构知识体系的问题。有助于理解要点的问题，一般是小问题或者一个小问题串，目的是对必备知识点各个“击破”，让新知识“着床”在旧知识结构之上。本节课议题就是为了帮助学生理解教材中文化交流的前提、原因、原则、态度，以及文化交融的原因、意义等，但是学生对于知识的理解绝不应停留在点上，而应该建构知识体系。在知识理解环节，我们还要在结构层面设计问题，引导学生理解知识之间的逻辑关系，建立逻辑结构，构建比较完整的知识体系，从而全面掌握知识、形成能力。本节课，在第二个议题最后设置“从量变与质变的角度，谈谈文化交流与文化交融的区别联系。”目的是引导和帮助学生搞清楚文化交流与文化交融之间的关系，而且提升到哲学的量变与质变的辩证关系层面，这就大大有利于学生在比较深度理解的层面上，构建文化交流与文化交融的知识体系，形成具有逻辑关系的知识结构。

理解环节的情境线要求教师创设良构情境，把刚性理论适当柔化，以利于

学生理解。由于这一阶段的情境的目的是帮助学生理解知识，因此大多数情况下教师都是选择良构情境，为学生学习提供了良好的“脚手架”，主要表现为知识要点的情境化理解和知识体系的情境化建构。比如本节课，有一个比较难理解的知识点：“文化交流作用的双重性”，思辨性比较强，如果直接问“文化交流都是好的吗”，学生不容易理解，需要设置适当的良构情境，把相关知识进行适当的柔化，教师选择了“观看视频《中西医之争》”，然后问“如何理解文化交流作用的双重性”，学生对“文化交流作用的双重性”这个知识难点就有了较好的把握。

理解环节的活动线主要是师生对话和课堂商讨活动。师生对话是通过师生之间的对话，尤其是教师的点拨，循序渐进地剖析知识、理解要义的过程，是最常见的理解活动。师生对话过程中，教师要通过提问引领学生，形成问答互动，让师问生答的单边活动，逐步走向师生互相问答以及协商的双边活动，使学习者从被动应答走向主动提问。相对而言，课堂商讨具有明显的生生互动特色，同桌或者小组通过协商、商讨等提出、解决问题，实现互利互惠和互相帮助。本节课，两个分议题，教师给予充足的时间让学生在课堂上讨论、交流、碰撞，以求合作出“完美”答案；同时，学生回答后发现答案有太多的“不完美”，甚至漏洞、错误百出，这其实不是坏事，这恰恰是师生对话的最佳切入点，只要教师及时发现、及时指出、及时点拨，往往能使整个教学到达一个更高的水平。

三、应用环节：用复杂情境突出重点，突破难点

应用环节是应用本节课所学重点知识解决复杂的良构情景中的问题，是议题式教学的关键环节。通常情况表现为教师围绕议题设计一些应用性问题或子议题，引领学生应用所学知识进行辩论、商讨或协商，在走向深度学习中提高学生学科能力和素养。与理解环节相比，应用环节的问题往往是高思辨性的，

更有一定深度，直接目的是提高学生的知识应用能力，包括分析与综合、推理与论证、探究与建构等能力。比如，本节课中，在“观看视频《中西医之争》”之后，教师提出“结合视频，谈谈中西医应该如何交流”这个问题就具有高思辨性的特点，需要文化交流但又不能随意交流，在当今全球化的时代，如何推动文化交流与发展，需要一个正确的态度。

应用环节的情境线往往具有复杂性和综合性的特点，让学生应用所学的重点知识解决较复杂的现实问题。复杂情境是个相对概念，复杂情境一般是主体多、关系杂、影响因素多，但又具有较大确定性的情境，它不同于简单情境，也不同于挑战性复杂情境，与新课标学业质量水平第三层次的要求相对应。本节课在议题一中首先是观看视频《丝路上的中西交流史》和古代中西医交流典故文字材料，目的是引导学生理解“为什么要文化交流”。接着“观看视频《张院士怒批故意抹黑中医药》”，立刻就把事情复杂化了，学生会想“到底是要还是不要文化交流”，这就需要学生有分析与综合能力，把所学重点知识应用到这个具体的带有较强思辨性的情境中来解决问题。

应用环节活动的主要表现是充分的课堂讨论，有深度商讨、评析和辩论等形式。深度商讨，是共同对问题进行有条理的分析，挖掘隐藏在现象背后的深层次原因，进行策略研究或提出方案的深度思考。评析是既要分析观点现象的意义，又要对事物现象进行个人或群体意义上的理解，发表主观或客观的阐述。辩论是议题式教学最喜欢和提倡的方法之一，辩论最具“议”味，体现“议学”活动，可以在小组讨论基础上进行自由辩论，也可以在大组讨论基础上进行结构化辩论等。这个环节，教师要给课堂讨论留出足够时间，让学生充分讨论并表达观点，把“议学”活动导向深入。

四、迁移环节：用非良构情境提高能力，培育素养

迁移环节即创生迁移环节，主要任务是让学科核心和主干知识在新的情

境、真实情境、劣构情境中得到应用，是素养落地的重要环节。建构主义理论认为，教师要创设新的情境、真实情境、劣构情境，设置非良构问题和开放性问题的学习任务，让学习者成为积极的、富有创造性的意义建构者。这一环节具有高阶思维和深度学习的特点。这个环节，常常是把学校小课堂延伸到社会大课堂，提升和拓展学科知识，将教师的教、学生的学以及表现性评价相融合，在“教、学、评”融合中育人，还是通过学生在迁移过程中的真实表现来考量素养化水平，体现核心素养的落地重要环节。

迁移环节的议题线主要通过设置一些具有开放性和可议性的一般问题或课题来实现。由于课堂时间有限，一般问题的落点比较小，主要是解决现实生活中与学科知识相关联的小问题。例如，提建议、设计标语、撰写倡议等。课题的落点比较大，需要有团队的力量，还需要较多的时间保证，一般是延伸到课后完成。比如，本节课设置了多个比较开放性的问题，这些问题和课题的回答，都需要充分地调动和迁移所学知识，书上是找不到现成答案的。

迁移环节的情境线一般是创设具有真实性、开放性和劣构性的情境，这些情境往往状态、目标不明，却有利于辅助素养落地和考量素养水平。按照真实和开放的程度，可分为课堂拓展情境、角色模拟情境、真实参与情境三类。课堂拓展情境有课堂演讲、课堂评论等形式，具有即时生成性特点，一线教师采用比较广泛；角色模拟情境有模拟听证会、法庭等形式，这需要师生做好课前资料准备，还需要课堂的角色代入，也需要较多的时间，对于培育学生的政治能力和素养很有益，这种形式一般是有充分准备后，用一整节课来进行的；真实参与情境是要让学生走出课堂，比如参与民意听证会和新时代文明实践站、农村书屋、市区博物馆等的公共活动的情境，具有原生态特点，值得大力提倡，可以大胆运用。

迁移环节的活动线是通过引导学生参与社会化活动，或者类社会化活动来实现学科知识在新的情境中的迁移，也就是“议做”的方式体现。根据活动与现实的密切程度，可分为课堂拓展活动、角色模拟活动和社会真实参与活动。迁移活动环节，教师第一是要真正认同活动对素养提升的意义和对学生成长的意义，树立科学育人观，第二是要有恰如其分的评价，认同学生活动成果的价值，考量学生活动成果的素养水平，做到真议、真做和真评。本节课重视知识迁移，教师设置了多个活动内容给学生选择。我们认为这些社会化或类社会化、真实的或类真实的活动对学生学科核心素养的培育是有价值的，而且提供学生选择的机会，就是希望学生选择自己最擅长或条件最符合的，然后去真议、真学、真做，同样教师也是真评，有一些评价是在课后的，还需要课后的延时评价。

特别要强调的是议题式教学常态课架构的四个环节各有侧重，衔接侧重课堂导入，理解环节侧重知识理解和体系建构，应用环节侧重重点主干知识的运用和学生能力的提升，迁移环节侧重重难点在新情境中的应用，解决开放性问题，促使素养落地。从能力和素养的角度，这四个环节是逐层递进的关系。然而，真正到具体课堂教学中，这四个环节并没有截然的区分界线，很多时候是交错融合在一起，只能说是侧重哪一个方面。最理想、经典的议题式教学常态课是可以按照这四个环节，一步一步走下去的；但是，每节课的具体内容和情况不同，每个学校的学生不同，特别是每个教师的教学风格不同，因此议题式教学常态课并不强制要求或希望按照这个架构进行，可以单环使用，可以是侧重理解环节的理解型，侧重应用环节的应用型，侧重迁移环节的迁移型。比如议题式复习课，有些教师就喜欢在一轮复习时注重构建知识体系，偏向于理解，到二轮复习时可能就侧重应用和迁移。所以，议题式教学常态课架构给我们开展议题式教学提供了一种参考模型，是议题式教学常态课发展的常见逻辑进路和发展的趋势。

第六章

议题式教学评价

新一轮的课程改革极其重视评价的作用，“以评促改”是新课程改革中的核心思想之一。在思想政治课中议题式教学运用越来越广泛，实际效果却参差不齐，主观原因是部分教师对议题式教学理解有偏差、不到位，客观原因是思想政治课议题式教学评价还存在一些问题。议题式教学评价既可以引导教师对议题式教学的认识和理解，又可以指导教师更好地改进议题式教学。

教、学、评相一致是议题式教学评价的指导思想和方针。议题式教学评价既要有质性要求，也要有量化标准；要有议题式教学评价量表，通过一定方式对议题式教学进行量化，以求更好地了解和掌握议题式教学的过程和结果。

第一节　议题式教学评价量表

议题式教学的六种评价量表包含：议题式课堂教学综合评价表、学生活动表现评价表、社会实践活动评价表、学生活动过程记录表、学生个人自评量表、议题式课堂教学情况反馈调查问卷。

议题式教学评价量表最终要运用于教学实践，这就要求评价量表的设计和制定要从议题式教学实际和实践出发。设计者在设计过程中要通过问卷调查、座谈会等方式了解教师和学生对量表的认可和接受程度；评价者在使用过程中要遵循量评和质评相结合、自评与他评相结合、过程评价和统计相结合的原则；评价者在评价后还要坚持评价与反馈相结合原则，保证评价量表的信度和效度。

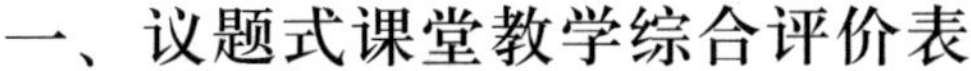

一、议题式课堂教学综合评价表

课堂教学评价是课堂教学中极为重要的一个环节，议题式课堂教学评价是议题式课堂教学中极为重要的一个环节。议题式课堂教学综合评价是议题式教学评价中最重要的一项综合评价，对于充分发挥议题式课堂教学评价功能，对于提升议题式教学的整体质量、学生的成长及教师的专业发展都有重要意义。依据新课标评价要求，议题式课堂教学综合评价表以培育学生学科核心素养为目标，设置议题价值、情境水平、活动设计、任务完成等四个一级指标，并以百分制赋分。四个一级指标总共分为十项评价内容，重点突出学生在课堂中的学习活动表现和通过学习活动获得的发展情况（见表7）。

表7　议题式课堂教学综合评价表

授课教师：　　　　班级：　　　　课题：　　　　　　评价者姓名：

评价维度（一级指标）	评价内容	标准	得分
议题价值（20分）	学科价值	议题体现教学目标、教学重点和教学难点	
	实践价值	具有开放性、引领性，能够引导学生更好地处理现实问题	
情境水平（20分）	巧妙适切	贴近学生生活，切合学生心智	
	层次结构	由简单到复杂或由良构到劣构	
活动设计（30分）	活动目标	指向知识建构、能力发展和学科核心素养的提高	
	活动内容	围绕议题，具体真实，充分有序，层层推进	
	活动方式	方式多样，适合学生，操作性强，具有建构性	
任务完成（30分）	主干建构	学生能够完成主干知识体系的建构	
	知识应用	学生能够在简单情境和良构情境中应用知识	
	知识迁移	学生能够在复杂情境和劣构情境中迁移知识	
总体评价			
教学反思与改进			

议题式课堂教学综合评价表总分100分，以量化评价为主，有四个一级指标，分别为议题价值20分、情境水平20分、活动设计30分、任务完成30分，十项二级指标，每项都是10分。听评课教师在听课后进行评价，要先给十项二级指标各项打分，再计算出总分。执教教师收到同行的打分表后，要认真对待，不能只看看了事。建议执教教师分别算出十项二级指标的平均值，也可以转换成曲线图，就能直观地知道哪些方面比较好，哪些方面有待改进，然后进行有针对性的调整，下一节课就可以尝试改变，这样对教师的议题式教学水平和教学能力会有帮助。议题式课堂教学综合评价表还有质性评价部分，就是最后一栏“教学反思与改进”，引导教师反思自己的议题式课堂教学是否有可改进部分、怎样改进等。量化评价与质性评价有机结合，有利于更好地发挥评价的诊断反馈及发展改进功能。议题式课堂教学综合评价表是针对执教教师实施的议题式教学评价，主要方式是他评，在教师上完课后进行评价和调查。该评价量表可以由教师同行进行评价打分，可以让同一备课组的教师负责分发和收缴。

二、学生活动表现评价表

议题式课堂教学开展的主要方式是教学与活动有机结合、有机统一。因此，教学评价自然也是要结合学生的活动综合表现来评价。议题式教学虽然把学科核心素养培育作为标准来统一要求，学生活动表现评价，却要秉承无标准答案的理念来展开评价和评定。学生的思想难以直接观测，教师要通过学生的行为表现来判断和测量，要通过在议题式教学中学生的行为表现和学生完成任务情况，来推测学生达到的核心素养水平。因而，本书所设计的学生活动表现评价表不仅要有活动参与量化评价，也要有活动效果量化评价（见表8）。

表 8　学生活动表现评价表

授课教师：　　　　班级：　　　　课题：　　　　　　学生姓名：

评价项目		评价（分四个等级，用 A、B、C、D 表示）	等级
一般能力	搜集信息	A. 能快速搜索资料，有重点有条理地处理信息，精练有序	
		B. 积极地搜索资料，并能够进行一定的整理，但不够全面精练	
		C. 能搜集一些资料，但整理信息能力较弱，逻辑结构欠缺	
		D. 不会根据课堂活动需要搜集整理信息	
	讨论辨析	A. 积极主动与小组讨论交流，能够互相交换意见，提出观点	
		B. 能够配合小组完成讨论，善于倾听他人的观点，提出建议	
		C. 能与小组基本配合，完成讨论任务，认真听取他人的观点	
		D. 不肯配合小组讨论，没有认真倾听他人意见和观点	
	表达展示	A. 表达准确流利，能够很好地表达自己的观点，富有创意	
		B. 表达基本流畅，展示结果与活动的任务相一致，有想法	
		C. 能基本表达清楚，但逻辑性较差，展示成果与任务基本一致	
		D. 表达能力欠缺，说话不流利，展示内容与任务基本不符	
学科核心素养能力	理解知识	A. 能够对知识进行理解掌握，把握知识内部的逻辑结构	
		B. 可以较好地理解知识，但构建知识体系和逻辑结构能力差	
		C. 对知识点基本理解到位，但不能深入构建起知识网络结构	
		D. 对知识的理解似懂非懂，只知道机械记忆，死记硬背	
	实践运用	A. 运用所学知识准确地对情境进行多方面多角度分析、论证	
		B. 能运用所学知识对情境进行描述，对相关事件进行分析论证	
		C. 能运用所学知识对相关情境进行简单的描述、分析	
		D. 不能熟练运用所学知识解决新问题、新情境	
	创新思维	A. 创新地运用所学原理解释复杂的社会现象，观点有理有据	
		B. 综合运用所学知识对复杂生活进行分析和判断，有独特思维	
		C. 运用所学知识对复杂的社会现象提出自己的观点，但不完整	
		D. 不能运用所学知识对复杂的社会生活现象提出自己的观点	

传统教学评价侧重的是“学会了吗”，而议题式教学侧重的是“学会学习了吗”，通过“议学”方式，更促进“学会学习”这一要求得到落实。议题式教学要想做到课堂上能够“议学”，就需要学生具备搜集整理信息能力，课前搜集整理有效信息，在课堂上才能有效交流，同时课中学生要具备讨论、交流、合作和展示等能力，这些被称为“一般能力”；另外，议题式教学是指向培育学科核心素养的，学生应该要具备理解知识能力、实践运用能力和创新思维能力，即学科核心素养能力。因此，教学评价也要围绕一般能力和学科核心素养能力及其具体表现的几个能力展开，本书针对不同层次的学生，将这些能力分别划分为四个等级。每个等级分别为 A（10 分）、B（8 分）、C（6 分）、D（4 分），最后全部相加算总分。学生活动表现评价中，学生是评价对象，也是评价主体。学生活动表现评价表采用自评与他评相结合，主要评价在议题式教学过程中学生活动的表现情况。

三、社会实践活动评价表

思想政治课是综合性、活动型学科课程，倡导知行合一。“学科内容的教学与社会实践活动相结合，是活动型学科课程的显著特点。社会实践活动包括志愿服务、社会调查、专题访谈、参观访问，以及各种职业体验等”①，社会实践活动有助于知识外化，有利于激发学习兴趣，有利于提高综合能力，促进知识转化为学科核心素养。社会实践活动评价要关注对选题的评价、对活动目标的评价、对活动有无秩序的评价、对活动形式的评价和对活动收获的评价等。教师要组织学生对开展的社会实践活动进行自我评价，肯定学生的付出，肯定学生的闪光点；同时，也要真诚地指出其不足之处，这样才能推动下次社

① 中华人民共和国教育部：《普通高中思想政治课程标准（2017 年版 2020 年修订）》，人民教育出版社，2020，第 47 页。

会实践活动的顺利开展（见表 9）。

表 9 社会实践活动评价表

学生姓名　　　　小组　　　　日期

活动议题　　　　地点

活动环节 1	形式	承担任务	任务完成情况	遵守活动规则
活动环节 2	形式	承担任务	任务完成情况	遵守活动规则
活动环节 3	形式	承担任务	任务完成情况	遵守活动规则
交流收获（不少于 200 字）				

社会实践活动评价表是质性评价与量化评价的有机结合，要求学生用文字写出自己的收获，也有量化评价部分，统计“任务完成情况”和“遵守活动规则”，这有利于从细微处反映学生的纪律观念和责任意识，社会实践活动评价表可以采用自评或他评相结合的方式进行。

四、学生活动过程记录表

情境认知理论认为，知识与活动不可分，知识不是靠传授获得，而是靠学生在自主学习、合作探究中获得的。学生活动过程记录表列举了自主学习和合作学习两种学习方式。自主学习是由学生通过独立分析、探索、实践、质疑、创造等方法来实现学习目标的学习方法，可以在课上进行，也可以在课前进行，为议题式教学的顺利开展做好前期的准备。建构主义认为学习是学习者在一定的情境即社会文化背景下，借助其他人（包括教师和学习伙伴）的帮助，利用必要的学习资料，通过意义建构的方式而获得知识的过程。在合作中学习，在学习中合作。小组内的讨论是合作，小组或师生之间的倾听与对话也是合作，教师要让学生懂得尊重他人的观点，并善于把他人合理的观点吸纳到自己的知识体系中，使自己的思想观点更完善、更深刻。

学生是千差万别的，有的善于表达，有的善于倾听，有的善于总结。从尊重教育对象差异性和个性化角度出发，为促进每位学生的发展与进步，教师要从活动的数量和质量两个方面，比较全面、客观地评价学生在活动过程中的表现。学生活动过程记录表中“时间”“次数”两个指标是从量的角度评价学生活动参与的情况，“完成质量”指标是从质的角度评价学生活动的收获（见表 10）。

表 10　学生活动过程记录表

课题：　　　　　学生姓名：　　　　　组别：　　　　　日期：

记录内容			时间	次数	完成质量
自主学习	课前				
	课上				
合作学习	发言展示	小组内			
		小组间			
	采纳意见	小组内			
		小组间			
		师生间			
合计					
教师总结评价					

注：表格中的“时间”以分、秒为单位进行统计，“完成质量”按 A（10 分）、B（8 分）、C（6 分）、D（4 分）四个等级进行打分，最后合计分数的多少。

五、学生个人自评量表

学生是议题式教学的主体，自然也是评价的主体，为了更好地突出学生的主体地位，也为了让学生更好地参与到自我评价中，本书在设计议题式课堂教学评价量表时，也设计了学生个人自评量表，以求调动学生自我评价的积极性。结合议题式教学特点，量表设计主要从议题式教学中学生的表现进行阶段性评价，再考虑每个阶段学生应该做到什么来进行设计。学生可以拿着量表，对照指标进行自我评价，看看自己哪些方面做得好，哪些方面做得不好，这样的自我评价可以给学生提供参考，也有利于学生评价主动性的激发（见表11）。

表11 学生个人自评量表

姓名： 班级： 课题：

阶段	评价内容	自评
课前准备	关于本议题的课前预习 1. 阅读课本 2. 形成提纲 3. 疑点记录	
	关于本议题的资料搜集 1. 查找资料 2. 搜集资料 3. 形成文本	
课中活动	个人活动 1. 积极思考 2. 语言表达	
	小组活动 1. 合作探究 2. 遵守规则	
课后总结	课后小结 1. 内容梳理 2. 整理框架	
	课后练习 1. 态度认真 2. 反思错误 3. 举一反三	

六、议题式课堂教学情况反馈调查问卷

“学习发生的条件是学习者以学习主体的身份和角色介入学习过程，让学生以学习主体的身份和角色参与课堂评估过程，促进学习的发生。”教师的教学行为和教学效果，不是教师凭个人的自我感觉就可以判定的，教师一定要虚心听一听教学的主体——学生的看法和反馈。教师的教学行为和方式只有被学生感知、接受、配合，才能让学生表现出有效的学习行为，方能有良好的教学效果。因而，学生有必要也应该参与到课堂教学评估中来，教师要听取学生对实施议题式课堂教学后的感受、意见和反馈。学生虽然没有先进的教学理念，也免不了从自身的直觉出发，但其实往往比专业教师的评价还直接、真实。议题式课堂教学情况反馈调查问卷（见表 12）主要有五个问题，围绕议题价值与合理性、活动形式和收获等来展开。议题式课堂教学情况反馈调查问卷在进行议题式教学的班级中用于不记名调查。议题式课堂教学情况反馈调查问卷与议题式课堂教学综合评价表结合起来使用，互相参考和佐证，可以让教师获取更为全面、客观的反馈信息，使教师进行更具针对性和合理性的教学反思和教学改革。

表 12　议题式课堂教学情况反馈调查问卷

课题：　　　　　　　　　　　　　　　　　　　　　　　日期：

反馈内容	选择
1. 你喜欢课堂上采取自主学习、小组讨论、陈述观点的学习方式吗？ A. 不喜欢　B. 可以接受　C. 还可以　D. 喜欢　E. 十分喜欢	
2. 于你而言，课堂上讨论的议题有难度吗？ A. 十分容易，没有讨论必要　B. 比较容易，可以讨论 C. 还可以，需要讨论　D. 比较有难度，需要事先做好功课 E. 很难，感觉无从下手	

续表

反馈内容		选择
3. 如果你觉得议题有难度，你认为是什么原因？（可以多选）		
A. 自己知识面窄，视野不开阔	B. 自己没有事先做好准备	
C. 议题太新颖	D. 议题远离书本教材	
E. 议题指向不明确		
4. 对于课上开展的活动，你收获如何？		
A. 没有收获，纯粹是浪费时间	B. 有收获，但可以忽略不计	
C. 有一点收获	D. 有较大收获	
5. 你希望议题式教学在政治课上怎样使用？		
A. 不使用　B. 偶尔　C. 少次　D. 多次　E. 经常		

第二节　议题式教学评一体化策略

广州市教育研究院政治正高级教师张云平老师提出"以大概念为核心的结构化知识、以关键能力为核心的结构化能力、以真实生活情境为核心的结构化问题情境和以深度学习品质为核心的结构化学习水平"四个维度（知识、能力、情境、水平）可以有机统一，构建指向更好培育学生核心素养的新结构教学评理论。议题式教学是依据学科主干知识，设置合适议题，选择适合情境，组织学生在活动中达成教学任务，培育学生核心素养的教学方式。① 新结构教学评理论与议题式教学有许多共通之处，该理论对议题式教学有很好的指导意义。本书以统编版高中必修 4《哲学与文化》第六课第三框"价值的创造与实现"为例，谈谈如何结合新结构教学评理论，优化高中思想政治课议题

① 张云平：《构建新结构教学评框架有效反思和改进学习测评》，《课程 · 教材 · 教法》2021 年第 6 期。

式教学设计的路径。

一、提炼好大概念，明确教学目标

大概念是能反映学科本质和其特殊性的学科概念，大概念不是将教学知识点简单相加，而是整合出具有普遍性、概括性、持久性、逻辑性的学科主要概念。学科大概念是学科知识的精华所在，它凸显了教学活动、聚焦关键问题，实现学科大概念的深度学习和迁移运用，让学生的学科核心素养深度落实，真正发挥教学的育人功能。新教材在编写中充分体现了大概念理念，但新课标并没有对大概念做解释，教材本身对大概念也没有形成统一界定。这就需要教师以模块、单元、课或框节为单位合理提炼出大概念。大概念通常用陈述式来表达一个观点，所陈述的要点是对学科核心概念理解的具体表述。

教学目标是对大概念的落实，基于新结构教学评理论的议题式教学目标要从三维目标分设型转向以大概念为核心、结构化的一维目标整合型。要融合生活逻辑与学科逻辑，以学科大概念为中心设置总议题和子议题，建构典型真实情境，设置主干问题群和活动群，促进学生深度理解学科本质思想，形成结构化知识、结构化能力，达成结构化水平，促进学科核心素养培育的有效实施。

以大概念为核心的教学目标通常可以这样来表述：通过什么议题/通过做某些事—来获得某些认知—具有某种情感/表达某种态度/确立某种价值理念、信仰或信念—落实什么学科核心素养。教师依据本节课大概念，明确本节课教学目标有：（1）通过观看习近平总书记给苏翊鸣的回信视频，让学生深刻感受到苏翊鸣圆梦冬奥、成为国之骄傲的自豪，以榜样的力量激发学生追逐梦想的精神动力，落实努力实现梦想、为国争光的政治认同。（2）通过开展“说出梦想”的议学活动，学生在活动中充分发挥主动性和创造性，最大限度地参与课堂，落实公共参与素养。（3）通过开展“追逐梦想”的议学活动，学生从付出行动、借助条件和创造条件的三个支点中科学分析苏翊鸣是如何在逐梦之旅的艰难困苦中玉汝于成的，提高思辨能力，增强科学精神素养。(4) 通过开展“实现梦想”的议学活动，学生在内化知识中实现情感升华，在实现梦想的感悟中逐步培育正确的价值观，实现新课标要求和立德树人的目标，达成政治认同并提高公共参与素养。

二、设置合理议题，选择适切情境

议题是议题式教学的纽带，引领并贯穿于教学活动的始终，是教学的总引线。新结构教学评理论强调知识不是零散的，而是基于大概念的结构化知识。这就要求议题的选择和设置，要基于和围绕大概念这个中心点，通过设置系列化、逻辑化、结构化的子议题，把教学的重点、难点等知识点进行结构化处理，从而让学生能更好地理解大概念知识，达成教学目标。

议题情境是议题式教学的载体，具有生动性、趣味性等特点，承载着柔化、活化、羽化知识的任务，是学生核心素养生长的“芳草地”，成为议题式课堂教学的风景线。新结构教学评理论强调教学方式要从单纯知识传授转向情境化、任务化素养培育，要求情境的设置必须是基于真实生活情境的结构化问题情境。这就要求情境创设兼顾认知领域和情感领域，突出核心素养导向，注重核心价值引领，能够引导学生运用结构化的知识来解决不同层次的实际问题。

本节课，教师选择了一个和学生年龄相近，深受学生喜爱和关注的冬奥冠军——苏翊鸣作为学习榜样和教学切入口。结合本节课大概念，设置总议题“激扬生命，逐梦冬奥，创造价值!”同时为了更好地论证大概念，从学科逻辑、理论逻辑和生活逻辑综合考虑，设置了三个分议题“说出梦想——有梦想，谁都了不起!”“追逐梦想——有支点，地球撬得起!”“实现梦想——有感悟，梦想能飞起!”为了更好地开展议学活动，又精选了五个适切情境：(1) 播放视频《圆梦冬奥，国之骄傲》及习近平总书记给苏翊鸣的回信。(2)

教师展示不同学生的梦想图片，并请图片主人大胆说出自己的梦想。（3）观看苏翊鸣备战奥运、实现梦想的视频《凤凰涅槃，逐梦冬奥》。（4）展示全班学生在学校“天道酬勤”墙下的大合照，共同展示和憧憬梦想。（5）与同桌一起，以“劳动和奉献”为主题，为身边感动你我的同学或老师撰写一段50字以内的“颁奖辞”，并展示、分享与交流。

三、精设活动任务，达成深度学习

议题式教学的重点和关键点是议学活动，无论是议题设置，还是情境的选择，都是为了在议题式课堂教学中更好地开展议学活动。因为在合理的议题、适切的情境下，议学活动能很好地调动学生积极性、主动性、创造性，并让学生参与到课堂教学中，成为课堂和教学的主人，全身心投入教学活动。新结构教学评理论强调以关键能力为核心的结构化能力和以深度学习品质为核心的结构化学习水平，这就对议题式教学中的议学活动提出了更高的要求和指明了前进的方向。这就要求议学活动：从机械记忆式学习转向理解、迁移式学习，善于运用学过的学科思维方法、技巧、技能来完成预设的学习任务，学生通过活动所获取的知识、能力也应该是结构化的、有逻辑的；提高学生获取未知的欲望，保持与同学、老师的良性互动，在互动中提升学科关键能力；课堂教与学兼顾学生的基础学习力与高阶学习力，突出学生在生活中面对真实问题进行批判性思考和解决问题等高阶思维、高阶能力；当学生思维卡顿时，教师能够及时、准确点拨，有效地引导学生延续解决问题的思路，引导学生深度思考，实现深度学习。

本节课，议学活动有两条主线。一条是冬奥冠军苏翊鸣线：从收到习近平总书记回信点赞导入，观看苏翊鸣成长历程视频，逐层从客观条件、主观条件等角度剖析“他是如何追逐梦想，实现人生价值的”，从而触发学生进一步思考“作为同龄人，你得到哪些启发”。一条是学生自己作为活动主线：有梦想就了不起，教师展示不同学生的梦想图片，并请图片主人说出他的梦想；教师展示学生在实践基地的辛勤劳动造就五中美丽绿色校园的相关照片，引导学生体味劳动的快乐，理解梦想实现需要劳动精神。在学习和分析了榜样苏翊鸣的案例后，教师展示学生大合照，引导学生进行小组讨论和分享"学习了榜样，我打算如何实现梦想"；最后是"感动你我2022"，学生与同桌一起，以"劳动和奉献"为主题，为身边感动你我的同学或老师撰写一段50字以内的"颁奖辞"，并在课堂上进行展示、分享与交流。两条活动线都强调在相对良构或复杂劣构的真实情境中，逐步激发学生学习兴趣，既兼顾基础学习力又突出高阶学习力，让所有学生都"有话能说、有话想说"，并逐层拾级而上，激发学生的挑战欲望，把学生思维引向深度思考，推动课堂走向深度教学。

四、教学评一体化，指向核心素养

新时代教育教学改革，从根本上讲是育人方式的改革，评价本身就是育人方式。通过评价标准，可以引领、实现育人目标。新结构教学评理论认为，必备知识、关键能力、核心素养等成才、育才的评价标准，必须同时在课堂有效落实，要突出学科核心素养的价值引领。在教学设计的过程中，教、学、评三方面要进行一体化设计，指明教什么内容，学生要达到什么水平，课堂上用什么方式进行测评，且要求从知识能力单一测试转向核心素养发展整体性测评。整体性测评必然要求整体性教学设计，就是从"教（教学活动）""学（学习活动）""评（测验或评价活动）"三个层面进行系统联动设计，形成一体，建立起整体性、成套的教学预设方案与实施机制（见表13）。同时，评价主体应该是多元的，教师、学生本人、同桌，甚至亲朋好友、网友等都可以；评价方式应该是多样的，既要有认知类测评（客观性试题、主观性试题等纸笔测验），又要有表现性测试（要求学生进行项目设计、写作、展示等）或档案评价（测验结果、项目研究报告、作品的评价等）；对学生的评价要坚持建设性和批判性统一的原则，让每位学生获得成就感，明确努力方向，激发学习动机，维持持续努力的动力。

表 13　教学评一致性设计表

教师活动	学生活动	评价活动
议题追问： **感动你我** 2022 安排学生以“劳动和奉献”为主题，为身边感动你我的同学或老师撰写一段 50 字以内的“颁奖辞”，并在课堂上进行展示、分享与交流。要求语言简洁凝练，彰显正确的劳动价值观和奉献精神	学生通过合作探究，撰写颁奖辞，并在课堂上与同学分享与交流。在学生学习过程中，教师可根据学生的具体情况，适当解读一下劳动观的基本内容。 课后，课代表负责搜集整理好学生写的颁奖辞，形成电子稿，印发给学生。有条件的可以通过电子班牌定期展示	组间互评：不同组之间进行打分互评，评价学生在活动中表现出的互助合作精神、写作能力、语言表达能力等（表现性评价）。须事先制定评价量表，课前印发给学生。 教师综合评价：着重关注学生在整个活动过程中所表现出来的品格价值观，如所撰写的颁奖辞能否充分彰显劳动精神等。 学生自我反思：在整个活动过程中自己表现是否达到预期的目标和获得他人的认可，自己平时的学习与生活中有没有努力坚持正确的劳动价值观和奉献精神
设计意图：通过议学追问活动，学生在内化知识中升华情感、增强感悟，在感悟中逐步培育正确的价值观，实现价值回归，落实新课标要求和立德树人的目标，落实政治认同和公共参与素养		

总之，新结构教学评理论把知识、能力、情境、水平四者有机统一，指向更好地培育学生核心素养和落实立德树人根本任务。该理论在实践中对高中思想政治课议题式教学有很好的指导意义，可以从“提炼好大概念，明确教学目标”“设置合理议题，选择适切情境”“精设活动任务，达成深度学习”“教学评一体化，指向核心素养”四个方面优化议题式教学设计，提高教学实效性。

第七章

议题式作业设计

议题式作业是依托议题式教学的实施过程展开的一种作业，议题式作业的设计体现议题式教学内涵和内核逻辑。议题式作业是课堂教学内容的巩固运用和扩展迁移，是由教师在充分理解学科课程标准要求和学科知识的前提下，认真研读教材、掌握学情，精心设置与课堂教学各环节紧密相关的议题式作业议题，紧扣教材并围绕待议之题提供思辨性、两难性和劣构性等问题情境，并引导学生课下展开不受课堂时间、空间约束的丰富多样的搜集整理、交流讨论、表达展示等活动，通过作业本身的完成来完成学科任务，从而与课堂教学有机互补、培育学科核心素养。

议题式作业是落实新课标提倡的议题式教学的必然需要，是开展议题式教学的重要抓手和辅助方法。议题式作业在实践中能够提高高中思想政治课的教学质量，一是积极深挖教学资源，磨炼教师技能，提升创新创造能力，提高教学质量；二是有助于引起教师对学科核心素养视域下作业布设的重视，进而提高教学质量。议题式作业依托议题式教学，能够改变学生对以往思想政治课作业的呆板印象，唤起学生的积极性和主动性，起到作业布设的真正作用，更好地促进学生学习、实现育人目的。因此，议题式作业研究有助于促进学生学科核心素养的提升，以及学生作为教育主体的人本回归。

第一节　议题式高考试题分析①

近年来，高考政治试题已经出现了部分议题式试题，这体现了高考评价体系要求，是新课标要求的体现，是议题式教学的体现。因此，议题式政治试题颇受出题者的青睐。下文结合2019年全国高考卷典型试题和自身教学实践，对议题式试题的特点做初步探讨。

【2019年全国卷Ⅰ第40题】②

阅读材料，完成下列要求。

走进北京市西胡林村、天津市六街村等传统村落，我们能够欣赏风格独特的民居建筑、丰富多样的村镇空间格局，品味具有浓郁地方特色的俚语方言、家风家训、乡约乡规、民情风俗，感受人与自然和谐共生的文化韵味。传统村落承载着绚丽多彩的农耕文化，寄托着一代又一代中华儿女的情感记忆和绵远乡愁，是我国乡村历史、文化、自然遗产的“活化石”。

随着工业化、城镇化的快速发展，传统村落衰落、消失的现象时有发生。例如：不少传统村落因缺少产业支撑，医疗、文化、教育等公共服务不能满足现代生活需要，导致人口流失严重，甚至出现“空心化”；古民居、古建筑得不到及时修缮和维护，自然毁损严重；传统工匠越来越少，传统建筑工艺、传统艺术日渐失传；在旅游开发过程中，无视传统村落的自然、历史、文化等个性化特征而盲目拆旧建新、拆真建假，对传统建筑、历史风貌造成破坏性影响，导致“千村一面”。

---

① 李辉云：《高中政治议题式教学策略——基于议题式试题特点的分析》，《江苏教育研究》2021年第Z2期，略有调整。

② 广东南方出版传媒教材经营有限公司教学资源研究开发中心组编：《中国高考评价体系解读与高考试题分析.思想政治》，广东经济出版社，2022，第70—71页。

保护、传承和利用好传统村落，是实施乡村振兴战略和增强中华文化自信的内在要求。2012 年以来，我国大部分传统村落已被列为保护对象。

（注：传统村落是指拥有物质形态和非物质形态文化遗产，具有较高的历史、文化、科学、艺术、社会、经济价值的村落。）

（1）有人说："随着经济社会不断发展，传统村落必然走向消亡。"运用文化生活知识对此观点加以评析。

（2）保护、传承和利用传统村落需要增强人们的文化自觉意识。结合材料，运用意识能动作用原理对此加以说明。

（3）结合材料，就保护和利用传统村落提出三条建议。

【参考答案】

（1）文化是经济和政治的反映，随着经济和社会的发展，文化也会变化发展。传统村落具有鲜明的地域文化和民族文化特色；随着工业化、城镇化的发展，传统村落的生存和发展面临困难；顺应时代要求和人们对美好生活的向往，进行创造性保护和利用，传统村落就能焕发出新的生机和活力。

（2）意识是物质的能动的反映，又对物质具有能动的反作用，人们在意识的指导下能动地认识世界、改造世界。增强文化自觉，引导人们正确认识传统村落的历史文化价值，更加自觉地加以保护和传承；克服错误观念，避免破坏性开发，把保护、传承和利用有机统一起来。

（3）利用传统村落品牌，发展特色乡村旅游。开发特色手工艺产品，传承传统技艺。修缮古民居、古建筑，完善基础设施，增强传统村落吸引力。开展民俗节庆、寻根问祖活动，传承历史文化。

通过上述这道得到广泛认同和赞许的高考经典试题，我们可以一窥议题式试题的特点。

一、问题设置角度

（一）序列性

如果给上题加上议题，总议题是“如何保护传统村落，留住乡愁”，分议题分别是“如何看待传统村落：发展还是消亡”“为什么要自觉保护传统村落”“如何保护和利用传统村落”，而上题的三个设问也是对应三个分议题设置的。

（二）逻辑性

上题三问以“如何保护我国传统村落”这个总议题为主线，分别从“如何看”“为什么”“如何做”三个角度，层层递进、深入探究，有结构性、层次性。

（三）辩证性

题中第一问具有较强辩证性，传统村落会随着经济、社会的发展而变化，但同时要有意识地保护、传承和利用传统村落。

二、命题情境角度

（一）景、情、境有机统一

情境是载体，好的议题式试题能设置合适的情境，让学生领悟内在情感，提升自我境界。上题中，景：北京市西胡林村、天津市六街村等在传统村落保护、传承和利用上存在的问题和困惑；情：知识真情（文化继承的意义）、生活真情（感悟古村落变化）、追求真情（继承优秀传统文化）；境：树立文化自信和文化自觉；提高文化保护意识，推动保护、传承和利用的责任和使命。三者实现有机统一。

（二）人文性、真理性、价值性的统一

传统村落保护问题是一个生活化现象，也是关注度很高的人文社会问题，有人文性；同时，传统村落是衰落了还是发展了，如何保护、传承和利用古村落的传统文化，需要考生采用辩证思维、激活思想、进行价值判断基础上的价值选择，体现真理性与价值性的统一。

三、答题能力角度

（一）调动和运用知识随机性、灵活性

考生不仅要准确获取和解读长达600字的不良结构的信息，调用来自不同模块、不同章节的知识，调用课本基础理论等“确定性知识”，还要调用结合材料、结合自己的生活经验等的“不确定知识”，具有随机性、灵活性。

（二）描述和阐释问题辩证性、综合性

考生不仅要能分析、比较、阐释、评价现实问题与现象，而且强调用综合的思维、辩证的方法，把握事物的本质。上题第一问的解题答题思路，首先要肯定其合理之处，即文化会随着经济社会的发展而变化发展，然后要否定其不合理之处，但不是一味否定，而是辩证否定，即传统村落会随着工业化、城镇化的发展面临困难，但若能因时而变，创造性地加以保护和利用，则可能使其重新焕发生机和活力，不会走向消亡。很多考生缺乏这种方法的辩证性和知识的综合性，答题角度单一、片面，造成失分严重。

（三）论证与探究问题科学性、创新性

议题式试题提出的问题不是书本预设的已知的老问题，是新情境下的真实新问题。考生不仅要能用书本理论对问题进行分析，更要能根据新情境中的有效信息和学生原有的知识体系进行论证与探究，生成新答案，体现科学性、创新性。上题第二问，很多学生只会背“意识能动作用”哲学原理，不会结合材料进行有效分析，能结合材料从意识能动作用两个角度“认识世界”“改造世界”进行针对性分析者更是寥寥无几。第三问是开放型试题，难度不太大，但题目并不是无止境开放，需要围绕保护和利用传统村落这个主题进行分析，不少考生“天马行空”，脱离题目要求，做不到科学与创新统一，失分严重。

四、核心素养角度

政治高考要落实学生学科核心素养考查。上题从乡村振兴战略和中华文化自信高度，从保护传统村落的独特视角进行命题，意在引导学生认同党的农村政策和认同农村的文化，提高文化自信和文化自觉，考查和培育学生政治认同。第一问是一道评析题，要用一分为二的辩证思维进行科学的论证和探究，考查科学精神。第三问是开放性设问，对保护和利用传统村落提三条建议，考查公共参与素养。第二问既要求考生从“认识世界”“改造世界”两个角度一分为二地辩证分析，又引导学生参与传统村落保护、传承和利用，同时考查考生的科学精神、公共参与素养。

五、评价依据角度

《中国高考评价体系》提出的“一核四层四翼”是高考评价标准的顶层设计。上题立意高远，从立德树人的高度引导学生认识传统村落保护的必要性、

重要性，激发学生的责任感、使命感，提升文化自信和文化自觉，符合社会主义核心价值观，体现核心价值与学科素养的统一。上题在求同基础上考查考生对教材知识的熟练程度，考查考生四种学科能力，体现关键能力与必备知识的统一，也从求异角度综合考查考生批判性思维、创造性思维等高阶思维品质，体现了基础性、综合性、应用性、创新性的有机统一。

总的来看，上题很好地落实了高考评价体系“一核四层四翼”的要求（见图 5）。

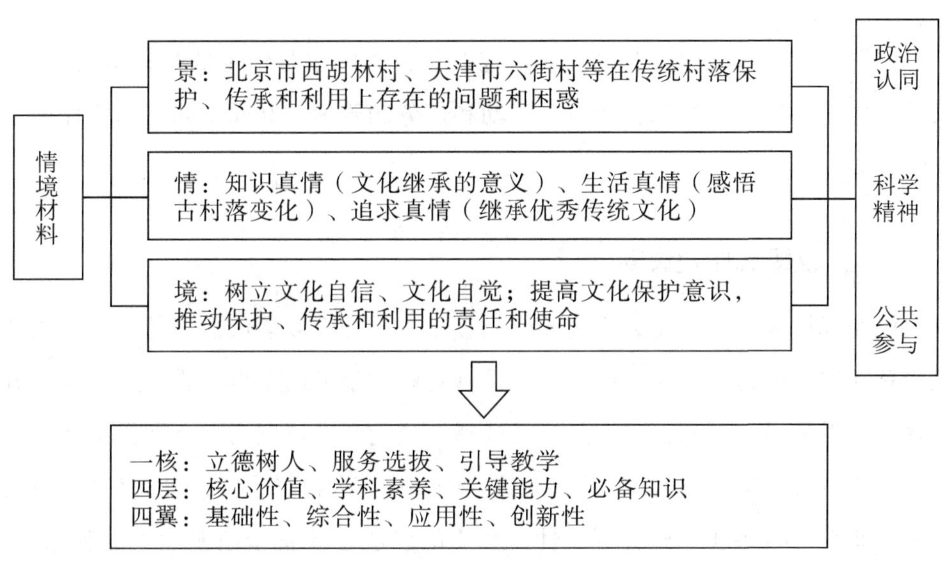

图 5

总之，这道议题式试题从立德树人的高度，以传统村落的保护、传承为情境材料，实现了“景、情、境”的有机统一，实现了核心价值与学科素养的统一、关键能力与必备知识的统一，实现了基础、综合、应用、创新的有机统一，是一道符合“一核四层四翼”高考评价体系要求的经典题。

第二节　议题式作业设计

高考是教学的“指挥棒”，高考议题式试题导向议题式教学，也导向议题式作业，教师应通过议题式作业适应高考的需要，提升学生的综合能力，培育学生的学科核心素养。

一、议题式作业设计的要素

议题式作业与议题式课堂教学形成互补，共同培育学生的学科核心素养。议题式作业一般符合议题、情境、活动和任务四要素，共同建起议题式作业完整的框架。

（一）议题式作业议题

议题式作业议题，要么是延伸课堂教学中实证性或争议性议题，将两类待议之题在课后进行巩固和运用，要么是针对课堂学习的重点、难点进行拓展和迁移，以做进一步探究，要么是设计选择合适前置性议题为下节课做准备。议题选择要符合实际，要实在。第一，真实可议。不真实的议题没有议的价值，也难以激发学生兴趣，没有可议性，真实的议题也要善于挖掘学生的疑惑点、两难选择点等可议点。第二，服务教学。好的议题要结合学科主干知识，突出重点、难点，契合学生的疑惑点、情感升华点，坚持正确的价值导向。第三，贴近学生。作业议题的设置要充分考虑学生的学情和学力，只有符合学生“最近发展区”的议题才能激发学生挑战自我的欲望。

（二）议题式作业情境

议题式作业情境是议题式作业的载体，承担着“议思”“议练”“议用”

三重任务。因此，议题式作业情境要紧紧围绕议题恰当设置，要符合学生的学习发展特点，要注重生活化、趣味性，吸引学生乐于完成。第一，真素材。应选用贴近生活、贴近实际的素材，同时素材要进行适当加工和良性构建，这有益于促进学生的信息加工理解和知识体系主动构建，促进思维水平发展和能力的提升。第二，真参与。情境要能为学生参与、体验、对话、互动提供场景和机会，让学生产生真实情感体验，进一步加深对知识的理解。因此，议题式作业情境设计的主体可以是教师或学生，议题式作业情境也可以通过师生共商共议来设计。

（三）议题式作业活动

议题式作业活动由于时空范围更广，学生课后可在更加广阔时空范围内开展活动，因此活动形式更加丰富多彩，还能让学生通过社会实践去真切感受和体验。比如，社会实践、实地调研、小组合作竞赛、校园板报展示、手绘宣传图册、戏曲改编等。同时，教师要注意两点：第一，凸显教学目标，提高实效性。议题式作业活动只是手段，不是目的，旨在通过议题式作业活动，更好地达成学科主要理论、学科思维价值和学科核心素养等目标。第二，适合学情学力，提升成就感。在议题式作业活动设计中，教师要思路清晰，准备充足，考虑学生的基础、兴趣，以及水平、能力、思维等，活动方案要切合实情，是学生愿意且能达到的，满足学生自主学习、合作探究的成就感。应当避免把活动设计得过于简单或过于困难，从而挫伤学生的成就感。

（四）议题式作业任务

议题作业任务，指向达成学科任务，学生理解并构建学科主干知识体系，分析和解决问题能力得到提高，学科核心素养得到培育。第一，促知。议题作业应该有利于学生学懂、弄通学科主干知识，构建知识体系。第二，促行。议题作业任务要有意识地把学生思维拓展到课堂以外，关联学生的生活实践，引导学生结合生活体验。议题作业任务要坚持理论性和实践性相统一，把思政小课堂同社会大课堂结合起来，引导学生脚踏实地，立鸿鹄志，做奋斗者。

议题式作业不是四要素的简单机械叠加，而是教师精心设计的有机整体。教师设计议题式作业时要精选可操作性强的议题式作业活动和任务，切忌一味地追求新鲜或趣味，忘记初心和任务。

二、议题式作业的分类设计

议题式作业体现议题式教学的特点，也符合议题式教学的四要素要求，从本质上讲议题式作业是议题式教学的一部分，议题式作业必须服务于议题式教学。从这个角度，议题式作业可以分为课前预习议题式作业和课后运用议题式作业。

（一）课前预习议题式作业

课前预习议题式作业是议题式教学的前置性作业，是教师为了提高议题式课堂教学效果，在新授课前从新授课教学内容和需要角度设计的适合学生学习状态和发展潜力的自主性前置性作业，可以帮助学生提前感知和初步理解即将学习的内容。课前预习议题式作业，一是要激发学生兴趣。作业议题的选择和情境的设置，要做到激发学生的兴趣，要有一定“议境”的空间。二是要有利于议题式课堂教学。课前预习议题式作业一般是以搜集整理为主的导学任务，目的是为课堂交流、合作、探究、展示做准备。三是要激励学生挑战。课前预习议题式作业要考虑到学生已有知识水平和生活经验，以此为基础进行设计，任务点的设计应该相对简单，容易操作，能激发学生的挑战欲望，太难、太易都不好。

（二）课后运用议题式作业

课后运用议题式作业的主要目的是对议题式课堂教学所学知识、理论或议题进行进一步巩固和练习，实现议题的进一步探究或知识的进一步迁移和拓展。课后运用议题式作业往往是议题式课堂教学内容和形式的延伸和深化。课后运用议题式作业要有利于学生真学、真懂、真信、真用思想政治学科的相关知识和理论，引导学生在亲身经历中感悟，培育思维能力和学科核心素养。这样要求教师根据学生学情、学力，精心设计序列化问题，引导学生逐步探究出成果，满足学生的求知欲，提升学生的获得感。所谓“跳一跳摘到的桃子最甜”，就是这个道理。

三、议题式作业评价

有作业，自然要有评价。议题式作业评价要坚持过程性与结果性相结合、多主体与多角度评价相结合、有效评价与双向反馈相结合，本书从更好地服务于议题式教学，提高议题式教学实效性角度，设计了如表 14 的议题式作业评价表。

表 14　议题式作业评价表

班级：　姓名：　小组名称：　议题作业活动名称：　日期：

维度	承担任务	任务完成	遵守活动规则	总结评价	活动 1	活动 2	活动 3
搜集整理							
交流合作							
表达展示							
意见采纳							
收获分享							

注：每个活动基础分 10 分，以此量化学生表现的得分情况，同时设置质性分析的收获分享，并作为总结评价依据

四、议题式作业示例

本书以统编版高中必修 2《经济与社会》第四课第二框“我国的社会保障”为例，谈谈议题式作业的设置和解决。本节课设置一个总议题“国之大者，老有所依——谈谈我国的社会保障”，四个分议题“议题一：坚定自己的路——敬老孝亲、老有所依”“议题二：回望走过的路——漫漫征程、砥砺前行”“议题三：比较别人的路——他山之石、去芜存菁”“议题四：远眺前行的路——中国养老、制度自信”。

根据议题式教学需要，教师在课前围绕“谈谈我国的社会保障”这个中心将全班同学分成三个组：第一大组实地走访广州市从化区社保局，体验了解我国的社会保障方式；第二大组通过实地调查从化南方医科大学第五附属医院，以深入医院采访的形式了解老人对医疗保险的满意度，进而以点带面，说明我国社会保障的意义；第三大组讨论北欧从“摇篮”到“坟墓”的福利制度对中国社会保障制度有何经验和教训。

具体教学过程围绕同学们的调查展开，教师对班级学生分组布置不同的任务，完成相应的调查分析，课上各小组分别派代表上台展示，并引导学生逐步解决问题。第一组实地走访广州市从化区社保局，了解我国社会保障的形式。通过第一组的展示分享，归纳总结我国的社会保障多种多样的形式。第二组学生通过实地调查，深入采访从化南方医科大学第五附属医院的某位患者，了解其在生病时使用社保的好处，并在调查采访后，谈谈自己感受到的社保的作用，从而以点带面，说明我国社会保障的意义。在第二组成果分享的基础上，通过设置难点突破环节，帮助学生理清商业保险与社会保险的异同。又通过一段视频《国家医保药品目录谈判现场》，帮助学生理解国家依法建立起由政府和社会承担主要责任的社会保障“安全网”。通过第二组的展示分享，归纳总结说明我国社会保障的意义。第三组学生通过搜集资料，多方面、多角度分析北欧从“摇篮”到“坟墓”的国家高福利的原因和所产生的问题，辩证地看待北欧国家的高福利制度，反思我国在建立和完善社会保障体系的过程中的经验和教训。教师引用第三组的展示成果，趁热打铁，提问：“有人认为我国已经成为世界第二经济大国，社会保障水平应该向北欧高福利国家看齐，以凸显社会主义制度的优越性。你赞同吗？”引发学生对此问题深入思考，并得出完善社会保障体系既要尽力而为，又要量力而行，要坚持社会保障水平与经济社会发展相适应的原则。紧接着教师又引导学生针对生活中有关是否需要缴纳社保的言论进行辨析，并通过了解在社保局调查的同班同学对缴纳社保的看法，同时引用我国有关社保“免减缓降”和“17 连涨”的时政新闻，设计“我们需不需要继续缴纳社保”“为什么社保降费还能连涨”等问题，得出“完善社会保障体系要做到权责清晰”的相关结论。最后，教师还设置了一个课后实践作业“敬老孝亲，如何从我做起？说明理由”，学生的答案有每周看望爷爷奶奶、外公外婆，每周打电话给他们，陪他们吃早茶、逛公园；去养老院做义工、陪聊天；给父母盛饭、刷碗、倒茶、生日送祝福……教师要求学生知行合一，一定要说到做到，学生非常认同。

本节课的总体设计是通过议题使学生通过实地走访广州市从化区社保局，调查我国的社会保障方式，了解我国的社会保障的多样性和理解社会保障的功能，培育学生的科学精神；学生通过实地调查，以深入医院采访的形式了解老人对医疗保险的满意度，进而以点带面，说明我国社会保障的意义。通过使其了解政府和社会在建立社会保障过程中的作用，培育学生理性看待我国有条不紊地推进社会保障工作，增强学生的政治认同和科学精神；学生通过调查了解广州市在完善社会保障体系方面做的具体工作，深入领会社会保障制度的公平性原则，提高政治参与能力；学生通过分享北欧从“摇篮”到“坟墓”的高福利制度，并深度思考北欧的福利制度，理解我国社会保障水平要坚持量力而行、尽力而为的原则，培育学生的理性精神，增强学生的辩证思维能力；通过与缴纳社保的某居民对话和对生活中缴纳社保的事例进行分析，分析社会保障的权利责任的关系，增强学生的法治观念，提高学生分析问题和解决问题的能力。

本节课通过议题式作业的设置、展开和解决过程，将学生课前实践调查的结果和课中教学过程相结合，通过各小组展示分享成果，提供教学情境，教师加以引导，全班同学围绕问题展开深入探讨，教师关注学生的思维路径和论证方式，关注学生辨析过程的价值观导向，师生共同梳理整合观点，做总体归纳，整个教学过程既有助于培育学生学习的主动性和提高学生的参与性，也有利于培育学科核心素养和落实立德树人根本任务。

第八章

议题式教学效果提升策略

新课标把高中思想政治课程定性为“落实立德树人根本任务的关键课程，以培育社会主义核心价值观为目的，是帮助学生确立正确的政治方向、提高思想政治学科核心素养、增强社会理解和参与能力的综合性、活动型学科课程”①。同时，作为一个亮点，明确提出议题式教学是落实“综合性、活动型学科课程”的重要抓手。一时之间，高中思想政治课堂教学就掀起了“议题热”，议题式教学受到了广大思想政治课教师的青睐。无论是公开课、示范课，还是竞赛课，“议”哄而上。从形式上看，议题、情境、活动、任务各种要素都有；从课堂活动看，整节课讨论协商、互动合作、课前调查、课后探究一样不少，感觉“热热闹闹”，但课堂效果和质量“马马虎虎”。运用了议题式教学的课堂虽然看起来“热热闹闹”，但并不意味着课堂效果和质量就自然而然会好。如何提高议题式教学效果，是教师在准备使用议题式教学方式之前一定要思考的问题，如果只是图其“形式”，不求其“实质”，不能有效开展，不能真正提高课堂效果、让学生受益和有效培育学生学科核心素养，那么这样的教学改革就没有太大的效果。因此，教师要研究议题式教学实施策略，提升议题式教学实效。

① 中华人民共和国教育部：《普通高中思想政治课程标准（2017 年版 2020 年修订）》，人民教育出版社，2020，第 1 页。

第一节 以学定议[①]

当前，高中思想政治课掀起了“议题热”，议题式教学受到了广大思想政治课教师的青睐。运用了议题式教学的课堂虽然看起来“热热闹闹”，但课堂效果和质量未必如意。究其原因，是“以教为中心”的理念依然在部分思想政治课教师的心中根深蒂固，该理念不仅容易导致课堂低效，还会压抑学生的个性发展。因此，要以议题式教学打造高效思想政治课堂，就必须“以学为中心”，采用“以学定议”的教学策略。

一、当前高中议题式思想政治课出现的一些问题

（一）重预设轻生成

一节高效的思想政治课，需要有课前的精心预设和课堂上的动态生成。但有的教师仍秉持“以教为中心”的理念，习惯在课前把整节课的所有细节都精心设计好，以使课堂教学环环相扣，顺利开展；但这种完全按照预设进行教学的课堂，过于机械化和程序化，学生围着课本和教师转，缺乏自主思考的时间和空间，不利于思维发展和深度学习。

（二）师生互动表面化，忽视学生主动性

当前的思想政治课堂中仍大量存在“以教为中心”的现象，教师力求把每个知识点都讲得全面透彻，而学生只能被动地听。在公开课上，教师往往会

① 李辉云、邓燕燕：《“以学定议”：以议题式教学打造高效思想政治课堂》，《中学教学参考》2022 年第 7 期，略有调整。

安排互动环节，但很多时候互动环节和内容都是教师事先安排好的，甚至哪个学生回答哪个问题都会在上课前安排好。这就导致了课堂上学生像木偶一样被教师牵着走，不会主动获取和探究知识。这样的课堂，师生互动表面化，华而不实，忽视了学生的自主性。

（三）评价方式单一，忽视学生个性发展

“以教为中心”的思想政治课堂，统一教学目标、教学方法、评价方式，没有关注学生的个体差异，忽视学生的个性培养，压制学生的独立思考和创新发展。比如在小组合作学习中，各小组讨论问题后会派代表回答问题，如果小组代表答对了，教师就会给该小组加分。这样的教学过程表面上看没问题，实际上却忽视了学生在讨论过程中的情绪状态、内在需要和个性化观点，也剥夺了学生发表个性化见解的机会。促进学生发展是教师的教学目标，但由于环境等因素的影响，学生在知识、能力、情感体验等方面会存在差异。这就要求教师在教学过程中，尊重差异，关爱学生，让每一个学生都能茁壮成长。

（四）课后拓展低效，忽视长远发展

“以教为中心”的低效课堂教学使学生无法进入深度学习，无法深刻理解知识，也无法形成对未来发展有深远影响的关键能力和核心素养，导致在考试中成绩不理想，曾经做过的题屡次出错。有些教师不得其解，自己把知识讲得多全面透彻，为什么学生还是考得不理想，于是归因于学生练得不够和脑子不灵活，通过课后布置大量的重复性练习来弥补与加深学生的理解，结果适得其反。学生被题海困住而无法深度思考，思维僵化，能力的形成受限，更谈不上长远发展的能力。

二、对策："以学定议"，提高议题式教学实效

要提高议题式教学实效，需要采用"以学定议"的教学策略。"以学定议"的课堂注重以生为本，为了学生的发展，根据学生的实际情况设置学习任务，从而使他们获得长效发展。本书结合统编版高中必修 3《政治与法治》第五课第一框"人民代表大会：我国的国家权力机关"的教学，谈谈如何运用"以学定议"策略。

（一）以"学"的目标，定"议"的视野

提高议题式教学实效的前提是制订明确的教学目标，而制订教学目标要依据课程标准。为了落实立德树人的根本任务，新课标提出，要培养学生的政治认同、科学精神、法治意识和公共参与等学科核心素养。新课标的变化，要求教师在备课时深刻领会新课标精神，落实学科核心素养培养目标。

新课标第 18 页的教学提示，建议本节课以"怎样看人大代表的作用"为议题，分析人大代表的具体产生过程、活动方式和主要职责；针对热点问题，模拟人大代表撰写议案；等等。结合新课标的教学目标和教学建议，笔者在本节课设置了一个总议题"人民代表大会和人大代表该如何行使职权"，三个分议题"人民是如何行使国家权力的""人大代表代表谁""模拟人大代表写议案"。分别对应教材主干知识和教学重点"人民如何行使国家权力"、难点"人大代表如何行使权利"，并引导学生通过角色扮演进行公共参与。

"人民代表大会：我国的国家权力机关"的内容学生在初中已经接触过，所以本课的知识对他们来说并不难，难就难在让他们深刻领会教材所讲的内容、认同人民代表大会制度，培养他们关心国家大事和积极参与政治生活的意识，也就是难在培养他们的政治认同、科学精神、政治参与等学科核心素养。为此，笔者将这一课设计成德育活动课，让学生在活动体验中领悟人大代表的

榜样示范作用，认同人民代表大会制度的优越性；在学生讨论后，教师对学生在讨论中暴露出的问题进行深入分析，引导学生做出理性判断，培养学生的科学精神；在学生模拟人大代表写议案的过程中，培养学生的公共参与素养，使学生树立责任担当意识。

教学目标决定教师的教学视野和教学行为，教学程序、教学评价等都是围绕教学目标展开的。

（二）以“学”的起点，定“议”的策略

美国教育心理学家奥苏伯尔曾说：影响学习的最重要因素是学生已经知道了什么，我们应当根据学生原有的知识状况去进行教学。“学生原有的知识状况”即“学”的起点，包括学生的兴趣、爱好、情感、学习能力和学习习惯等。构建高效课堂需要教师精准把握学情，合理确定“学”的起点。合理确定“学”的起点是落实“以学定议”教学策略的前提条件。低效教学往往是因为教师没有精准把握学情，缺乏有效的教学策略，导致一节课上完了很多问题却没解决，学生学到的知识只停留在表面，更谈不上形成学科核心素养。教师对学情把握得越充分，采取的策略越有针对性，课堂就越有效。教师把握学情可以通过课前布置议题式导学案、课中关注学生的参与状态和课后与学生沟通交流等多种途径来实现。

本节课的导入环节播放了 2021 年 3 月 5 日十三届全国人大四次会议开幕的视频，意图是让学生进入情境，拉近与人民代表大会的心理距离，为议学活动进行铺垫。接着播放视频《“泥瓦匠”全国人大代表邹彬》。“95 后”全国人大代表邹彬作为新生代农民工代表，为广大农民工群体发声，呼吁人大关注农民工的职业发展。邹彬从一名普通泥瓦匠成长为国际大赛获奖者，再到全国人大代表，其成长过程充满传奇色彩，对年轻一代起着激励作用。以他为案例可以迅速激发学生的好奇心和兴趣。此时，教师抛出问题：“查阅资料，思考

‘泥瓦匠’是如何当上全国人大代表的”，很容易就能激起学生的探索欲望。学生分组积极讨论。讨论结束后，学生积极举手，争取发言和展示自己的机会，场面非常热烈。

基于高一学生对新事物好奇、热情和敏感的心理特点，本书将本课的教学内容活动化，采用了议题式教学策略，通过活动设计为学生提供展示自我的平台，激发学生参与的积极性，拉近人大代表与学生生活的距离，让学生在活动中体验，在体验中获得知识，培育学科素养。

（三）以“学”的需要，定“议”的深度

高效议题式课堂是有深度的课堂，但深度并不意味着问题越难越好，而是要符合学生的实际水平。从学生的角度出发，适合学生的需求，符合学生的实际水平，学生在课堂上有真正的收获，才是有深度的教学。

本节课的议学活动要求学生“结合议程，查阅资料，说明全国人民代表大会的地位和职权，分析人民是如何行使国家权力的”，通过对全国人大会议议程材料的分析，概括归纳全国人大的职权及其地位。笔者还设置了一系列相对复杂的知识连线题目，要求学生对人大、人大代表具体的行为与人大的四项职权、人大代表的四项权利进行连线。虽然学生在初中阶段有了一定的知识基础，但在新授课中要求学生马上回答这些问题也是不容易的。

通过检查学生课前议题式导学案的完成情况，笔者了解到学生学习本课的目的不只是了解人大和人大代表的相关知识，他们还想知道如何区分人大的四项职权，想知道人大常委会的地位和职责，想知道人大和人大代表的职权有何不同，更想知道人大和人大代表到底有多重要。基于学生的实际需要，笔者提出了“中国有十几亿人口，是不是每个人都可以去全国人大决定国家大事”的问题，让学生讨论。笔者参与到学生的讨论中，关注每一位学生的学习状态，及时捕捉学生的疑惑点并进行针对性指导。例如在讨论过程中，有学生提

出“人大代表只是一种荣誉称号，他们只是去开会、举举手”，还有学生提出“人民代表大会只是一种形式”的观点。学生讨论得越深入，暴露出的问题就越多。对此，教师需要及时调整教学策略，深度挖掘教材知识，补充学生需要的、感兴趣的知识和典型的案例，纠正学生的错误认识。在这一过程中，教师还要根据学生的实际水平，引导学生通过分析、讨论、归纳得出正确的结论；同时使学生进行深度思考，培养高阶思维，从而实现高效课堂。

（四）以“学”的发展，定课外拓展

教学的根本目的是立德树人，是为了学生的长远发展，因此判断一节思想政治课是否高效，就要看其是否有利于学生的长远发展。核心素养下的思想政治课，不是为了培养学生的应试技巧，而是为了培养学生适应未来社会的关键能力和核心素养。社会实践活动是培养学生学科核心素养的重要途径。教师设计实践活动方案，让学生参加到实践活动中，使学生在活动中提高理论联系实际的能力，做到学以致用，提高公共参与素养。

本节课，在播放了《“泥瓦匠”全国人大代表邹彬》的视频后，设置了议学任务“假如你是邹彬，请结合参会经历向你的工友说说人大代表的职责”。通过讨论交流，小组代表发言，学生从职权和义务的角度对人大及人大代表有了更深的了解，增强了对人大和人大代表的政治认同。接着，设置更具挑战性的议学任务“每四个人为一小组，为邹彬撰写一份人大议案”。要完成该任务，不仅要了解人大代表的权利和义务，了解人大的运作机制，而且要从“怎么做”的角度去理解、应用、迁移人大和人大代表职权的相关知识。学生从农民工职业培训、农民工合法权益保障、留守儿童教育、乡村振兴等角度进行调查研究、撰写提案。在调查研究中，学生主动关注民生、了解政策，并树立了社会责任意识。在模拟人大代表写议案的过程中，学生做到了学以致用，提高了理论联系实际的能力，培养了公共参与素养。

综上，“以学定议”教学需要教师从“学”的目标、“学”的起点、“学”的需要以及“学”的发展等出发，认认真真备好每一节课，实实在在上好每一节课，这样才能以议题式教学构建高效的思想政治课堂。

第二节　引导生成①

议题式教学在当前高中思想政治学科教学中受到推崇，是新课标、新课程的亮点之一。同时，生成性教学也是新课程改革的核心理念之一，是思想政治学科教学的发展趋势之一。两者不同，但并不矛盾，而且需要有机统一。提高思想政治学科议题式教学生成性，是落实议题式教学的重要一环。本文针对当前思想政治课议题式教学存在的生成性不足问题，结合课堂教学实践，谈谈提高议题式教学生成性策略。

新课标的亮点之一是提出并在思想政治一线课堂推广议题式教学，同时，生成性教学也是新课程改革的核心理念和发展趋势之一。那么，两者有什么关系、如何提高思想政治课议题式教学生成性就值得探索。

一、议题式教学与生成性教学的关系

议题式教学是精选连通学科主干知识，突出教学重点、难点的中心议题，并结合现实情境对总议题进行案例化、层次化、梯度化的分解、细化，激发学生的探究学习兴趣，继而由教师引导学生讨论、合作、探究，发表观点，解决问题，学生在师生、生生互动中掌握知识，提高能力，培育学科核心素养的教学模式。生成性教学是指在弹性预设的前提下，在教学的展开过程中由教师和

① 李辉云、邓燕燕：《议题式思想政治课生成性策略》，《教学考试》2021 年第 34 期，略有调整。

学生根据教学进展，在师生、生生合作、对话、碰撞中构建教学活动的过程，使课堂呈现出动态变化、生机勃勃的特点。

议题式教学与生成性教学，两者并不矛盾，只是教学侧重点不同，因此需要有机统一。新课标指出，思想政治课的主要教学目标是帮助学生形成正确的三观，确立正确的政治方向，培育学科核心素养，促进全面发展，落实立德树人根本任务。思想政治课教学目标始终关注的是学生主体的思想状况。因此，缺乏学生参与的思想政治课是不符合其教育初衷的。议题式教学与生成性教学都较好地适配了思想政治课的教学目的，一扫中学思想政治课堂的沉闷气氛，给课堂注入新的活力，带来质的飞跃。

但传统的“重预设轻生成，重结果轻过程”观念一时难以改变，且迫于考试压力，许多教师在议题式教学中，考虑的是如何讲清楚教材、讲解理论，很少给学生真正的讨论、互动的时间，就是有也往往是讨论怎样解题得分，造成课堂教学缺乏生成性，感觉是“穿新鞋，走旧路”，议题式教学效果大打折扣。学生的理论水平看似有所提升，但实际上内心对书中所传达的价值体系并未理解和认同，在面对人生的选择时依然无所适从。这些都与思想政治学科的性质和目标相悖，与思想政治课议题式教学相悖。因此，提高思想政治课议题式教学生成性，是落实议题式教学，培育学生学科核心素养，实现立德树人育人目标的重要一环。

二、提高议题式思想政治课生成性策略

议题式教学是新教学方式，教师在探索中难免出现问题，应不断优化设计，提高议题式思想政治课生成性，推进议题式教学在一线思想政治课堂落地生根。本书结合统编版高中必修 2《经济与社会》第一课第一框“公有制为主体，多种所有制经济共同发展”，就如何提高议题式思想政治课生成性做初步探讨。

（一）整合教材，精设议题

教师要明确一点，教材只是教学的工具，而不是教学的全部。正所谓“君子役物，小人役于物”。不顾教学实际而死板地照搬教材，并布置任务让学生死记硬背，这样的教学过程让教师成为监管者，而非学生学习道路上的引路人。因此，在开展议题式思想政治课堂之前，首先，要对教材进行全面的分析和整合，突出重点、难点，详略得当。好的教材内容整合能够达到事半功倍的效果，能够简化教学中不必要的烦琐环节，突破重难点，提高思想政治课教学效率；其次，要根据学生的学情、学力进行教学内容重新编排。高中生已经具备了一定的自学能力，学生自己课前预习就能理解和解决的问题，教师就不必做过多讲解和解释，要把重点放在学生理解的难点、知识的盲点和思维的堵点上。

本节课有关我国所有制的知识学生在初中已经学过，初中侧重讲“是什么”，高中侧重分析“为什么”和“怎么做”。因此，本节课再去过多讲公有制和非公有制含义、内容、作用、意义等没有必要，而是要根据学情、学力重新分析、整合教学内容，重点突破公有制和非公有制如何发挥作用，以及如何处理公有制和非公有制关系，树立制度自信，培育政治认同核心素养。本节课在整合教材基础上，笔者精心设置总议题“抗疫的经济制度优势是什么”和四个分议题“为什么供给不能停”“为什么供给能不停”“怎样做到供给不停”“如何正确看待我国所有制”。这些议题从不同的角度对有关联的知识内容进行系统整合，把重点放在难点、盲点、堵点上，让学生理解更深刻，学习效率更高，学习过程也更为轻松。

（二）增添时政，精选情境

思想政治课堂并非纯理论化的课堂，通过引入时政素材，能够搭建思想政治课堂与学生日常生活之间的桥梁，让思想政治课走下“神坛”，拉近其与学生之间的距离。情境是议题式教学的载体，能推动议题活动有序开展，让学生在情感体验中培育素养，因此情境素材应选用贴近生活、贴近实际、学生知晓率高的社会热点时政；同时要鼓励学生表达自己所知道的时政素材、生活素材等。这些来源于现实的真情境为学生参与、体验、对话、互动提供场景和机会，让学生产生真实情感体验，加深对知识的理解，产生深刻的心理认同，促进学科素养的真正生成。

本节课的基础知识学生在初中都学过，如果只是举一些身边国企或民企的例子和学生讲公有制和非公有制的含义、分类、意义等，学生将难有兴趣。所以，教学中，教师可以引入中国抗疫成功的热点时政，这是学生亲眼所见的真实事件，是学生亲身体验的真实感受，是“真素材”和“真体验”的有机结合。本节课素材教师主要选用了全国抗击新冠肺炎疫情表彰大会、央视新闻播放的《同心战“疫”》和《众志成城》视频的部分剪辑，重点介绍国有企业（国家电网、中国移动等）和民营企业（华为、顺丰等）在抗疫中发挥的积极作用，也有介绍雷神山、火神山“神速”建成的视频。这些视频素材学生虽然已有所了解，但再观看时依然十分震撼、感动；同时，教师提出“通过调查分析，你还知道哪些国有企业是如何发挥‘主力军’作用的”“结合你所了解的民营企业等非公有制经济，说说民营企业在抗疫过程中发挥了哪些作用”等问题，引导学生用自己的所见所闻、亲身感受，用自己的素材情境，去分析教材的理论。理论在情境的引领下变得“和蔼可亲”，学生自然而然就明白了我国所有制的基本内容，理解了我国基本经济制度的制度优势，制度自信和政治认同感油然而生。

（三）转变观念，互动生成

教师要深刻认识自己在教学中应该充当的角色，教师的主要任务不是监督学生，更不是强行灌输教材知识，而是引导学生主动学习思考。教师是教学的主导，学生是教学的主体，教学过程是学生主体性与教师主导性的有机统一。思想政治课教学不仅是传授理论知识，更重要的是培养学生正确的世界观、价值观和人生观，培育学科核心素养，落实立德树人根本任务。教师在明确这一基本立场和原则后，要转变观念，针对性地调整，加强互动探究，提高学生课堂参与面和参与度。第一，设问开放性与引导性并存。提高问题的开放性能够给学生发挥的空间，让学生更有兴趣去思考，引导学生发表自己的意见，在师生、生生互动中实现思维的碰撞，活跃课堂气氛。不要设置那些答案一目了然的问题。设问要让学生有话想说、有话能说、有话能说到点子上。第二，丰富课堂活动环节。教师可以增设小组讨论、辩论、代表发言等环节，在提出相关问题后，将任务下发给各个小组，由他们自主、合作商讨出答案。运用得当，小组讨论与教师一对一的提问相比，能够发挥的作用更大，它利用生生互动的督促力量，让每一位同学都能够对教师的问题进行积极的思考，不会产生像教师"一对一"提问环节中有部分同学趁机开小差的问题。

本节课的重点、难点是分议题三"怎样做到供给不停"，引导学生分析、归类我国基本经济制度的内容——公有制和非公有制。教师设置了"结合视频或者自己熟悉的国企，谈谈公有制在抗疫中发挥了什么样的作用""通过调查分析，概括作为'国家队'的国有企业如何才能发挥好'主力军'作用"等问题。这些设问兼具开放性和引导性，让学生想说、能说、说到。同时给予学生充足的时间讨论、交换观点，由代表展示议学成果，让每一个学生都能参与课堂，都有互动探究的机会，也就是在师生互动、生生互动过程中，学生学科知识体系得以构建，学科能力得以培育，学科素养于无形中自然生成。

（四）优化评价，突出过程

教学评价导向教学过程，只有坚持总结性评价与过程性评价相结合，侧重过程性评价，才能引导议题式教学关注过程，关注互动中知识、能力、素养的生成性。第一，改革总结性评价。近年来，教育部对考试制度进行积极的改革，其目的也正是为革除长期应试教育下的弊端，促进学生创新思维、探索欲的发展。思想政治课教学应借此契机完成自身的转变，从冷冰冰的纯文本理论知识，更多地转向对学生的人文关怀，包含对学生思想道德、心理状况、学科核心素养等方面的关注。第二，加强过程性评价。评价要着重看学生解决情境化问题的过程，而且要多维度评价，除了关注学生知识掌握获取维度，更关注学生的参与程度、情感体验等，鼓励学生倾听、质疑和表达，强调评价的重心是学生在学习过程中认知、意志、个性、情感等的投入，反映出学生学科核心素养的发展水平。

本节课，改变以往重教材知识点讲解的教学方式，更多地重视知识、能力、学科素养的生成。整节课的议题式教学设计强调发挥学生的主体作用，引导学生在有意义的设置情境中围绕议题互动、探究、表达、展示，学生的参与时间大大增加，表达机会大大增加。尤其在分议题三“怎样做到供给不停”的几个设问中，学生讨论热烈、主动分享，人人都有自己熟悉和关注的国企和民企，也往往能说出其中的一二三点，出现抢答、抢展示的课堂高潮。在这样的互动过程中，学生的知识体系得以构建、理论知识得以理解、学科核心素养自然生成，对我国所有制结构、基本经济制度有很高的认同，分析解决问题能力、语言表达能力、辩证思维能力等学科能力也自然得到较好培养。

总之，提高思想政治课议题式教学生成性能够激励学生参与课堂互动，激发思想政治课堂活力，提升学生学科核心素养，落实立德树人根本学科任务，更好地发挥思想政治课的育人功能。同时，也能推进新课改工作深入开展，推动议题式思想政治课落地生根、开花结果。

第三节 善于提问①

议题式教学引入议题，开展综合性、活动型课程教学，目的是让师生在开放民主的氛围中互动、讨论，激发思维的碰撞，引导学生进行有效的深度思考，产生高阶思维；而这个过程和良好课堂效果的实现，首先要求教师设置合理的、有效的问题，其次是课堂教学中，教师与学生在平等互动的基础上，既发挥好教师的主导性，又要提升学生的主体性，真正实现教师有效提问和学生有效思考的有机统一。

一、教师有效提问与学生有效思考要形成和谐、统一关系

教师有效提问是教师根据课堂教学的目标和内容，在课堂教学中创设良好的教育环境和氛围，精心设置问题情境，有计划地、有针对性地、创造性地激发学生主动参与探究，不断提出问题、解决问题的课堂教学提问方式。有效的课堂提问，应该是既可以调节课堂气氛，促进学生思考，激发学生求知欲望，培育学生口头表达能力，又能促进师生有效互动，及时地反馈教学信息，从而大大地增强课堂教学的有效性。

学生有效思考是在教师有效提问条件下，学生积极主动参与到课堂的教学中，对问题进行个体思考，不断提出问题、解决问题。因此，热闹的议题式教学课堂，未必就是有效的课堂；有效的议题式教学课堂，也未必就一定很热闹。热闹分两种：一种是流于表面的轰轰烈烈，一种是学生思维的波澜起伏。如果没有思维参与，浅层次的有问有答，师生互动的表面热烈，是课堂造假。反之，如果有学生思维深度参与，即使没有表面的有问有答，也能启发学生思

---

① 李辉云：《政治课堂教学“层层递进”》，《考试（高考文科版）》2012 年第 4 期，略有改动。

维，推动学生思维发展，同样是有效的课堂教学。

议题式教学课堂提问的目的是让学生思考问题，深化对所学知识的理解，培育学生分析问题和解决问题的能力，提高学生的思维品质。学生是否有效思考是评价教师提问是否有效的关键因素和试金石。若教师的提问不能有效引导学生思考，培育学生思维能力和思维品质，那就是低效提问，甚至是无效提问，便会损害课堂教学的有效性。这样的教学，既失去了教师的主导性，又失去学生的主体性。因此，教师有效提问与学生有效思考应该形成和谐、统一的关系。要提高课堂教学有效性，教师的提问就一定要和学生的有效思考有机结合起来。如果能做到这样，学生会给出更详细的答案，学生会提出更多的问题，教师和学生在互动、交流中就会碰撞出更多的思想火花，从而提高议题式课堂教学的有效性。

一个好的教师，要善于在有效提问的基础上引导学生有效思考，积极地分析、讨论问题和回答问题，利用学生教学生，“四两拨千斤”，就能给课堂注入活力，提高议题式课堂教学的有效性。

二、结合公开课“价值的创造和实现”进行教学反思和策略总结

“价值的创造和实现”是统编版高中必修4《哲学与文化》第六课第三框的内容，本节课的教学设计主线是：播放感动中国人物袁隆平的典型事迹视频，介绍他从一个默默无闻的乡村教师成为举世闻名的中国工程院院士、著名杂交水稻专家，创造与实现自己的人生价值的事迹，并用此典型事迹贯穿整节课。在内容上，对教材“从创造的角度来看—从实现的客观角度来看—从实现的主观角度来看”顺序做了适当的调整，重新整合为总议题“学习英雄事迹，创造自我价值”和三个分议题“从实现的主观角度来看英雄”“从实现的客观角度来看英雄”“从创造的角度来看英雄”。

（一）有效提问必须善于制造“悬念”，激发学生思考的欲望

情景：

师：20世纪外国有学者针对中国人口的急速膨胀以及世界粮食生产的情况提出一个很尖锐的问题：“下个世纪谁来养活中国人?”现在，请同学们说一说，谁最有资格回答这个问题?

生：袁隆平。

师：能具体说一下吗?

生：他的杂交水稻解决了我们的吃饭问题。

师：没错，每年，全球数以亿计的人口面临着粮食短缺的危机……袁隆平用自己不懈的努力，向世人诠释了一个农民科学家对粮食问题的理解。下面我们就通过视频《感动中国人物袁隆平——让人类远离饥饿》，了解他的人生经历，大家来共同探讨一个人如何创造与实现自己的人生价值。

教学反思：

在讲课过程中注意采用不同的结构和方式，善于制造提问的“悬念”。特别是刚导入课时，好的“悬念”既能激发学生的学习兴趣，增强吸引力，又使教师讲课水到渠成、轻松自如，从而使整堂课气氛都比较轻松、热烈。因此，我们要重视对提问“悬念”的精心设计和灵活掌握。

（二）有效提问必须符合学生的思考习惯：从具体到抽象，从感性到理性

情景1：

师：袁隆平如何从一个默默无闻的乡村教师成为举世闻名的中国工程院院士、著名杂交水稻专家，实现自己的人生价值?

生：……（学生沉默，问题太大，不知如何回答）

情景 2：

背景——袁隆平说："搞科学研究，我想第一不要怕失败，你要怕失败，你就不要去搞研究。第二，搞科研呢，你就不要怕辛苦，书本上种不出小麦，种不出水稻来的。"

"真的，我从没后悔，我这个人有点痴，认准的一定要走到底。"他一直这样说，也一直这样做。

师：这给我们有什么启示？

生：实现人生价值需要充分发挥主观能动性，需要顽强拼搏、自强不息的精神。

情景 3：

背景——袁隆平说："我这个人水平不高，但是我有种认识，就是要不断地创新。科学研究最基本的特色，就是要创新，要不断创新，不断向新的领域，新的高峰攀登，这才是科学研究的本色。"

袁隆平特别喜欢读书，除了专业方面的，也看国内外名著，像《泰戈尔情诗》、莎士比亚四大悲剧等，且喜欢读英文版的，他认为这也是学习外语的一种方式。他说："多掌握一门外语，就等于多打开了一扇知识的大门。"

师：从袁隆平的身上，请同学们说说，实现人生价值还需要什么条件。

生：实现人生价值，需要努力发展自己的才能，全面提高个人素质。

情景 4：

在研究的初期阶段，为了获得一株水稻天然雄性不育株，袁隆平和新婚妻子连续两年在稻田里，在前后共检查了 4 个常规水稻品种的 14 000 多个稻穗后，终于找到了 6 株雄性不育的植株。

学术界权威的质疑与反对，使他承受着巨大的舆论压力。当时学术界流行的经典遗传学观点认为，水稻是自花授粉作物，积累下来的多是优良的因子。所以自交不会退化，杂交也不会产生优势，从而断言搞杂交水稻没有前途，甚至说研究杂交水稻是“对遗传学的无知”。然而，所有的磨难都无法动摇袁隆平执着地追求梦想。

师：从袁隆平的经历，说说实现人生应具备什么样的信念。

生：实现人生价值，需要有坚定的理想信念。

情景 5：

20 世纪 60 年代初期，他带学生到农村劳动，常常每人每天只吃二两米。作为一个农学系毕业的学生，深感自己有责任用知识来解决农民的吃饭问题。从那一刻开始，他将“所有人不再挨饿”奉为终身的追求。

袁隆平说：“在我的有生之年，我还有两大心愿：一是把超级杂交稻研究成功，大面积应用于生产，这样 21 世纪谁来养活中国的问题就解决了；再一个是让杂交稻进一步由中国走向世界，‘发展杂交水稻，造福世界人民’。”他还说：“我有点儿雄心壮志，看到农民这么苦，我们学农应该有这个义务，有这个义务帮助发展农业，帮助农民提高产量，改善他们生活。”

师：这对我们实现人生价值有什么启发？

生：实现人生价值，坚持正确价值观的指引——确立为人民服务的价值观。

教学反思：

过于抽象的问题，往往会使学生对你所提的问题本身产生疑问，他不知道你在说什么，该从哪个角度回答，说到什么程度才算圆满（扣题）。这样的问题没有意思，学生也不会感兴趣。比如情景 1 的提问就是无效的。其实，那些抽象空泛的问题，大多数情况下，怕是连我们老师也未必能答出来或答好。换言之，不仅是折磨学生，也是在折磨我们自己。

所以设疑要具体，力避空泛抽象。在课堂的有效性教学中，教师要做到所提的问题要具体，力避抽象和不着边际。比如情景 2—5 的提问就是有效的，问题越具体，学生越能回答，问题指向性越明确，学生的思考就越有效。

（三）有效提问必须符合学生的思考习惯：从简单到复杂，层层深入，由表及里

情景1：

背景：1972年，袁隆平的学生李必湖在海南发现一株野生的雄性不育系水稻“野败”，杂交水稻的研究之路豁然开朗。

师：袁隆平曾经说过“没有大家的努力是取不了这么好的成绩的”。以上说明了什么道理？

生1：一个人的成功需要大家的帮助。

生2：完全脱离社会的“个人奋斗”和“自我实现”，实际上是不可能的。

师：为什么完全脱离社会的“个人奋斗”和“自我实现”，实际上是不可能的？

生：……（沉默，再思考）

师：人创造与实现价值的条件有哪些？是由谁提供的呢？

生：人的生存条件、发展条件、享受条件、工作条件以及人创造价值的条件都是由社会提供的。人的价值，只能在社会中实现。

师：那个人和社会有什么关系？（引导学生思考）

生：个人和社会是统一的。社会发展是个人发展的基础，社会发展也离不开个人的发展。只有在集体中，个人才能获得全面发展其才能的手段。只有在集体中，才可能有个人自由。即一个人只有把自己融入集体，才能最大限度地实现个人的价值，绽放出完美绚丽的人生。

情景2：

1998年，“袁隆平”品牌经无形资产评估，被认定其价格达1000亿元人民币。对此，社会上反响很大，各方面给予积极评价，认为这昭示着中国知识经济的风暴和尊重知识、尊重人才时代的真正到来。

“隆平高科”上市后，社会上有人称“袁隆平一夜之间变成了亿万富翁”，他很平静，对此一笑了之。他仍然一如往日地奔波在试验田地里。

当时袁隆平依然经常穿上水田靴，骑上摩托车到水稻田里看一看，这位总是两腿沾满了泥点子的科学家，就像一位普通的农民一样，忙碌在田间地头。

师：大家思考，袁隆平，他幸福吗？为什么？

生1：劳动者的人生是幸福的。一个人在劳动中创造的财富越多，意味着他为社会所做的贡献越大，他的价值就越大，他的幸福感就越强。

生2：劳动是人的存在方式，是实现人生价值的必由之路。

生3：努力奉献的人是幸福的。积极投身于为人民服务的实践，是实现人生价值的必由之路。

师：能从袁隆平的事例中具体说明一下吗？

生4：袁隆平用得来的奖金设立了袁隆平农业科技奖励基金会，2004年他把刚刚得来的十二万五千美元的世界粮食奖奖金全部捐给了基金会。

教学反思：

有效提问必须符合学生的思考习惯：从简单到复杂，层层深入，由表及里。通过这一层层的问题，层层深入，环环相扣，引发了学生追问问题结果的兴趣，课堂立即活跃起来，学生注意力非常集中，学生的思维一开始就处于求知状态，也就是处于兴奋状态，从而使政治课产生认知魅力，引导学生进行思考、分析、解剖。解决上述问题，也就解决了本课题的重、难点内容，其中锻炼了学生的创新思维能力，也提高了学生学习思想政治的兴趣，化枯燥为乐于学习、乐于思考、乐于钻研。

（四）有效提问必须符合学生的思考取向：问题要生活化，引起学生的共鸣

情景：

师：通过袁隆平理想、志向的确立和实现的感人事迹，结合本节课的内

容，谈谈你自己最向往的理想或职业是什么。

生：……（学生七嘴八舌地说开了）

师：设想一下，要实现它需要做哪些准备、必须具备哪些条件？

生 1：自己的职业理想要符合社会的需要和社会的发展，这样才能在更广阔的天地有所作为。

生 2：理想是人生的奋斗目标，崇高的理想是人生的精神支柱。一个人有了崇高的理想，就有了坚定正确的方向，就能够把个人的前途和国家的命运、人类的幸福集合起来，从而为自己的生命历程注入恒久的动力和无限的生机。

生 3：实现人生价值，需要努力发展自己的才能，全面提高个人素质。

生 4：一个人没有理想，生活就没有重心，就缺少朝气。为自己建立一个正确的目标，朝着这个目标去努力追求，生活自然就会充实而有意义。

生 5：……

教学反思：

有效提问必须符合学生的思考取向：问题要生活化，引起学生的共鸣。从“通过袁隆平理想、志向的确立和实现的感人事迹，结合本节课的内容，谈谈你自己最向往的理想或职业是什么”到“设想一下，要实现它需要做哪些准备、必须具备哪些条件”，经过这样符合学生实际情况的有效提问，既能联系课文的内容，又能联系职业教育的特点，而且紧密联系了学生最关心的切身问题——职业与就业，使学生思想活跃起来，注意力集中，关心课文内容，有效课堂教学的知识、技能，过程、方法与情感、态度、价值观三者（三维目标）的协调发展也就水到渠成了。

（五）有效提问必须及时反馈学生的思考，让学生在互动、交流、碰撞中提高思考的深度和广度

情景 1：

背景：袁隆平获得 500 万元最高科学技术奖奖金，“袁隆平”品牌无形资

产达 1 000 亿元人民币。

生 1：原来他那么有钱的，还是个富翁！当科学家也能发财的呀，真不错！那我也要当个能发财的科学家。(学生哄堂大笑)

生 2：只知道谈钱，老师，××同学钻到钱眼里去了。(学生哄堂大笑)

生 3：科学家就不能是富翁吗？

生 4：有钱就有人生价值吗？

师：这几位同学的思考问题角度很有新意，也值得我们思考。那么，袁隆平为什么能成为富翁呢？

生：（分别表达自己的看法）他获得了很多大奖，他掌握了杂交水稻技术，他解决了中国人的吃饭问题，他是个名人……

师：通过这些分析，体现了和人生价值有关的什么道理呢？

生 5：人既是价值的创造者，又是价值的享受者。人生价值包括个人对社会的责任和贡献（社会价值）和社会对个人的尊重和满足（个人价值）两个方面。

师：金钱对于衡量人生价值有意义吗？

生 6：没有，……

生 7：有，……

生 8：辩证看待，要看金钱的来源和用途。

师：这几位同学的分析都很有价值，综合起来，是对一个人人生价值的评价主要看他的贡献。人的贡献是多方面的，可以是精神贡献也可以是物质贡献，最根本的是要自觉站在最广大人民利益的立场上，为社会、为人民做出我们应有的贡献。

教学反思：

学生个人情况不同，思考的方式千差万别。交流的过程就是一个展现自我、互相学习的过程，教师的评价和总结不要过于简单化，要在细节中发现学生思维的缺陷和知识的不足，只有对症下药才能真正提高水平，达到促进学生有效思考的目的。古人提出“学起于思，思源于疑”“疑是思之始，学之端”，这就告诉我们，质疑是有效思考的一个至关重要的组成部分，同时也可以说是有效思考的动力和“钥匙”。因此，教师在面对学生提出的一些奇特的想法、新奇的念头时，应尽可能地认真对待，不能以不屑一顾的态度，轻易地做出判断，防止挫伤学生的创造激情。因为任何压抑、干扰都将使思考的心灵受损。所以，教师要尊重与保护学生的好奇心，创设激发学生思考的学习环境，把他们的好奇诱导到学习、思考的轨道上来。

著名教育家陶行知先生说：发明千千万，起点是一问。禽兽不如人，过在不会问。智者问得巧，愚者问得笨。美国著名教育学家布鲁纳说过：向学生提出挑战性的问题，可以引导学生发展智慧。教师有效提问必须与学生有效思考有机结合起来，形成和谐、统一的关系，从而激发学生的兴趣，提高学生分析问题、解决问题的能力，从根本上培育学生的思维品质。可以说，高质量的课堂提问是一门值得我们不断追求的教学艺术。

当前，在一线课堂的议题式教学中，大部分思想政治课教师都能学到基本的操作方法，可以说是议题式课堂教学的“硬件”慢慢具备了；但是，总还是感觉课堂效果一般，学生的参与程度、思维活跃程度不够，进而表现出高阶思维不足、深度学习不够，其中一个很重要的原因就是，教师的课堂提问，包括与学生互动问答的过程不够理想，教师提问并促进学生生成知识、能力和素养的“软能力”还要慢慢修炼。

第四节　指向深度学习[①]

新课改背景下，深度学习已成为培育核心素养的共性要求，而议题式教学作为高中思想政治课的新型教学模式，在实际教学中能有效促进学生深度学习。本节探讨议题式教学与深度学习的内涵关系，以及议题式教学促进学生深度学习的教学策略。新课标亮点之一是提出议题式教学是落实高中思想政治课综合性、活动型学科课程的重要抓手，是培育学生学科核心素养的重要途径。同时，深度学习也是培育学生学科核心素养的必然要求。那么，二者有何关系、如何通过议题式教学促进学生深度学习就值得探索。

一、议题式教学与深度学习的内涵关系

议题式教学是精选连通学科主干知识，突出教学重点、难点，契合学生疑惑点、情感升华点，坚持正确的价值导向的中心议题，并结合现实情境对总议题进行案例化、层次化、梯度化的分解、细化，激发学生的探究学习兴趣，继而引导学生讨论、合作、探究，发表观点，解决问题，让学生在师生、生生互动中掌握知识、提高能力，培育学科核心素养的教学模式。深度学习是学生整合基础知识、引申学习思维，向更深层次探究学习的状态，要求学生在对基础知识有透彻理解的基础上，围绕具有挑战性的学习议题迁移应用，体验成功、获得发展的过程，目标是培育学生的高阶思维和学科核心素养。

议题式教学是深度学习的手段。传统思想政治课教学侧重于传授讲解学科基础知识，不重视学科思维训练，学生学习被动，难以主动思考、深入探究。

① 李辉云：《基于深度学习的思想政治课堂议题式教学实施策略——以〈我国的社会保障〉为例》，《教学考试》2021 年第 25 期，略有调整。

就算有讨论，也只是“形式化”“表层化”，缺乏探究的深度和广度，缺乏实质价值，处于低效的、浅层的学习状态；而议题式教学是通过围绕议题，创造不同的真实情境，设置系列梯度问题，引导学生在不同的教学情境中掌握基础知识，解决实际问题，在理解与思辨的过程中培养高阶思维，进而达到一个深度学习的状态，大大提高课堂学习效率。所以，采用议题式教学可以有效促进学生深度学习，培育关键能力和核心素养，实现高质量教学的目标。

二、通过议题式教学促进深度学习的教学策略探究

结合统编版高中必修2《经济与社会》第四课第二框“我国的社会保障”，谈谈笔者的一些做法，供读者参考。

（一）基于教学目标，精选中心议题

议题是议题式教学的总引线和灵魂。好的议题能激发学生参与课堂的热情，帮助学生掌握教材基础知识，培育学生学科核心素养，落实立德树人根本任务。

在选择议题时通常要考虑以下几点：第一，凸显学科课程的内容特色，落实教学重点，突破教学难点，并有所创新延伸。第二，突出学生主体意识，通过设置有趣的教学情境议题，激发学生主动思考学习的热情。第三，契合学生疑惑点、情感升华点，引导学生深度思考、深度感悟，培育核心素养。本节课，可以设置“如何从收入分配中品味获得感”为中心议题，设置“家庭收入中的获得感”“职场选择中的获得感”“政策落实中的获得感”“理性思辨中的获得感”为四个分议题，分别对应我国社会保障形式和建立多样化社会保障形式的原因、社会保障的作用和意义（重点）、如何完善社会保障体系、社会保障中的权与责（难点）；同时，这些议题也体现真实性与可议性统一、知识性与价值性统一、序列性与逻辑性统一的特点，使得整节课知识线脉络清

晰、层层推进、水到渠成，活动线异彩纷呈、环环相扣，把学生带入深度学习状态。

（二）整合知识框架，优选教学情境

确定好中心议题后，还要根据教学任务设置具有一定知识框架结构的教学情境，真实还原现实生活情境，但又要将教学的重点知识框架融入其中，让学生在情境教学的学习中，能够结合实践深入学习理论知识，整合知识框架，学会理论知识的实际应用，提高迁移能力，促进深度学习。本节课中，学生因为没有接触过本课内容，且知识较零碎，学得较吃力。因而教师在教学情境设置时就应考虑学情，选择学生身边事例设置教学情境。在讨论分议题一“家庭收入中的获得感”时，通过展示班级同学中两个不同家庭收入数据图，了解并归纳我国社会保障形式，理解社会建立多样化社会保障形式的原因，引导学生观察生活、思考生活，激发进一步探索思考的兴趣。这个教学情境引发学生辨析、讨论，让学生感受社会保障的重要性，理解社会保障的意义，激发深度学习兴趣。

（三）搭建问题支架，培育高阶思维

学习是一个循序渐进的过程，在对基本的知识彻底理解的基础上再进行深层次的思考探究。培养具有批判性和创新性的高阶思维，是深度学习的要求之一。教师在进行议题式教学时，要注意搭建问题支架，问题由浅入深，具有实际应用和一定创新性，以便培养学生的高阶思维能力，促进深度学习。设置的问题要符合学生的基本认知和学习水平，针对教学内容的重点和难点，问题要由浅入深，要考虑兼顾不同认知层次的学生，最大限度地激发和调动学生的学习思考兴趣；同时，问题还要能够启发创新思维以及体现思考推理的过程，让学生能够结合教材理论知识经过深度思考寻找答案，告诉学生问题答案既基于

课本又超越课本，延伸到课外，需要学生在掌握了课本知识后引申思考学习，完善知识体系，解决实际问题。本节课中，在展示班级两位同学家庭收入数据图后，设置“两位同学家庭收入哪些属于初次分配，哪些属于再分配”“两位同学家庭收入中涉及哪些社会保障形式”“社会为何需要多样化的社会保障形式”三个问题，复习旧知、导入新知。

（四）强化思辨选择，突出价值引领

贴近生活的充满思辨性的、两难选择的议题，往往需要学生以事实和理论为依据去探究和论证，包括解释、检验、辨析、评价等，往往能激发学生参与课堂的激情，迸发学生思维的火花，开启高阶思维，开启深度学习模式，并让所学知识内化于心、自觉认同，让教学活动达到一个新的高度。本节课中，设置了两个争议性议题，确实给学生带来不小的冲击。起初学生分成“两派”，观点对立，在辩论、师生互动、生生互动中“真理越辩越明”，最终走向统一，都能做出正确的价值判断和价值选择。这不仅是对知识的理解和应用，更是对辩证思维能力和深度学习能力的培养，有利于培育学科核心素养。

（五）突出迁移应用，践行社会责任

课堂所学知识是拿来用的而不只是单纯地靠记忆来应付卷面考试的，学生应该多关注现实社会，将思维拓展延伸到课外，从实际生活中的领悟感受所学知识，并学习在实际生活中践行应用所学知识，掌握知识的核心思想，从而实现真正的深度学习。这就要求教师在教学中注重学生的学习实践与参与，开展课后体验学习活动。本节课中，教师要求学生网上搜集或走访当地财政部门、社会保障部门及广大居民，了解当地当前社会保障的现状，搜集当前我国完善社会保障制度的新举措，并评述其中一项，结合社会生活，为进一步完善社会保障体系提出小组建议，为社会保障设计三条标语并说明理由等，引导学生走

出课堂走进生活、回归生活，在社会实践中了解生活中的社会保障，体味社会变化及政策惠民，提升公共参与意识及素养，促进深度思考与学习。

（六）立足过程体验，优化教学评价

深度学习和议题式教学都强调课堂教学评价要从多个维度入手，除了关注学生对知识的掌握获取，更要关注学生的参与程度、情感体验等，强调评价的重心是学生在学习过程中对认知、意志、个性、情感等的投入。因此，议题式教学要鼓励学生倾听、质疑和表达，并且教师要及时给予评价反馈、鼓励和强化。学生善于倾听是深度学习的信息输入，敢于质疑是深度学习的信息再加工，善于表达是深度学习的信息输出。本节课需要引导学生解读学习小组成员展示的自己家庭收入数据分析图和陈述当地当前社会保障的现状等，设置充满思辨性的两难议题鼓励学生质疑并积极阐述自己的观点，整个过程要求学生尊重他人和认真倾听。这样的课堂氛围有利于学生真质疑、真探究、真表达、真合作，促进深度学习的发生。

总之，议题式教学作为新课标所倡导的教学方式，代表思想政治学科教学的未来发展方向，其魅力之一就是能有效促进学生实现深度学习。在议题式教学中实现引导学生深度学习，对学生学科核心素养的高效培育，是思想政治课议题式教学的目标，也是思想政治学科教师需要思考和研究的内容。作为一线教师，我们应当不断尝试和积极探索，真正做到议题式教学，促进学生深度学习，提升学科核心素养。

第九章

议题式教学模式构建

作为一种教学方式，议题式教学是新鲜事物，再加上新课标本身也没有给议题式教学赋予明确的概念，或明确提示操作规范、操作模式，因此，一线教师在一线议题式课堂教学过程中，难免有这样或那样的问题出现，造成刚开始的时候议题式课堂教学效果并不理想。这就需要教师在一定理论指导的基础上，构建一定的议题式教学模式，规范和指导议题式教学，而不要一开始就走偏了。基于此，笔者在自己教学实践的基础上尝试提出议题式教学“四真”模式，并提出三种具体落实的操作方式：议题引领式、情境引领式、活动任务引领式，进一步提示如何具体操作；同时，也为了更好地将议题式教学模式导向深入发展，指明一个追求的方向和目标境界，笔者提出了议题式教学四重境界。

第一节　议题式教学存在问题

新课标提出高中思想政治课课程性质是“增强社会理解和参与能力的综合性、活动型学科课程”①。同时，作为一个亮点，也明确提出议题式教学是重要抓手。仿佛一时之间，高中思想政治课就掀起了“议题热”，无论是公开课、示范课还是竞赛课，“议”哄而上。从形式上看，议题、情境、活动、任

① 中华人民共和国教育部：《普通高中思想政治课程标准（2017 年版 2020 年修订）》，人民教育出版社，2020，第 1 页。

务各种要素都有，从课堂活动来看“热热闹闹”，但课堂效果和质量“马马虎虎”。究其原因，有些议题式教学存在“虚”“空”的现象，教师没有把握新课程改革和议题式教学的真义。因此，议题式教学呼唤“真”课堂。

一、当前议题式教学出现的问题

（一）虚

议题式教学是新事物，需要一线教师在教学实践中去落实，去真正发挥实效。但就教学现状而言，仍有部分教师未能积极学习、研究、落实。第一，走过场。由于工作忙等原因，部分教师平时从来不用议题式教学，只有上公开课、竞赛课时才勉强一用。第二，不到位。学生和教师课前没有充分的准备，准备不到位；学生对议题或问题讨论肤浅、片面，没有深度，讨论不到位；课堂内容或环节过多，学生来不及思考，或者是简单地回答“是”或“不是”，思维不到位；教师不能及时地点拨评价，提升思维，评价不到位。这些都是对议题式教学实质理解不到位的表现，是“虚”的议题式教学。

（二）空

由于长期受“应试思维”的影响，部分教师认为“用时少、考得好”的教学方式就是好模式。在议题式教学过程中，虽然也有议题、情境，但考虑的是如何方便教师讲解知识点，很少给时间让学生真正地讨论、辩论、合作、探究、互动，就是有，也往往是围绕某个没有争议的观点“无中生有”。另一个极端，是当前有些思想政治课教师把议题式教学当作时髦、时尚，认为是“万能模式”。每节课都是议题、情境、任务、活动样样齐全，按部就班，更有甚者，规定好每节课展示几分钟、讨论几分钟、辩论几分钟，每节课要多少个同学回答问题等。这是脱离教学目标和学生实际需要的“为议题而议题”。

这两种做法都是没有理解新课程的育人理念和价值追求，不适应新课标“活动型学科课程”性质要求，是“空”的议题式教学。

二、议题式教学出现问题的原因分析

当前议题式教学中出现问题的根本原因是对本轮课改的价值追求和议题式教学的本质理解不到位。

（一）理念上，没有把握学科核心素养与议题式教学之间的关系

“素养立意”是对“知识立意”“能力立意”的超越。素养立意强调学生是发展中的“人”，教学的目的不只是掌握知识和培育能力，更重要的是培育有利于学生未来发展的核心素养。也正是基于这一点，新课标提倡议题式教学。议题式教学是学生在教师引导下合作、讨论、探究，发表观点，解决问题，在师生、生生互动中，掌握知识，提高能力，培育学科核心素养。议题式教学的目的是帮助学生树立正确的政治方向，增强社会理解和参与能力，落脚点是培育学科核心素养。这要求教师转变教学观念，学生转变学习方式，在合作、探究学习的过程中培育学生学科核心素养。所以，只有“知识”“能力”没有“素养”，或只有“素养”没有“知识”“能力”，都是对新课程“素养立意”理念理解不到位的表现。

（二）操作上，没有把握学科理论知识与议题式活动之间的关系

思想政治课理论往往深刻难懂、枯燥无味，如何让学生动脑、动手、动口、动情呢？议题式教学是不错的选择。议题式教学精选连通学科主干知识，突出教学重点、难点，契合学生疑惑点、情感升华点，坚持正确的价值导向，并结合真实情境对议题进行案例化、层次化、梯度化的分解、细化，在互动中解决问题，培育学生学科核心素养。如议题式教学开展到位，必将大大促进学

生对学科理论知识掌握的广度、深度。在议题式教学中，议学活动和学科理论不是“水”与“油”的关系，而是“水”与“奶”的关系，互相交融、相互渗透。但现实中，一方面部分教师一味赶进度，很少开展议题式活动，就是有，也是“知识传授式”的议题式教学，有知识没活动，有学科教学没学科育人；另一方面议题式教学课堂上，也有部分教师忙于引导学生参与展示、讨论、辩论、探究、实践等活动，忘记了学科理论知识体系的构建，只有活动没有知识，缺乏“学科理论味”。

（三）表现上，没有把握议题式教学活动“神”与“形”之间的关系

议题式教学活动的“神”是培育学科核心素养等课程目标，议题式教学活动的“形”是设置议题、选择情境、安排活动、设计评价等具体表现形式，议题式教学应达到“神”与“形”的有机统一。但是由于没有目标的“为活动而活动”，活动设计不真实、不贴近生活，或者教学中只关注活动而忽视目标等原因，出现从教学环节来看“没啥毛病”，从形式来看也“面面俱到”，但就是达不成较高标准的教学目标，达不到应有的良好教学效果的现象，产生有“形”无“神”的议题式教学。

第二节　议题式“四真”课堂教学模式①

为了更好地为一线思想政治课教师提供一定的参考和借鉴，笔者及其课题组、工作室在研究了议题式教学的大量教学案例，更结合了课题组和工作室成员的大量具体课堂教学实践，包括积极承担的各级各类的示范课、公开课的基

① 李辉云：《构建议题式教学“真”课堂——以“始终走在时代前列”教学为例》，《江苏教育研究》2022 年第 2 期，略有调整。

础上，提出了一种议题式教学的具体模式——“四真”课堂。

议题式教学是一种新教学方式，也是新课标提出的落实“综合性、活动型学科课程”要求和培育思想政治学科核心素养的重要抓手。合理运用议题式教学，能提升课堂教学实效，达到让学生真学、真懂、真信、真用的教学状态。本书以统编版高中必修3《政治与法治》第二课第二框“始终走在时代前列”的教学为例，对如何构建议题式教学“真”课堂做初步探讨。

一、议之有实“真议题”，在释疑解惑中“真学”

议题是议题式教学的总引线和灵魂。真议题能激发学生积极性、主动性，调动学生参与课堂并尝试解决真议题的冲动与热情，有助于引导学生理解基础知识，提高关键能力，培育学科核心素养，落实立德树人根本任务。

议之有实是指设置议题要符合客观实际，要实在。第一，真实可议。真实、可议是议题的生命力所在。不真实的议题没有议的价值，也难以激发学生的兴趣和参与热情，没有可议性。真实的议题也要善于挖掘学生的思维堵点、两难选择点等可议点。第二，服务教学。好的议题要结合学科主干知识，突出重点、难点，契合学生疑惑点、情感升华点，坚持正确的价值导向，培育学科核心素养。议题是为教学目标服务的，要有“学科味”。第三，贴近学生。议题的设置要充分考虑学生的学情和学力，只有贴近学生“最近发展区”的议题，才能激发学生挑战自我的欲望和展示自我的冲动，推动学生积极参与课堂。这些体现真实性与可议性统一、知识性与价值性统一的议题，能使课堂脉络清晰、层层推进、水到渠成，把学生带入深度学习状态，让学生在释疑解惑中实现“真学”。

本节课以全国脱贫攻坚总结表彰大会为时政切入点，以“脱贫攻坚”这个主题为主线，设置“从脱贫攻坚全面胜利，看党为什么能始终走在时代前列”总议题，同时考虑教学目标和教学的重点、难点，以及学生理解的疑惑点、思维的堵点，结合教材，设置“如何理解党的指导思想是与时俱进的”“如何理解党始终走在时代前列的四个法宝”“怎样认识共产党员的先锋模范作用”三个分议题。

二、议之有境“真情境”，在亲身体验中“真懂”

情境是议题式教学的载体，真情境能极大激发学生投入课堂的积极性，调动学生了解事件原委的求知欲望，推动议题活动有序开展，有利于构建学科知识体系，让学生在真实情感体验中培育学科核心素养。真情境往往生动、有趣，成为议题式思想政治课的一道风景线。

真情境包括两层含义：一是事件真实，不是虚构的；二是指学生的感受是真实的。真情境设置要从真素材和真体验两个角度考量。第一，真素材。素材首先应选用贴近生活、贴近实际、学生知晓率高的社会热点或时政，同时对素材要进行适当加工和良性构建。这有益于为学生提供丰富的学习情境，促进信息加工理解和知识体系主动构建，促进思维发展和能力提升。第二，真体验。情境要能为学生参与、体验、对话、互动提供场景和机会，让学生产生真实情感体验，进一步加深对知识的理解，产生深刻的心理认同，生成学科核心素养，在亲身体验中真懂。

本节课主要设置四个情境。第一个情境：在视频《全国脱贫攻坚总结表彰大会》中，习近平总书记宣布我国脱贫攻坚战取得了全面胜利，创造了又一个彪炳史册的人间奇迹。教师将相关内容导入课堂，引导学生体验认同中国共产党“能”、马克思主义“行”、中国特色社会主义“好”。第二个情境：全国脱贫攻坚总结表彰大会上，习近平总书记提出“中国特色反贫困理论”，揭示了中国脱贫攻坚战的制胜法宝。教师以此引导学生理解只有与时俱进的理论才能充满活力，才能永葆先进性。第三个情境：视频《广州市从化区吕田镇莲麻村打赢脱贫攻坚战，逆袭成为网红村》，以本地区最偏远的落后山村脱贫的真实案例，让学生感受家乡的巨变和脱贫成就，理解和认同党始终走在时代前列、永葆生机活力的四个法宝。第四个情境：视频《张桂梅：献身教育扶贫，点燃大山女孩希望》，讲述全国脱贫攻坚楷模张桂梅的先进事迹，尤其是6名中共党员面对画在墙上的“简陋”党旗宣誓、张桂梅带领华坪女子高级中学不断发展壮大等镜头，给学生心理带来很大的冲击和触动。学生自然而然地认同党员的先锋模范作用，对党有崇敬之情，积极向党组织靠拢。

三、议之有悟“真活动”，在思考探索中“真信”

活动是议题式教学的亮点，也是开展综合性、活动型学科教学的突破点。议题式教学的学生活动主要包括合作、探究、讨论、展示等体验活动，分析、归纳、辩论、推理等思维活动，团结、友爱、尊重、互助等心理活动。议题式活动的价值就在于在师生互动、生生互动过程中，学生有所领悟，将学科理论、情感态度价值观、学科核心素养内化于心，在辨析思索中“真信”，增进政治认同、思想认同、情感认同，把思想的力量变成内心的强大正能量。

要做到学生在真活动中议之有悟，有所收获，活动开展应该做到这几点：第一，凸显教学目标，提高实效性。在议题式教学中，活动设计和课程内容应形成水乳交融关系。“议”只是手段，不是目的，议题式教学不应追求形式上的热热闹闹，而应通过对议题的探讨，更好地落实学习学科主要理论、提升学科思维价值和培养学科核心素养等目标。第二，适合学情学力，提升成就感。活动设计中，方案要切合实情，思路要清晰完整，要考虑学生的基础和兴趣，以及水平、能力、思维等。活动要求必须是学生“跳一跳”能达到的水平，能激发学生活动和探究欲望，能满足学生自主学习、合作探究的获得感、成就感。教师应当避免把活动设计得过于简单或过于困难，以免挫伤学生挑战欲、成就感。第三，给予充足时间，关注全体学生。活动是需要时间的，建构已有知识与新知识联系的思维探索需要时间，在思辨中领悟理论的真谛需要时间，不给时间的活动是假活动。在活动中，教师要关注和引导更多的学生参与到活动中来，提高参与面和参与度。

本节课教学重点是“发挥共产党员的先锋模范作用”，设计有两个活动。活动一：观看张桂梅感人事迹视频后，讨论：全国优秀共产党员、全国脱贫攻坚楷模张桂梅的先进事迹，给你印象最深的是什么？为什么要发挥共产党员先锋模范作用？假如你是一名共产党员，请结合张桂梅同志事迹，谈谈新时代应该如何发挥党员先锋模范作用。学生分组进行充分讨论，选代表发言。张桂梅事迹给学生带来深深的感动和触动，在这种状态下，教师引导学生去说感动之处，去谈共产党的信仰，去思考和分析“党员先锋模范作用是什么、为什么，假如我是党员，我会如何做”，显得亲切又自然，真正触及学生内心。课堂中一度出现学生积极讨论、举手抢答、主动表达的教学高潮。活动二：在前一活动有充分情感铺垫的基础上，组织学生“体验入党宣誓，争做先锋模范”，一起宣读入党誓词，提升对党的情感，升华对党的信仰。学生在活动中体验、思考、探索，实现对党从情感上和理论上的真信。

四、议之有效“真解决”，在实践参与中“真用”

议题式教学的过程就是师生运用思想政治学科理论共同解决议题的过程，为“真议题”寻求“真解决”方案是议题式教学应有之义。

所谓“真解决”，就是要知行合一。“知”是指师生要共同解决课堂所设置真议题，教师要把基本原理讲清楚、讲透彻，学生要学懂、弄通，构建知识体系，认同所学理论，且将其内化于心；“行”是指把所学知识和理论运用到生活实践中，指导自己的前进方向，进行正确的价值判断和价值选择，要将其外化于行。教师要有意识地把学生思维拓展到课堂以外，关联学生的生活实践，引导学生结合生活体验，为议题提出更好的解决方案，把议题内化为学科核心素养。议题式教学要坚持理论性和实践性相统一，把思政小课堂同社会大课堂结合起来，引导学生脚踏实地，立鸿鹄志，做奋斗者。

本节课，学生由于知识积累、生活经验的局限，以及思维比较片面、主观，往往对党缺乏系统、理性认识。所以第一个要解决的是“知”的问题，即通过议学活动，引导学生构建对党的全面、理性认识。本节课注意从知识和思维两个方面引导学生构建体系，解决总议题。导入时让学生回答教材是从哪些角度进行阐述的，课中从不同角度进行论证，结尾时投影思维导图，引导学生从整体上分析、解决总议题；教学过程中教师要注意及时点拨知识疑点、思维堵点，让学生学懂、弄通，完成“知”的目标。学懂、弄通是前提，用于实践是根本。现在，多数学生都有将来入党的意愿，但不少学生看中的是入党带来的好处，动机各异。所以本节课另外一个重要任务是引导学生树立正确的价值观，树立马克思主义信仰，端正入党动机。教学中教师以脱贫攻坚全面胜利为主线，选取莲麻村脱贫案例和张桂梅的先进事迹，用身边的事实去感化学生，去引导他们坚定信仰；同时，设置“假如你是一名共产党员，请结合张桂梅同志事迹，谈谈新时代应该如何发挥党员先锋模范作用”“假如你是国家乡村振兴局的一名党员干部，请从工作的角度，谈谈如何做好乡村振兴工作”“就青年学生如何助力从化乡村振兴提两条思路”三个学习任务，既进行情感延伸，激发学生对国家社会的责任感、政治认同感、爱国之情；又进行实践延伸，将教学内容运用到社会生活、实际生活中，打造“知—信—行”的闭环，引导学生实现“知行合一”。

总之，议题式教学是新教学方式，应从议题、情境、活动、任务四个环节，从真议题、真情境、真活动、真解决四个角度下功夫构建“真”课堂，以期达到真学、真懂、真信、真用的教学状态。

第三节　议题式教学模式操作方式

议题式“四真”课堂教学模式的具体落实，需要有一定的具体操作方式指导。作者在议题式课堂教学实践经验基础上，结合议题、情境和活动三个教学要素，认为议题式“四真”课堂教学模式可以有三种基本操作方法：议题引领式、情境引领式和活动任务引领式。

一、议题引领式

以议题引领课堂能够使学生迅速进入议学状态，彰显议题式课堂教学的特征。议题引领式是以议题引领课堂教学环节，借助议题情境开展议学活动的教学模式。其中，议题指向学科的关键概念，子议题指向学科的分解概念，议题和子议题的设计遵循“以学科大概念为核心，使课程内容结构化”的要求。这个模式中，教学情境和学习活动都具有明显的“议”味。教学情境主要表现为议题情境，即直接为解决议题服务的情境；学习活动主要表现为议学活动，即解决议题的社会建构活动。具体如图 6 所示：

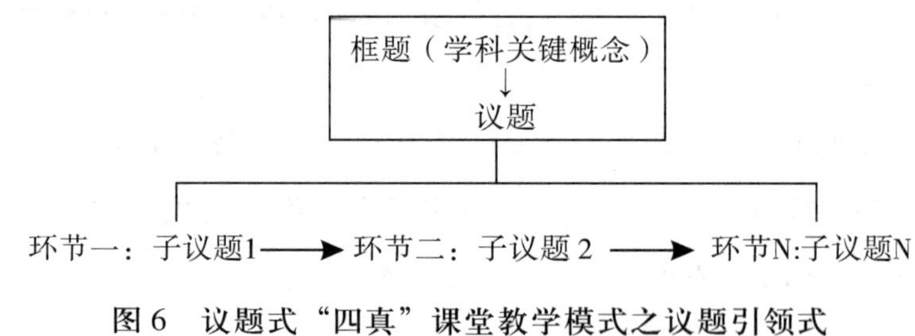

图 6　议题式“四真”课堂教学模式之议题引领式

议题引领式遵循学科逻辑与问题导向相统一原则，框题（学科关键概念）是统率全局的隐性因素，议题是引领课堂的显性因素，两者是一个问题的两个方面。教学过程被分解为若干个教学环节，每个教学环节由一个子议题引领。教学环节的数量由子议题的数量决定，而子议题的数量由该框中包含的分解概念的数量决定。每一个教学环节包含三个要素：子议题拟解决的问题分解概念、解决子议题所需的辅助材料，议题情境、解决子议题的过程方法，议学活动。因而，该模式是由议题引领的学科概念、议题情境、议学活动相互融合、相互作用而形成的一种具有鲜明议学特色的课堂教学结构和程序。以统编版高中必修1《中国特色社会主义》第三课第一框“伟大的改革开放”为例，分析具体流程如下。

[框题] 伟大的改革开放

[导入] 课前播放歌曲《春天的故事》。听美妙歌曲，思小平同志，忆改革开放，引导学生迅速聚焦改革开放教学主题，调动积极情绪，激发积极性，进入议学状态。

[总议题] 改革开放是一条怎样的路？

子议题1：新路——历史转折（为什么说改革开放是一条新路？）

[分解概念] 历史转折——中共十一届三中全会

[议题情境] 观看视频《中共十一届三中全会》

[议学活动] 为什么说中共十一届三中全会是改革开放新路的开始？

[设计意图] 中共十一届三中全会是改革开放的起点和历史转折点，是学习改革开放的背景。用视频再现当时的情境，让学生记忆更为深刻，有利于学生掌握改革开放的背景，为了解改革开放的历程做好自然引线，也有利于学生理解改革开放是决定当代中国命运的关键一招。

子议题2：长路——历程（为什么说改革开放是一条长路？）

[分解概念] 改革开放的发展历程

[议题情境] 中国改革开放40多年发展史

[议学活动] 改革开放之路是如何一步步变长的？（组内用4分钟绘制改

革开放推进的时空版图，进行组际展示，代表发言展示议学成果）

［设计意图］学生对改革开放这一基本国策的形成和发展有一定的历史知识积累。本课的学习目标不仅是让学生梳理对内改革、对外开放逐渐打开的时空版图，更是让学生在意识形态层面认可国家政策制定的智慧性和生命力。学生动手、动脑主动绘制时空版图，有利于认识到改革开放正当时，培育政治认同和科学精神。

子议题3：好路——意义（为什么说改革开放是一条好路？）

［分解概念］改革开放的意义

［议题情境］1. 学生畅谈“我眼中的改革开放变化”；2. 观看视频《厉害了，我的国》；3. 我心中的改革先锋（享受幸福生活，不忘改革先锋）

［议学活动］议学任务：1. 改革开放40多年春华秋实。请你结合家庭或家乡的具体例子，讲讲改革开放以来家庭、家乡发生的翻天覆地的变化（分组讨论2分钟，代表发言展示议学成果）。2. 观看视频之后你有什么感受？结合家庭、家乡和祖国的发展，谈谈改革开放的意义（分组讨论2分钟，代表发言展示议学成果）。3. 给你所了解的广东籍国家改革先锋撰写颁奖词（分组讨论2分钟，代表发言展示议学成果）。

［设计意图］“家庭小变化，国家大发展”，家庭的小变化折射出国家的大发展。学生通过自身的感受说出改革开放的伟大变化，更能深刻理解改革开放以来我国取得的历史性发展成就，为深刻理解改革开放的意义做了实践支撑。这一活动契合学生生活实际，能引起学生的思想共鸣和情感共振，从而引发学生对改革开放这一正确决策和中国特色社会主义道路的政治认同。

改革先锋身上体现出的敢闯敢试、敢为人先的改革精神，是我们珍贵的精神财富。解读改革先锋人物的事迹，提升学生精神境界，深化对改革开放意义的理解，提升对国家坚持改革开放的政治认同，坚定走中国特色社会主义的道路自信。

"伟大的改革开放"课例体现了议题引领式的四个基本要求。第一，议题系列化。课例中的议题和子议题分别指向学科的关键概念和分解概念，且形成系列。通过总议题"改革开放是一条怎样的路"，师生展开议学活动，学生逐步深入探究，明白改革开放之路是一条新路、长路、好路，更是一条可持续发展之路，对应解决这一节课的三个概念：改革开放的"历史转折""发展历程""长远意义"。第二，议题情境化。三个子议题分别在"观看《中共十一届三中全会》视频""中国改革开放40多年发展史""学生畅谈我眼中的改革开放变化、观看《厉害了，我的国》视频、我心中的改革先锋"的情境中落地，情境成为解决议题的"生活助手"，直接为解决议题服务。第三，活动议学化。本节课的活动，都通过小组合作、议学的方式完成。第四，教学目标素养化。通过讨论、商议和展示，引导学生运用辩证思维，懂得中国对外开放基本国策不能动摇，是决定当代中国命运的关键一招，也是实现"两个一百年"奋斗目标、实现中华民族伟大复兴的关键一招。加深学生对我国改革开放这一基本国策的理解、认可、认同，提升政治认同、科学精神学科核心素养；同时也激发学生参与改革开放，参与"两个一百年"奋斗目标和中华民族伟大复兴的使命担当，培育公共参与学科核心素养。

二、情境引领式

议题式课堂教学是一种情境教学。情境的引入让学习者产生心理先行效应，进而让课堂成为生动有趣的学习场域，它让系统化的情境系列与结构化的学科概念相对应，构成生活逻辑与学科逻辑相统一的有机整体。"以主题为引领，使课程内容情境化，促进学科核心素养的落实"① 是新课标的学科教学要

① 中华人民共和国教育部：《普通高中思想政治课程标准（2017年版2020年修订）》，人民教育出版社，2020，第4页。

求。情境引领式就是以情境所体现的主题为引领，形成情境系列，围绕分解概念开展以议学为主的学习活动的一种教学模式。在该模式中，主题情境表现为以议题情境为主的情境系列。具体如图 7 所示：

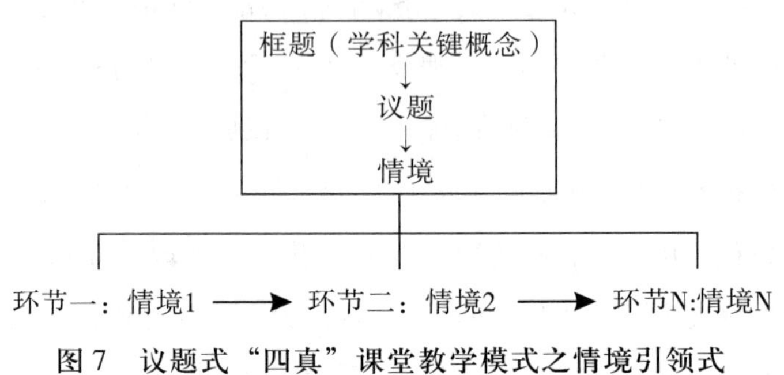

图 7　议题式“四真”课堂教学模式之情境引领式

情境引领式体现学科逻辑、生活逻辑相结合，突出问题导向原则，追求框题、议题相统一。作为显性引领要素的情境系列形成若干情境引领不同的教学环节；在各环节中，情境系列以议题情境为主，为学习活动提供载体，帮助学生理解、运用和迁移分解概念；学习活动以议学活动为主，同时呈现超越议学活动的多样性，完成描述、论证、决策等多类活动任务。以统编版高中必修 4《哲学与文化》第三课第一框“世界是普遍联系的”教学设计为例，设计者以“春天的故事”作为情境主题，巧妙地链接了学科与生活、框题和议题、历史和现实等教学因素，给人以春风拂面之感。具体设计如下：

［框题］世界是普遍联系的

［总议题］重温党史话联系，乡村振兴担使命

［情境主题］从化党史

环节一：导入新课

［情境系列］播放视频《从化吕田镇莲麻村黄沙坑革命旧址》，重温从化党史

［设计意图］重温从化党史，导入主题情境，激发学生学习兴趣，导入新课

环节二：忆往昔——铭记党史光辉，坚守初心不改

［分解概念］看党史如何体现联系的特点？

［情境系列］2021 年 2 月召开党史学习教育动员大会；2022 年 3 月中共中央办公厅印发《关于推动党史学习教育常态化长效化的意见》

［学习活动］1. 结合人民和江山的关系，你能谈谈什么是哲学上的联系吗？任何事物都是有联系的吗？参考书本 27 页，举几个跟联系有关的成语、故事和俗语，并补充到书本上。2. 党史学习教育动员大会上提到的错误倾向，违背了联系的什么特点？面对这些错误倾向，从联系的角度，谈谈如何树立正确的党史观。3. 不同时期党的历史任务不一样，这体现了联系的什么特点？给我们带来哪些启示？

［设计意图］历史是从昨天走到今天再走向明天的，历史的联系不可割断。结合联系的概念和联系的普遍性、客观性、多样性，能够引导学生更好地理解我党进行党史学习教育和推动党史学习教育常态化长效化的重大意义，树立正确的党史观，培育科学精神、政治认同等学科核心素养。

环节三：看今朝——传承红色基因，搞好乡村振兴

［分解概念］分析乡村振兴如何体现以联系的观点看问题？

［议题情境］1. 播放视频《潘安娜带领莲麻革命老区逐步实现乡村振兴》。2. 党的十九大报告中强调要实施乡村振兴战略，并提出了“产业兴旺、生态宜居、乡风文明、治理有效、生活富裕”的总体要求。实施乡村振兴战略，要推动乡村产业振兴、人才振兴、文化振兴、生态振兴、组织振兴，统筹兼顾，科学推进。阅读文章《从化乡村振兴的经验：“12347”乡村治理模式》，2019 年 12 月，从化区被中央农办、农业农村部等六部委列为全国首批乡村治理体系建设试点示范县之一（广东有 4 个）。几年来，从化区不断强化党建引领，注重系统集成，深化改革创新，坚持刚柔并济，积极探索“12347”乡村治理工作法，全面提升乡村治理效能。集成一个体系，建强党

建“主心骨”；打造两个平台（“指尖上”线上平台、家门口的线下平台），搭好治理“支撑架”；坚持三治融合（区、镇、村三级），找准治理“发力点”；推行四项机制，当好农民“贴心人”；组建七支队伍，画出共治“同心圆”。

［议学活动］1. 潘安娜“舍小家，为大家”，“小家”和“大家”从哲学角度讲分别指什么？从哲学的角度说明两者有什么区别和联系。2. 请用整体与部分的辩证关系原理分析，在莲麻村乡村振兴过程中，潘安娜发挥了什么作用？给你什么启发？3. 结合从化或本村实际，你认为乡村振兴的难点在哪里？4. 请用系统优化的方法分析从化乡村振兴的“12347”经验。

［设计意图］通过革命老区从化莲麻村乡村振兴实例和乡村振兴热点透析，让学生学会用联系的观点分析和处理问题。理解整体与部分的辩证关系，树立全局观念，增强政治认同、法治意识、科学精神、公共参与等学科素养。

环节四：展未来：厚植家国情怀，勇担时代使命

［分解概念］问青少年如何勇担乡村振兴使命？

［议题情境］1. 观看视频：2021 年，广州从化区吕田镇莲麻村党支部获全国先进基层党组织称号，也是广州唯一获此殊荣的村级党组织。2. 2021 年 2 月，国家乡村振兴局的牌子正式挂出，这是全面实施乡村振兴，奔向新生活、新奋斗的起点。

［议学活动］二选一：1. 大学毕业后你会考虑回家乡农村发展吗？为什么？做什么？2. 就“青年学生如何助力乡村振兴”提两条思路。（讨论 2 分钟，小组派代表回答）

［设计意图］通过讨论如何进行乡村振兴，引导学生学以致用，掌握系统优化的方法，学会用综合的思维方式认识事物和处理学习、生活中的问题，培育学生政治认同、科学精神、公共参与等学科素养，引导学生“学党史　颂党恩　跟党走”，勇担乡村振兴使命。

本节课教学设计中，“学党史　颂党恩　跟党走”的情境融多重角色于一

体，是课堂的引领者。其一，知识学习引领者。它承接学科关键概念，具有学科关联性。“学党史　颂党恩　跟党走”承接着“世界是普遍联系的”及其展开过程。其二，认知发展引领者。它对接认知结构，具有认知亲和性。“学党史　颂党恩　跟党走”以生动的情境激发和保持着学生的认知热情。其三，学习活动引领者。它对接议学活动，具有议学启发性。“学党史　颂党恩　跟党走”牵引着子议题系列的逐步展开和深化。其四，素养提升引领者。它连接党和国家的要求，通过重温从化党史和了解党史学习教育活动的相关情境，让学生思考、合作探究、观点辨析，理解联系的内涵，领会世界是普遍联系的，理解联系是普遍的、客观的、多样的，增强学生的科学精神和提高学生的公共参与意识。通过革命老区从化莲麻村乡村振兴实例和乡村振兴热点透析，让学生学会用联系的观点分析和处理问题。理解整体与部分的辩证关系，树立全局观念，增强政治认同、法治意识、科学精神、公共参与等学科素养。通过讨论如何乡村振兴，引导学生学以致用，掌握系统优化的方法，学会用综合的思维方式认识事物和处理学习、生活中的问题，培育学生政治认同、科学精神、公共参与等学科素养，勇担乡村振兴使命。从中我们发现，情境和议题的“联袂而行”能使课堂平添许多赏心悦目的亮丽风景。

三、活动任务引领式

活动是活动型课程的显著特征，活动的过程便是完成任务的过程，因而任务的完成情况是评价活动有效性的标准，“以活动任务作为引领要素”是一种凸显学习驱动力和活动效率的做法。议题式课堂教学的任务可以包括直接任务、基本任务、根本任务三个层面。直接任务即直接指定的具体工作，包括商议、争议、评议、建议等在合作中的互动探究任务；基本任务即具体工作指向的、由学业水平命题框架界定的学科任务，包括分类与描述、解释与论证、预测与选择、辨析与评价等任务；根本任务则是培育核心素养，立德树人。活动任务引领式就是将议题分解为若干具有操作意义的直接任务或基本任务，借助情境开展以议学为主的学习活动的教学操作方式。具体如图 8 所示：

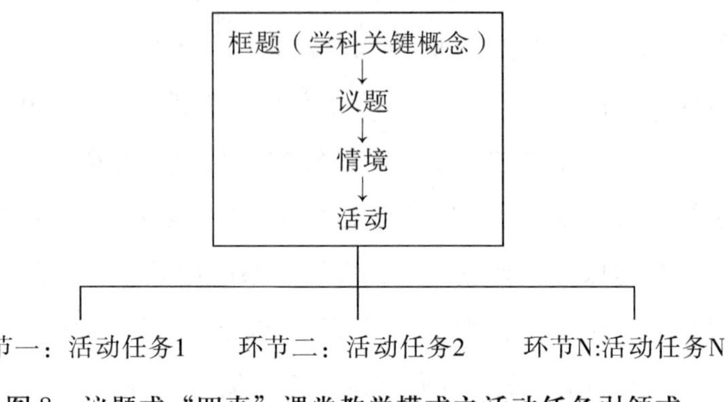

图 8　议题式“四真”课堂教学模式之活动任务引领式

活动任务引领式中，教师围绕学科关键概念确定教学议题，居于统帅地位的议题被分解为若干活动任务，形成若干个教学环节，分别对应一个分解概念。每个活动任务引领一个教学环节，借助一定的情境开展以议学为主的学习活动。拟确定的活动任务既要指向该课的教学目标，又要围绕教学的分解概念，还要反映学业水平的层级要求，具有多重关联意义。以统编版高中必修 3《政治与法治》第八课第三框“法治社会”课堂教学为例分析，具体流程如下：

［框题］法治社会

［议题］法治让社会更和谐——从依法养犬说起

［导入］看可爱小狗图片、知中国养狗状况。

［设计意图］用可爱小狗图片吸引学生注意力，同时通过三个提问（你喜欢狗吗？你喜欢养狗吗？你知道养狗要依法吗?），迅速聚焦教学主题，调动学生积极性，进入议学状态。

任务一：法治清明——思法治社会内涵意义

［分解概念］法治社会内涵意义

［情境］1. 观看视频《2021 年 5 月 1 日最严“养犬令”实施，遛狗要依法，你做到了吗?》。2. 材料：《2021 年 1 月 1 日施行〈中华人民共和国民法典〉对养犬造成的民事纠纷的规定》

［议学活动］1. 不文明养犬有哪些表现？有哪些危害？2. 谈谈国家出台法律要求文明养犬的必要性。3. 出台法律规范文明养犬有什么意义？（分组讨论 4 分钟，代表发言展示议学成果）

［设计意图］法治社会内涵丰富，意义重大，学生不易理解，议学情境的选择要“三贴近”，同时最好能结合当前时政热点、社会热点，最终选择了《中华人民共和国动物防疫法》《中华人民共和国民法典》养犬法律新规落地作为切入点。结合 2021 年引起社会广泛关注的养狗法律新规落地，引导学生从身边的具体案例去分析法治社会建设的必要性，从而理解法治社会的含义、表现和意义。这既培育学生的法治意识，也增强学生对国家出台法律新规的政治认同。

任务二：社会清朗——探法治社会建设长路

［分解概念］法治社会建设措施要求

［情境］1. 观看视频《养狗新规实施效果如何?》。2. 材料：恶犬伤人事件造成民事纠纷时有发生，如何依法化解纠纷？3. 观看视频《三分钟了解矛盾纠纷多元化解》。

［议学活动］1. 你认为文明养犬法律出台后，如何才能产生良好效果，构建法治、和谐社会？2. 如果出现恶犬伤人事件，如何化解纠纷？（分组讨论 4 分钟，代表发言展示议学成果）

［设计意图］通过视频和案例，引导学生认识到法治社会建设需要全社会各方力量的全方位、长期性努力，尤其是需要全社会树立法治意识和有效预防化解矛盾纠纷，才能实现和谐法治社会。这有利于培育学生法治意识，有利于

培育学生辩证、综合分析问题的科学精神。

任务三：人心清爽——践法治社会之我能行

［分解概念］践行法治社会理念

［情境］1. 观看视频《济南一小区遛狗拴绳率近100%》。2. 了解《广州市养犬管理条例》第五条，居民委员会、村民委员会应当协助有关行政管理部门开展养犬管理工作。

［议学活动］为建法治和谐社区，居委会和小区物管希望你帮忙设计1—2条有关依法文明养犬的宣传标语。（要求20字以内，依法依规，善意提醒，易记有效。分组讨论2分钟，代表发言展示议学成果）

［设计意图］落实立德树人根本任务和培育社会主义核心价值观“法治”“和谐”观念。通过某小区实现依法依规文明养犬的真实案例，引导学生相信法治社会、和谐社会一定会实现，其中关键是全体公民的法治意识提高，积极主动参与到法治社会、和谐社会的建设中来。这既培育学生对法治社会的政治认同和自信，也鼓励学生参与法治社会，培育公共参与核心素养。

“法治社会”这节课具有明显的活动任务引领式的特征。其一，活动任务明确。三个子议题“法治清明——思法治社会内涵意义”“社会清朗——探法治社会建设长路”“人心清爽——践法治社会之我能行”用了三个动词“思”“探”“践”，明确指明了任务，以活动任务为导向。其二，指向价值引领。本节课总体遵循“是什么”“为什么”“怎么做”学科逻辑和法治意识、法治实施、法治效果实践逻辑层面进行分析解读，通过“思”“探”“践”的活动任务，导向如何建设法治社会，且提出追求“法治清明”“社会清朗”“人心清爽”的法治社会。活动任务引领式既强调知识教育和价值引领的统一性，又关注活动情境和活动过程的多样性，是“统一性和多样性相统一”思想的一种课堂践行方式。

当然，议题式“四真”课堂教学模式的操作方式不止三种，这三种只是积极尝试，随着议题式课堂教学的深化，议题式课堂教学模式和操作方式必将获得进一步的丰富和完善。我相信，随着议题式课堂教学改革的深入，议题式课堂教学的模式，以及模式的操作方式和操作流程会越来越多，越来越丰富，为一线思想政治课教师提供更多的选择和参考借鉴。

第四节　议题式教学追求四重境界①

新课标提出了议题式教学，并要求其在思想政治一线课堂落地生根、开花结果。随着统编版新教材的广泛使用，议题式教学逐步为大家所熟知。但大家又有疑问："议题式教学如何开展？""什么样的议题式教学才算好课？"议题作为课堂教学的中心，可以宏观统摄整节课，突破重点、难点，挖深挖透。好的议题会带领学生迅速入境，能迅速激发学生参与课堂的热情，入乎其内，帮助学生掌握基础知识，引导学生对知识进行深度学习和构建，入境真学。

国学大师王国维在《人间词话》中说：诗人对宇宙人生，须入乎其内，又须出乎其外。本书认为，议题式教学也有"入"与"出"的逻辑，入境真学、融境真懂、悟境真信、出境真用，一入一出间，构建知识、涵养能力、培育素养，这也是议题式教学追求的教学四重境界。本节结合教学实践，以统编版高中必修4《哲学与文化》第六课第三框"价值的创造和实现"为例，对如何实现议题式教学四重境界作初步探讨。

一、精设议题，入乎其内，入境真学

入境是指教师带领学生进入特定的教学场景，这种场景能为学生的认知深入和情感体验积极创造条件。这是一种宏观的、整体的认知场景，这种场景应

① 李辉云：《议题式教学的四重境界》，《中国德育》2021年第15期，略有调整。

当体现价值引领。进入这种场景，学生能够迅速地把握课堂的主线和立意，形成对教学内容的初步宏观认识，产生深层学习的动机，从而入乎其内，达到真学状态。

议题是议题式教学的宏观总引线，是灵魂。议题设置要求统筹教学的主要内容和相关知识，体现教学重点、难点，要有开放性和价值引领性。同时议题要进行序列化处理、结构化设计，有明确的目标、清晰的线索。议题作为课堂教学的中心，可以宏观统摄整节课，突破重点、难点，挖深挖透。好的议题会带领学生迅速入境，能迅速激发学生参与课堂的热情，入乎其内，帮助学生掌握基础知识，引导学生对知识进行深度学习和构建，入境真学。

本节课，设置总议题“学习英雄，圆己梦想，实现价值”，三个子议题“说梦想——有梦想生活才有意义”“追梦想——实现梦想的人最幸福”“为梦想——谁都可以了不起”。议题统筹了本节课的主要内容和相关知识，并对其进行序列化的处理，重点突出，逻辑和思路清晰。一方面，梦想贴合本节课的主题，同时还结合了学生关注和喜爱的时政热点和时代英雄故事，迅速巧妙地将学生引入具体的学习情境中；另一方面，议题体现了课堂的主线和立意，能启发学生进行宏观思考，对学习内容形成初步的整体认识，构建初步的逻辑和思维体系，逐步进入深度思考、分析、探究的状态。同时，在子议题“说梦想——有梦想生活才有意义”中提问“你的梦想是什么”，让学生说一说自己的梦想。学生很想展示自己的梦想，也很想听听其他同学的梦想，所以热情很高，要抢答才有机会发言，课堂气氛立刻就活跃起来了，同时也带来了思考。这些都有利于学生迅速进入学习状态，从而实现入乎其内，入境真学。

二、精构情境，沉乎其中，融境真懂

融境是指入境后学生的思维和情感进入敏感和活跃状态，教师要展示真实、丰富的情境材料让学生去感知、体验，并设置有针对性的问题去驱动学生思考、探究、交流、互动，引导其沉乎其中，逐步走向高阶思维与深度学习。融境是在具体真实的情境中对宏观知识进行微观解构和重新构建。因此，其关键是“真”和“多”。“真”要求案例事件真实、学生体验真实，真情境会激发学生弄清事件的求知欲和解决问题的挑战欲，从而沉浸其中一探究竟；“多”要求思维角度多、探索角度多、互动活动多，这有利于学生在探究中形成立体的、全面的认知，实现融境真懂。

情境是议题式教学的载体，议题式教学要求真情境，具体可从真素材、真问题、真体验三个角度考量。第一，真素材。素材应首选贴近生活、贴近实际、贴近时政社会热点，选择值得学生感知、体验的学习内容，激发他们学习、参与的热情，进而促进其知识构建和思维的提升。第二，真问题。问题设置既要考虑学科内容需要，突出重点、难点，侧重易混点、易堵点，也要考虑素材情境，让学生有话说、有话想说；同时，问题设置还要对议题进行案例化、层次化、梯度化的分解、细化，把一个大的难题分解成若干个较容易的小问题，让学生有话能说、有话能说到点子上。第三，真体验。情境要为学生合作、对话、互动、体验提供场景和机会，让学生产生真实的情感体验，加深其对知识的理解，促进其学科素养的发展和提高，进而让他们在亲身体验中融境真懂。

本节课中，教师综合考虑“三贴近”和知晓度，选用学生熟悉和崇拜的张桂梅老师作为学习对象。张老师是“感动中国 2020 年度人物”，她在云南丽江华坪女子高中，把数千名贫困山区的女孩送入大学，尽管身体不好，但依然执着坚守，她是“崖畔的桂，雪中的梅”。课堂上播放的长达 8 分钟的颁奖视频，给学生的心灵带来极大的震撼、冲击。此时，教师立刻抛出所有人都在深思的一个真问题：“张老师是怎么实现她的教育梦想的?”教师给予学生充分的时间分组讨论、合作对话、互动体验，达成一定共识后，由小组代表发言展示。这个问题突出了教材的重点、难点，也贴近情境，学生发言热情很高。

同时，教师及时互动点拨："你的发言重点是从哪个角度进行阐述的?""实现人生价值的根本途径、客观条件、主观条件是什么?""张老师遇到了哪些困难，怎样解决的?"……这些有针对性的点拨是对问题的层次化、梯度化分解，引导学生把话能说到点子上，引导学生进行全面的思考和深入的学习，达成融境真懂。

三、议学明理，得乎其里，悟境真信

悟境是指在多层次、多维度微观思考后，将零散的经验汇集成对事物的整体认识和规律把握，实现思想生成和情感升华，形成正确的价值观，生成学科核心素养并内化于心的过程。其强调参透、理解、领悟后的宏观启发。这就要求教师引领学生基于学习和研究事物的整体，借助自身反省和教师的帮助，将新知与旧知进行链接和构建，生成对事物的规律性、根本性认识；要求教师为学生提供对话讨论、合作探究、互动体验的机会，同时教师对学生的理解难点、思维堵点及时进行点拨。这样才能引导学生得乎其里，在无形中将学科核心素养悄然转化为有利于学生终身发展的内在素养，达到深刻领悟后的真信。

议题式教学最重要的特点是善于通过议题设置、议题情境和议学活动，激发学生的探究学习兴趣，引导学生讨论、合作、探究，发表观点，解决问题，继而教师及时点拨、排堵、总结、提炼，学生在师生、生生互动中提高能力，生成思想，升华情感，培育学科核心素养。议题式教学活动的最重要价值之一就在于在师生互动、生生互动过程中，学生有所领悟，将学科理论、情感态度价值观、学科核心素养内化于心，悟境真信，增进政治认同、思想认同、情感认同，并转变成自我内心的强大正能量。对于悟境，议题式教学具有天然优势。

本节课是《哲学与文化》中哲学部分的最后一个框节，也是落脚点，教学的目标不仅仅是讲清楚知识体系，更重要的是引导学生树立正确三观，弘扬劳动、奉献精神，践行社会主义核心价值观，为现代化建设培育合格的建设者和接班人。要达成这些教育教学目标，光靠说教是难以实现的，一定要靠学生去“悟”，将零散“经验”汇聚成整体规律认识，实现思想生成和情感升华。为了更好地促成学生去“悟”，教师设置了不少“灵魂拷问”。“你觉得张老师值吗？”引导学生领悟人生真正价值在于对社会的责任和贡献；“你觉得张老师幸福吗？”引导学生领悟劳动创造美好生活，劳动者是最幸福的，培育劳动精神，真心尊重劳动者；“张老师哪来的钱建女高？”引导学生领悟个人离不开社会提供的客观条件，要树立集体主义精神；“如果是你，你能坚持吗？”引导学生领悟梦想的实现要有坚定的理想信念，要在砥砺前行中实现；最后，教师还问了一个哲学的终极问题“人活着是为了什么？”这个问题没有标准答案，但在当时课堂教学情境下，给学生带来的触动很大，这需要同学们用一生去思考和体会。这些看似“无心”实则“有意”的设问、互动，目的是引导学生在不知不觉中去宏观思考、整体领悟，去参透理解，去感悟生命真谛、人生意义，生成学科核心素养并内化于心，实现悟境真信。“最好的教育是无痕的”，不知不觉中学生已受到教育才是最好的教育，这也是议题式教学的追求方向。

四、知行合一，出乎其外，出境真用

出境是指学生已形成基础的知识体系，完成知识的意义构建，形成良好的思维方式，树立正确的三观，且将学科核心素养内化于心后，能顺利出乎其外，创造性地分析、解决具体的真实情境问题，把所学、所悟运用到现实的、复杂的社会真实情境中，实践创新，学以致用，知行合一。出境强调“创”，即创造性微观运用。教师要有意识地提供和创造新的学习情境，让学生用新获得的知识去解决新的疑难问题，活学活用，实现出境真用。

议题式教学的过程就是在教学真情境中，师生共同运用学科基础理论解决议题的过程，是为真议题寻求真解决方案的过程。真解决要求“知行合一”。“知”侧重的是教师把基础理论讲清楚、讲透彻，学生把基本原理学懂、弄通，构建学科知识体系，认同所学理论。这个环节强调的是从特殊性中概括普遍性，是从具体到一般的过程。“行”是把所学知识和理论，创造性地运用到微观的、具体的真实问题上，分析、解决真实问题，培育创新意识、实践意识。这个环节强调的是把普遍性运用到特殊性之中，用普遍理论解决特殊问题，是从一般到具体的过程。这样就实现议题式教学从“特殊—普遍—特殊”“具体——一般—具体”，推动学生的认识螺旋上升，推动实践的不断发展，形成一个良性发展闭环。思想政治课“是落实立德树人根本任务的关键课程”，要求学生“增强社会理解和参与能力”，这就决定了思想政治课要引导学生出境，把所学理论运用到生活和实践中，进行正确的价值判断和价值选择，指导自我人生路，知行合一。教师在教学中要有意识地把学生思维拓展到课堂以外，关联学生的真实生活和实践。议题式教学应把思政小课堂和社会大课堂有机统一起来，坚持理论性和实践性相统一，引导学生有远大抱负，立鸿鹄志，又脚踏实地做奋斗者。

本节课，在深度解构张桂梅老师实现办免费女子高中的教育梦的过程中，学生构建知识体系，真正从理论上弄懂，从思想上悟透；同时，学习者只有将知识运用到具体实践中，才能进一步内化和深化学习所得所悟。第一，整体思路、总议题是“学习英雄，圆己梦想，实现价值”，即指明学习英雄要落实到行动上圆己梦想，实现社会和个人价值。第二，在分析张老师事迹过程中，教师不断引导学生回到现实，思考自己的梦想，通过“你的梦想是什么”“从价值观角度评价一下张老师的梦想和你自己的梦想”“张老师的事迹，给你实现自己的梦想带来什么思考”“现在给你一次修改的机会，你会对自己的梦想做什么修改”等，引导同学思考、分析自己的梦想。第三，引导学生树立理想信念，用自己的实际行动一步步去践行自己的梦想，实现人生价值。“你觉得你的梦想能实现吗？准备如何实现”“在实现梦想之路上，你现在遇到的主要困难是什么？打算如何解决”“万一你发现自己的梦想面临很多困难，难以实现怎么办”“大家面临条件差不多，为什么有人成功，有人失败”，这些“灵魂拷问”，目的是引导学生回到现实情境，回到自己的梦想，引导学生立鸿鹄志，更引导学生脚踏实地，学会去面对自己实现梦想过程中遇到的阻力和障碍，努力做实现祖国“第二个百年奋斗目标”的最美奋斗者。

议题式教学在宏观整体把握学习内容的基础上，组织学生结合具体、真实的情境对学习材料进行多角度、多层次的分析、探究、议学，并在此基础上进行宏观构建、启思悟理，实现思想生成和情感升华。同时也引导学生在具体、真实的情境中进行微观分析，学以致用，知行合一。只有在这种“宏观—微观—宏观—微观”的循环生长闭环中，教学才能实现入境真学、融境真懂、悟境真信、出境真用。

参考文献

1. 专著类

［1］沈雪春：《议题式教学简论》，陕西师范大学出版社，2018。

［2］沈雪春：《议题式教学例论》，陕西师范大学出版社，2019。

［3］沈雪春、顾爱勤：《议题式课堂教学设计——中国特色社会主义、经济与社会》，陕西师范大学出版社，2020。

［4］陈式华：《基于学科核心素养的中学思想政治教学》，广东高等教育出版社，2018。

［5］余文森：《核心素养导向的课堂教学》，上海教育出版社，2017。

［6］孔令启：《活动型学科课程的实践与思考》，陕西师范大学出版社，2019。

［7］陈万柏、张耀灿：《思想政治教育学原理（第三版）》，高等教育出版社，2018。

［8］林崇德：《21 世纪学生发展核心素养研究》，北京师范大学出版社，2016。

［9］刘月霞、郭华：《深度学习：走向核心素养（理论普及读本）》，教育科学出版社，2018。

2. 期刊类

［1］李茜：《美国社会科中议题中心教学研究的发展与启示》，《现代教学》2008 年第 10 期。

［2］冯元：《浅析新课程改革背景下的议题式教学》，《天津教育》2018

年第 8 期。

［3］沈雪春：《议题式教学的四种“议”境——以“人民代表大会：国家权力机关”公开课教学为例》，《思想政治课教学》2018 年第 7 期。

［4］朱明光：《关于活动型思想政治课程的思考》，《思想政治课教学》2016 年第 4 期。

［5］刘丙胜：《教学议题的合理确定和有效实施》，《思想政治课教学》2017 年第 7 期。

［6］余国志：《议题式教学：高中思想政治课教学的新路径——以“做好就业与自主创业的准备”为例》，《中学政治教学参考》2017 年第 28 期。

［7］牟丽娜：《高中政治教学现状及议题式教学的探讨》，《高考》2018 年第 9 期。

［8］陈式华：《议题中心教学法：中学政治学科核心素养培育的有效策略》，《天津师范大学学报（基础教育版）》2017 年第 4 期。

［9］李晓东：《议题式教学设计与实施中的几个关键问题》，《教学月刊·中学版（政治教学）》2019 年第 Z1 期。

［10］张扬：《议题中心教学的应用初探》，《中学政治教学参考（上旬）》2017 年第 1 期。

［11］严宏亮：《思想政治课议题式教学探究——以“垃圾围城”为例》，《中学政治教学参考》，2017 年第 19 期。

［12］宫素虹：《“贴近生活”与“发展素养”》，《中学政治教学参考》2018 年第 16 期。

［13］韩震：《以学科核心素养为主线　优化思想政治课学科育人目标》，《人民教育》2018 年第 7 期。

［14］李同：《例谈议题式教学的课堂实践》，《思想政治课教学》2018 年第 9 期。

[15] 孙刘琴:《议题式教学情境创设:意义·原则·建议》,《中学政治教学参考》2021年第3期。

[16] 周帮荣、涂小云:《教学情境创设的三维探析》,《中学政治教学参考》2021年第1期。

[17] 李晓东:《教学情境与命题情境的区分及其意义——基于〈普通高中思想政治课程标准〉的文本分析》,《中国考试》2020年第1期。

[18] 陈友芳:《高考思想政治学科素养测评框架的构建》,《中国考试》2019年第10期。

[19] 张云平:《构建新结构教学评框架有效反思和改进学习测评》,《课程·教材·教法》2021年第6期。

3. 学位论文

[1] 王一茜:《高中思想政治课议题式教学的研究》,硕士学位论文,沈阳师范大学,2021。

[2] 韩玥:《高中思想政治课议题式作业研究》,硕士学位论文,上海师范大学,2021。

[3] 黄济敬:《高中思想政治专题课议题式教学应用研究》,硕士学位论文,西南大学,2021。

[4] 马飞艳:《高中思想政治学科核心素养的内容分析及培育路径研究》,硕士学位论文,东北师范大学,2018。

[5] 任海霞:《高中思想政治课议题式教学评价研究》,硕士学位论文,河北师范大学,2020。

[6] 王斯姝:《高中思政课议题式教学培育学生科学精神的对策研究》,硕士学位论文,华中师范大学,2021。

[7] 尹燕:《高中思想政治课议题式教学实践与优化策略研究》,硕士学位论文,西华师范大学,2020。

［8］徐梦妘：《议题式教学在高中思想政治课中的运用研究》，硕士学位论文，上海师范大学，2020。

［9］胡楠：《高中思想政治课议题式教学的现存问题及对策研究》，硕士学位论文，西南大学，2020。

［10］黄念：《高中思想政治课议题式教学议题设计研究》，硕士学位论文，西南大学，2020。

［11］唐静：《议题式教学在高中思想政治课教学中的运用研究》，硕士学位论文，湖南师范大学，2020。

［12］赖甜甜：《高中思想政治课议题式教学中的议题选取问题研究》，硕士学位论文，华中师范大学，2020。

［13］朱秀秀：《高中思想政治课堂师生互动存在的问题及其对策研究》，硕士学位论文，华中师范大学，2020。

［14］郭亚丽：《高中思想政治课作业设计存在的问题及对策研究》，硕士学位论文，华中师范大学，2020。

［15］林佳：《高中思想政治课议题式教学评价研究》，硕士学位论文，华中师范大学，2021。

4. 其他

［1］中华人民共和国教育部：《普通高中思想政治课程标准（2017 年版 2020 年修订）》，人民教育出版社，2020。

［2］韩震、朱明光：《普通高中思想政治课程标准（2017 年版）解读》，高等教育出版社，2018。

［3］中国社会科学院语言研究所词典编辑室：《现代汉语词典（第 6 版）》，商务印书馆，2016。

［4］习近平：《全国教育大会上的重要讲话》，《人民日报》2018 年 9 月 10 日第 1 版。

[5] 习近平：《用新时代中国特色社会主义思想铸魂育人　贯彻党的教育方针落实立德树人根本任务》，《人民日报》2019 年 3 月 19 日第 1 版。

[6] 中华人民共和国教育部：《普通高中课程方案（2017 年版 2020 年修订）》，人民教育出版社，2020。

[7] 广东南方出版传媒教材经营有限公司教学资源研究开发中心：《中国高考评价体系解读与高考试题分析·思想政治》，广东经济出版社，2022。

[8] 教育部考试中心：《中国高考评价体系》，人民教育出版社，2019。

[9] 教育部考试中心：《中国高考评价体系说明》，人民教育出版社，2019。

[10] 习近平：《决胜全面建成小康社会　夺取新时代中国特色社会主义伟大胜利：在中国共产党第十九次全国代表大会上的报告》，人民出版社，2017。

作者研究期间发表的相关论文

［1］李辉云、邓燕燕：《指向政治认同素养培育的议题式教学设计——以“伟大的改革开放”为例》，《教学考试》2022 年第 25 期。

［2］李辉云：《学生德育中若干概念的辨析》，《教学与管理》2022 年第 34 期。

［3］李辉云：《对“十四五”可再生能源发展规划的多角度解读》，《教学考试》2022 年第 43 期。

［4］李辉云、邓燕燕：《“以学定议”：以议题式教学打造高效思想政治课堂》，《中学教学参考》2022 年第 7 期。

［5］李辉云、邓燕燕：《议题式主题班会设计与实施例析》，《江苏教育》2022 年第 15 期。

［6］李辉云：《构建议题式教学“真”课堂——以“始终走在时代前列”教学为例》，《江苏教育研究》2022 年第 2 期。

［7］李辉云：《指向法治意识培育的思想政治课议题式教学设计——以“法治社会”的教学为例》，《教学月刊·中学版（教学参考）》2021 年第 12 期。

［8］李辉云：《议题式教学的四重境界》，《中国德育》2021 年第 15 期。

［9］李辉云、邓燕燕：《议题式思想政治课生成性策略》，《教学考试》2021 年第 34 期。

［10］李辉云：《基于深度学习的思想政治课堂议题式教学实施策略——以〈我国的社会保障〉为例》，《教学考试》2021 年第 25 期。

[11] 李辉云：《高中政治议题式教学策略——基于议题式试题特点的分析》，《江苏教育研究》2021 年第 Z2 期。

[12] 李辉云、廖永健：《开发体艺特色校本课程　提升农村学校育人水平》，《求知导刊》2021 年第 6 期。

[13] 李辉云、邓燕燕：《精彩课堂“四部曲”——以〈生活与哲学〉第十课第一框为例》，《中学政治教学参考》2016 年第 16 期。

[14] 李辉云、邓燕燕：《各显其能之美　异曲同工“善讲”——“色彩斑斓的文化”同课异构课观摩感悟》，《中学政治教学参考》2016 年第 1 期。

后　记

习近平总书记于2019年3月18日在学校思想政治理论课教师座谈会上讲话指出“思想政治理论课是落实立德树人根本任务的关键课程……思政课作用不可替代，思政课教师队伍责任重大”①，并强调“推动思想政治理论课改革创新，要不断增强思政课的思想性、理论性和亲和力、针对性”②。

确实，作为一个有二十年教龄的高中思想政治课教师，我也深深体会到做一个受学生欢迎、喜爱的政治老师不容易。因此，从教以来，我从未停止过对思想政治课堂教学方式改革的积极探索，努力让思想政治课成为一门“学生真心喜爱、终身受益”的课程。

一直以来，我在教学中积极探索“如何让学生参与课堂，动起来”“如何设置教学情境，提高学生兴趣”“如何设置问题，引导学生思考”“如何培育学生情感态度价值观，引导学生参与实践”等，追求“让学生动起来，让知识活起来”，也逐步形成“融情启思促行”的教学特点和风格。

2018年2月，《普通高中思想政治课程标准（2017年版）》把高中思想政治课程定性为“综合性、活动型学科课程”，这让我突然有一种醍醐灌顶般的顿悟。同时，为了更好落实新课标理念，新课标还“善解人意”地把议题式教学作为一个亮点提出来，这更让我有眼前一亮的感觉。为了提升对议题式教学的认识，我苦心钻研专家的讲座、文章等，领略议题式教学的实施要求和

---

①② 习近平：《用新时代中国特色社会主义思想铸魂育人　贯彻党的教育方针落实立德树人根本任务》，《人民日报》2019年3月19日第1版。

要领。为了更好地研究议题式教学，我还积极申报了广东省教育科学“十三五”规划课题（2020YQJK001）和广东省中小学“百千万人才培养工程”专项科研项目课题（BQW2021MBG018）。

但是，“绝知此事要躬行”，作为新事物的议题式教学，绝不应停在理论上的探讨，议题式教学的生命力要在课堂中去展现，首先是要在思想政治课一线课堂落地生根。因此，我急切地尝试在思想政治课一线课堂开展议题式教学。2020年秋季广东开始使用统编版新教材，我和省课题组、省优质课程组、市和区名师工作室一起大规模地实践议题式教学，承担各级、各类公开课、示范课以及相关讲座，在实践中去寻找思路，去不断改进操作方法，力求为一线思想政治课教师摸索一种可操作、可移植、可复制的教学模式。在不断地教学实践过程中，我和我们的团队，不断地醉情于课堂教学，陶情于交流对话，痴情于课堂发现，深情于课后反思。在这个过程中，我有了不少的收获，也积累不少的经验，经过梳理，逐步有了一些体系，形成了本书。所以，这本书与其说是专著，倒不如说是实践基础上的学习心得和教学反思，依然比较肤浅。

教学有法。议题式教学以议题为纽带，以情境为载体，以活动为路径，以学科核心素养为旨归，引导思想政治课从小课堂走向大课堂、从学习个体走向学习共同体、从知识性架构走向素养化架构，让学习真实发生，推动高阶思维和深度学习，帮助学生从解题走向解决问题、从做题转向做人，培育学科核心素养，落实立德树人根本任务，是一种符合新课程理念、具有明显优势的教学方式。一线教师非常有必要认真学习和研究，并积极运用议题式教学方式。

教可有模。我期待议题式教学在一线思想政治课堂开花结果，也期待有更多的人知道议题式“四真”课堂教学模式，和我一起努力追求议题式教学的“四重”境界。愿我们的议题式教学课堂：一个个真议题如同红线，牵引教学，魂牵梦绕；一个个真实情境，引发催人思考、扣人心弦的问题，引导学生走进生活，思考人生，形成正确三观；一个个真活动，设计巧妙，引导学生认真思考、深入探究，体验、感悟、生成、内化、升华，真正成为课堂的主人；一个个真任务得到落实，让真学、真懂、真信、真用的深度学习真实发生。愿我们的研究成果真正服务于思想政治课教学，服务于思想政治课教师，服务于学生的全面健康成长。

教无常模。议题式教学作为一种符合新课标理念的创新教学方式，优点突出，应该大力提倡；同时，肯定也会存在一些问题，需要进一步发展完善，况且每个教师的教学风格和特点本来就不同，因此运用过程中也必然会有自己的特色，因此，我们并不提倡照搬照套议题式教学的模式。我们也应该看到，再好的教学方式也不可能适合所有学生和所有教学内容，议题式教学也并不一定适合每一个学生和每一节课，教师在选择教学方式的时候一定要综合考虑具体的教学实际需要。思想政治课堂教学应该倡导教学方式和模式多样化，倡导各种教学方式和模式互相借鉴，“各美其美，美人之美，美美与共”，共同促进思想政治课教学改革发展。

最后，感谢广东省中小学“百千万人才培养工程”项目，感谢华南师范大学左璜博士的鼓励和督促，还有感谢“高名班”全体同学，是因为有这么多优秀的你同行，才让我有动力敢去写书，感谢广东人民出版社对此书出版付出的努力，编辑字斟句酌，不断修改，这种专业精神令我感动。

李辉云

2022 年 12 月